X.media.press

**Das Produktionsteam**
Die enge Verflechtung von Text und Grafik in diesem Buch bedingte eine
ebenso enge Zusammenarbeit zwischen dem Autor und den Buchgestaltern.
Nur durch ein intensives Teamwork, von der Konzeption bis zur Herstellung,
wurde das Buch in seiner vorliegenden Form möglich.

**Jan-Peter Homann** (Jahrgang 1964)
studierte Kommunikationswissenschaften und -technik an der Technischen
Universität Berlin. Er arbeitet seit 1988 in den Bereichen Bildbearbeitung,
Colormanagement und Druckvorstufe. Seit 1991 schreibt er u.a. für die
PAGE und die Publishing Praxis. 1989 veröffentlichte er sein erstes Buch:
„Digitalisieren mit Amiga".

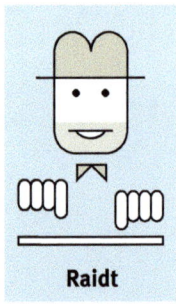

**Axel Raidt** (Jahrgang 1969)
ist gelernter Schriftsetzer, studierte Kommunikationsdesign an der FHTW
Berlin und arbeitet als freiberuflicher Grafiker, hauptsächlich in den
Bereichen Corporate- und Editorial-Design. Er ist für die Buchgestaltung,
das Layout und die Grafiken verantwortlich.

**Ingo Neumann** (Jahrgang 1965)
studierte Kommunikationsdesign an der Kunsthochschule Berlin-Weißen-
see und an der Glasgow School of Art in Schottland. Nach sechsjähriger
Agenturleitung ist er nun seit 2005 als freiberuflicher Grafikdesigner mit
dem Gestaltungsschwerpunkt Printmedien tätig. Für dieses Buch hat er
das Layout übernommen.

Jan-Peter Homann

# Digitales Colormanagement

Grundlagen und Strategien zur Druckproduktion mit ICC-Profilen, der ISO 12647-2 und PDF/X-1a

3. vollständig überarbeitete Auflage

*Autor*
Jan-Peter Homann
www.colormanagement.de

Bibliografische Information der Deutschen Nationalbibliothek
Die Deutsche Nationalbibliothek verzeichnet diese Publikation in der Deutschen
Nationalbibliografie; detaillierte bibliografische Daten sind im Internet über
http://dnb.d-nb.de abrufbar.

ISSN 1439-3107
ISBN 978-3-540-20969-0  Springer Berlin Heidelberg New York
ISBN 978-3-540-66274-7  2. Auflage  Springer Berlin Heidelberg New York
ISBN 978-3-540-60724-3  1. Auflage  Springer Berlin Heidelberg New York

Dieses Werk ist urheberrechtlich geschützt. Die dadurch begründeten Rechte, insbesondere die der Übersetzung, des Nachdrucks, des Vortrags, der Entnahme von Abbildungen und Tabellen, der Funksendung, der Mikroverfilmung oder der Vervielfältigung auf anderen Wegen und der Speicherung in Datenverarbeitungsanlagen, bleiben, auch bei nur auszugsweiser Verwertung, vorbehalten. Eine Vervielfältigung dieses Werkes oder von Teilen dieses Werkes ist auch im Einzelfall nur in den Grenzen der gesetzlichen Bestimmungen des Urheberrechtsgesetzes der Bundesrepublik Deutschland vom 9. September 1965 in der jeweils geltenden Fassung zulässig. Sie ist grundsätzlich vergütungspflichtig. Zuwiderhandlungen unterliegen den Strafbestimmungen des Urheberrechtsgesetzes.

Springer ist ein Unternehmen von Springer Science+Business Media
springer.de

© Springer-Verlag Berlin Heidelberg 1998, 2000, 2007

Die Wiedergabe von Gebrauchsnamen, Handelsnamen, Warenbezeichnungen usw. in diesem Werk berechtigt auch ohne besondere Kennzeichnung nicht zu der Annahme, dass solche Namen im Sinne der Warenzeichen- und Markenschutz-Gesetzgebung als frei zu betrachten wären und daher von jedermann benutzt werden dürften. Text und Abbildungen wurden mit größter Sorgfalt erarbeitet. Verlag und Autor können jedoch für eventuell verbliebene fehlerhafte Angaben und deren Folgen weder eine juristische Verantwortung noch irgendeine Haftung übernehmen.

Texterfassung durch den Autor
Buchgestaltung: Axel Raidt, Dipl.-Des. (FH), Berlin
Herstellung: LE-TeX, Jelonek, Schmidt & Vöckler GbR, Leipzig
Umschlaggestaltung: KünkelLopka Werbeagentur, Heidelberg
Gedruckt auf säurefreiem Papier  33/3100 YL – 5 4 3 2 1 0

# Inhalt

Einleitung .................................................. 9
Ergänzung zur 3. Auflage, 2007 .............................. 14
Digitales Colormanagement – ein Lehrstück in 6 Kapiteln ........ 15

## 1. Farbtheorie idealer Farben

Das Spektrum und das Auge ................................. 18
Ideale Farben und ideale Zapfen ............................ 20
Additive und subtraktive Farbmischung idealer Farben ........ 22
Additive und subtraktive Farbmischung im Farbwürfel ........ 24
Die Farbarten im Würfel .................................... 26
Die Ebenen gleicher Helligkeit im Würfel ................... 28
Die Bereiche gleicher Sättigung im Würfel .................. 30

## 2. Farbtheorie realer Farben

Die Grenzen des Würfels mit idealen Farben ................. 34
Das erweiterte Modell vom Sehen ............................ 36
Der LCH-Farbraum ........................................... 38
Gemeinsamkeiten von LCH-Farbraum und Würfelmodell .......... 40
Unterschiede von LCH-Farbraum und Würfelmodell ............. 42
Vom LCH- zum Lab-Farbraum .................................. 44
Die Farbsättigung im LCH-/Lab-Farbraum ..................... 46
Die Helligkeit im LCH-/Lab-Farbraum ........................ 50
Lab-Farben messen: Das Spektralfotometer ................... 52
Praktische Anwendungen des Lab-Farbraums ................... 54
Lab-Messungen bei Papieren mit optischen Aufhellern ........ 56
Lab-Werte typischer Papiere im Colormanagement ............. 57

## 3. Grundlagen des Colormanagements

Arbeitsablauf vom Auftrag bis zum Druck .................... 60
Scannerprofilierung und digitale Kameras ................... 62
Monitorprofilierung ........................................ 63
Charakterisierung und Profilierung von Druckprozessen ...... 64
Standardprofile für den Offsetdruck und Proofsysteme ....... 65
Farbumsetzungen mit Farbprofilen ........................... 66
Farbsicheres Arbeiten mit CMYK-Daten ....................... 67
Einfacher Arbeitsablauf mit CMYK-Daten ..................... 69
Colormanagement mit RGB-Daten .............................. 70
Colormanagement mit eingebetteten Profilen ................. 71
Arbeitsteilung und Kommunikation ........................... 72
Papiere mit optischen Aufhellern im Profilablauf ........... 75

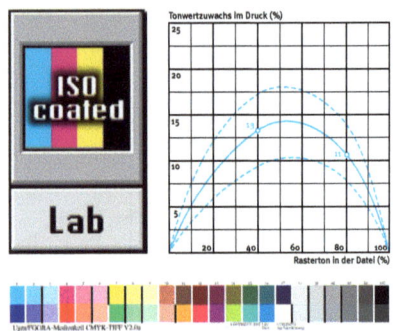

## 4. Die ISO 12647 für Separation, Proof und Druck

Die Rolle von ISO-Standards .................................................. 78
Die Arbeitsmittel zur ISO 12647 in der Übersicht. ............................. 80
Die ISO-Profile der ECI im Produktionsablauf .................................. 81
Der Medienkeil CMYK im Produktionsablauf ..................................... 82
Der Einsatz der Altona Test Suite.............................................. 83
Die Farbwiedergabe der verschiedenen ISO-Papiertypen .......................... 84
Farbschichtdicken und Volltondichten .......................................... 85
Tonwertzunahmen der Papiertypen ............................................... 86
Tonwertzunahmen der Papiertypen gemäß ISO 12647-2 ............................. 87
Die Graubalance................................................................ 88
Die Lab-Volltonfärbung in der ISO 12647 ....................................... 89
Richtlinien und Handbücher..................................................... 90
Standards in der Reproduktion ................................................. 91
Flächendeckung und Schwarzaufbau .............................................. 92
Das Verhältnis von Schwarz zu Cyan, Magenta und Gelb........................... 94
UCR und GCR ................................................................... 95
UCR und GCR / Berücksichtigung des Papiertons ................................. 96
UCR und GCR in verschiedenen Programmen....................................... 98
Der Schwarzaufbau der ECI-ISO-Profile ......................................... 99
Standardprofile für Tief-, Endlos- und Zeitungsdruck........................... 100
Update für ISOcoated: FOGRA39 ................................................. 101
Neues aus den USA: GRACoL, SWOP und G7 ........................................ 102
Optische Aufheller in der Produktion nach ISO 12647 ........................... 104

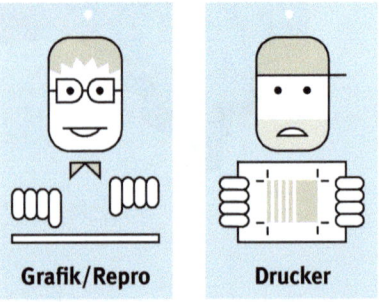

## 5. ICC-Stärken nutzen und ICC-Probleme vermeiden

Früher: Harte Fakten bei der Datenübergabe..................................... 108
Heute: Unsicherheit und unklare Verantwortungen ............................... 109
Problemursache ICC-Standard ................................................... 110
Ein kurzer Rückblick zum Werdegang des ICC-Standards .......................... 111
Die Erfolge des ICC-Standards ................................................. 113
Fehlende ICC-Definitionen zu Abläufen und Testdateien ......................... 114
Keine ICC-Vorgaben für den Proof von RGB-Daten ................................ 115
Der Mythos gemischtfarbiger Dokumente ......................................... 116
Konsequenzen für die folgenden Abschnitte ..................................... 117
Die Rolle des RGB-Arbeitsfarbraums ............................................ 118
ICC-basierte Workflows und die sRGB-Welt ...................................... 120
Photogamut als RGB-Arbeitsfarbraum ............................................ 122
Das Dilemma der ECI-RGB-Farbeinstellungen ..................................... 124
Zusammenfassung für verschiedene Anwender ..................................... 125
Monitoreinstellung für Farbtemperatur und Leuchtdichte......................... 126
Das Gamma für Monitor und RGB-Arbeitsfarbraum ................................. 128
Zusammenfassung RGB-Arbeitsfarbraum und Monitor ............................... 130
Aufbau eines ICC-Profils ...................................................... 131
Der farbmetrische Rendering Intent ............................................ 132
Der perzeptive Rendering Intent ............................................... 133
Rendering Intents und ihr Einsatz bei der Separation........................... 134
Rendering Intents bei Soft- und Digitalproof .................................. 135
Die Tiefenkompensation......................................................... 136
Separation und Monitordarstellung mit Tiefenkompensation....................... 137

Perzeptive Wandlung im Vergleich .......................... 138
Relativ farbmetrisch mit Tiefenkompensation im Vergleich........ 139
RGB-Bildoptimierung für automatisierte ICC-Umsetzungen ....... 140
RGB-Bildbearbeitung mit CMYK-Softproof...................... 141
Rendering Intents und optische Aufheller ..................... 142
Produktionsablauf mit Rendering Intents und Übergaben......... 144
ISO-Standards mit DeviceLink-Profilen optimal proofen ......... 146
Grenzen des Colormanagements mit ICC-Profilen............... 148
ICC-Sollbruchstelle 1: Schwarze und graue Objekte ............. 149
ICC-Sollbruchstelle 2: Technische Töne ....................... 150
ICC-Sollbruchstelle 3: Optimierung von Farbtransformationen..... 152
Die Lösung: Spezielle DeviceLink-Profile ...................... 153
Details zu separationserhaltenden DeviceLink-Profilen........... 155
Vergleich ICC-Umsetzung/optimiertes DeviceLink-Profil ......... 156
Optimierte DeviceLink-Profile für Branchenstandards ........... 157
Spezielle DeviceLink-Profile für Druckereien................... 158
Individuelle DeviceLink-Profile erstellen ...................... 159
Zusammenfassung für Anwendergruppen..................... 160

## 6. PDF/X-1a und DeviceLink-Colorserver

Grafik und Layout: Licht und Schatten der ICC-Profile ........... 164
Gemischtfarbige Dokumente und Druckdaten................... 166
PostScript: Robustes Format für CMYK-Dokumente .............. 168
Colormanagement mit PostScript ............................ 169
PDF: Fortschritte und Fallgruben im Colormanagement........... 170
Farbsicher vom Layoutdokument zum CMYK-PDF ............... 172
PDF/X als Übergabeformat für Druckdaten .................... 173
PDF/X-1a statt PDF/X-3 ................................... 174
Die ungelösten Probleme von PDF/X-3 ........................ 175
Ignorieren der FOGRA- und bvdm-Richtlinien für PDF/X-3 ........ 176
Strategie zum Einsatz von PDF/X-1a in der Druckproduktion ...... 178
Profilprobleme bei der PDF/X-1a-Erzeugung vermeiden .......... 180
Kontrollschritte bei der PDF/X-1a-Erzeugung .................. 181
PDF/X-1a und Colorserver mit DeviceLink-Unterstützung ........ 182
ISOcoated als Basisfarbraum für Colorserver ................... 183
DeviceLink-Colorserver in der Agentur ....................... 184
DeviceLink-Colorserver in der Reprofirma .................... 185
DeviceLink-Colorserver in der Druckerei ..................... 186
Die Teile der Produktionskette im Zusammenspiel.............. 188

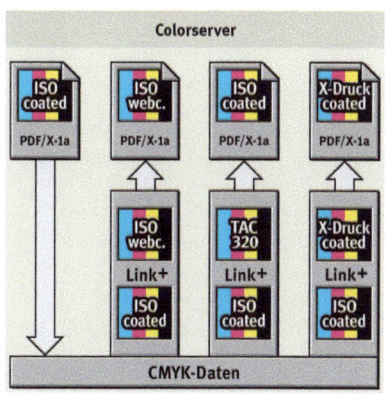

## 7. Eckpunkte einer Colormanagement-Strategie

1. Der digitale Proof........................................ 192
2. Der Softproof und RGB-Arbeitsfarbraum ..................... 193
3. Fotograf: Von der RGB-Datei zum ISOcoated-Proof ............ 194
4. Grafik: Einfach PDF/X-1a-Dateien erstellen und proofen ........ 195
5. Von der Grafik zur Reproduktion: Colorserver................ 196
6. Erstellung individueller DeviceLink-Profile ................... 197
7. Druck nach ISO 12647-2 ................................. 198

Stichwortverzeichnis........................................ 200

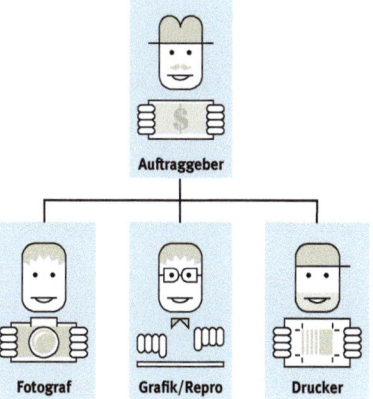

**Danksagungen zur 1. Auflage**  Hiermit danke ich allen, die mir bei der Realisation dieses Buches zur Seite standen. Besonders verbunden fühle ich mich mit Axel Raidt und Karsten K. Auer, dank ihrer Ruhe, mit der sie meine ständig neuen Ideen und Konzepte grafisch umgesetzt haben; Gregor Reichle vom Springer-Verlag für die Geduld trotz aller Zeitverzögerungen; Joanna, die alle meine Launen ertragen hat; Florian Süßl von CitySatz für die inhaltliche Begleitung des Projektes sowie Wieben und Frauke Homann für die tatkräftige Unterstützung in der Endphase.
Eine Reihe von Firmen und Personen haben die Erstellung des Buches in vielfältiger Weise unterstützt: Medialis mit gemeinsamen Projekten in der Anfangsphase des Buches; Logo und besonders Dr. Brües mit Leihstellungen und Hintergrundinformationen zum ICC-Standard, Optotrade und Linotype-Hell mit Leihstellungen und Support sowie Divikom mit Zurverfügungstellung umfangreichen Equipments.

**Danksagungen zur 2. Auflage**  Nochmals Dank an Axel Raidt für seine Geduld und Gründlichkeit, den Firmen Epson und BEST, die mich mit Hard- und Software sowie Verbrauchsmaterialien unterstützt haben, Franz Herbert, Herrn Fuchs und Dr. Tatari, die mir immer unverzüglich per E-Mail meine technischen Fragen zum ICC-Standard beantwortet haben, sowie allen Vorablesern.

**Danksagungen zur 3. Auflage**  Ich danke Axel Raidt und Ingo Neumann für ihre Geduld und Ruhe bei der Gestaltung und Produktion der 3. Auflage sowie Martin Steinröder für das 3-D-Rendering der Gerätedarstellungen. Herrn Engesser vom Springer-Verlag für seine Gelassenheit im Umgang mit dem ständig verschobenen Erscheinungstermin und meiner Frau Joanna, die mich aufgerichtet hat, wenn ich am Verzweifeln war.
Weiterhin danke ich allen Firmen, die mich mit langfristigen Leihgaben von Hard- und Software versorgt haben. Dies gilt in alphabetischer Reihenfolge für Adobe, Color Solutions, colorlogic, Epson, GMG, GretagMacbeth (jetzt X-Rite), Heidelberger Druckmaschinen und MetaDesign.

# Einleitung

**Ein Rückblick auf PostScript und ein Ausblick auf Colormanagement**

Auf den ersten Blick mag es einige Leser erstaunen, ein Buch über den Umgang mit Farbe mit einem Rückblick auf PostScript zu beginnen. Es gibt allerdings viele Anzeichen dafür, dass die Technologie, die mit dem Schlagwort „Colormanagement" bedacht wird, die Arbeitsorganisation im grafischen Gewerbe mindestens so stark ändern wird, wie PostScript dies in den letzten zehn bis zwölf Jahren getan hat.

PostScript ist eine Basistechnologie zur Ansteuerung von Ausgabegeräten und ein universelles Austauschformat für Text, Bild und Grafik. Nach der Einführung von PostScript dauerte es einige Jahre, bis die sogenannte Desktop-Publishing-Software vollen Gebrauch von den PostScript-Möglichkeiten machte. In diesen Jahren wurde PostScript noch in einigen Punkten verbessert, um es praxisgerechter zu gestalten. Nach dieser mit Kinderkrankheiten durchsetzten Startphase begann sich die Arbeitsorganisation im grafischen Gewerbe radikal zu ändern. Auch zwölf Jahre nach der Einführung von PostScript haben viele Menschen, die damit arbeiten, diese Technologie noch nicht verinnerlicht. Wer einmal in einem Belichtungsstudio gearbeitet hat, weiß ein Lied davon zu singen.

Colormanagement ist nun nach PostScript die zweite große technologische Welle, die über das grafische Gewerbe hereinbricht. Die PostScript-Welle hat sich auf zwei Bereiche des grafischen Gewerbes besonders stark ausgewirkt: die Kreation (Agenturen und Verlage) und die Produktion (klassischer Fotosatz und teilweise auch die Reproduktion). Die Colormanagement-Welle umfasst deutlich mehr Bereiche: Neben den Agenturen und Verlagen sowie dem Fotosatz wird sich auch der Reprobereich viel drastischer ändern als durch die Einführung von PostScript. Zusätzlich zur Kreation und Produktion kommt nun noch die Vervielfältigung hinzu. Dies sind vornehmlich der traditionelle und der digitale Druck. Auch die Fotografen werden umlernen müssen, und langfristig ist Colormanagement eine Basistechnologie für den Austausch digitaler Bilder in sämtlichen digital vernetzten Medien.

**Die Geschichte von PostScript**

PostScript basiert auf Grundelementen, die es schon vor seiner Entstehung gab: die Darstellung von Grafik und Schrift mittels Vektoren sowie die Darstellung von Bildern und Fotos mittels Pixeln. Diese Kodierung von Text, Grafik und Bild gab es vor der Zeit von PostScript z. B. schon in einigen sehr teuren Fotosatzsystemen. Die Entwickler dieser Fotosatzsysteme waren für alles verantwortlich, angefangen von der Basissoftware, um Text, Grafik und Bild im Computer verfügbar zu machen, über die Anwendungssoftware zur Gestaltung bis hin zur Ansteuerung der Belichter. Jeder Hersteller hatte seine eigenen Datenformate und war froh, wenn er von seinen Systemen weltweit einige tausend verkaufen konnte. Dementsprechend teuer waren diese Systeme, die Peripherie und die Software. Für einen Fotosatzarbeitsplatz mit einer Basisausstattung von 100 Schriften kamen Anfang der 80er Jahre schnell 150.000,– DM zusammen. Mit PostScript kam die entscheidende Wende.

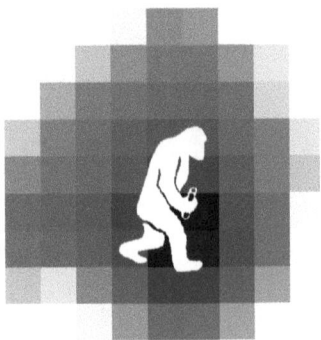

Die Basistechnologie für die Darstellung von Text, Grafik und Bild wurde Bestandteil des Betriebssystems von Personalcomputern. Ebenso wurde die Ansteuerung von Ausgabegeräten standardisiert und der Austausch von Texten, Grafiken und Bildern zwischen verschiedenen Applikationen.

Die Qualität der Basistechnologie entsprach dem klassischen Fotosatz. Die ersten darauf basierenden Applikationen hatten allerdings eine andere Zielrichtung: Statt hochkomplizierte und spezialisierte Fotosatzsoftware für eine winzige spezialisierte Zielgruppe zu schreiben, wurden die ersten PostScript-basierten Softwareprodukte für den Massenmarkt entwickelt.

„What you see is what you get" war das damalige Schlagwort. Statt über eine Programmiersprache wie im Fotosatz konnte der Anwender Text, Grafik und Bild direkt am Monitor interaktiv gestalten. Die typografischen Möglichkeiten waren anfangs sehr beschränkt. Dafür kostete der Arbeitsplatz auch nur 1/10 bis 1/5 eines Fotosatzarbeitsplatzes. Wer sich als Designer geschickt in den Grenzen der Geräte aus der DTP-Steinzeit bewegte, konnte durchaus ansprechend gestaltete einfache Drucksachen damit herstellen.

Auf der Seite der Softwareentwicklung ergab sich aber im Vergleich zum Fotosatz ein völlig neues Bild. Eine junge Firma mit einer guten Idee für eine clevere Anwendungssoftware hatte eine weitaus bessere Ausgangsposition als in der klassischen Fotosatzbranche: einen viel größeren Markt und einen viel geringeren Entwicklungsaufwand. Denn die Basistechnologie für die Darstellung von Text, Grafik und Bild sowie zur Ansteuerung von Ausgabegeräten war ja schon auf den Maschinen der potentiellen Kunden vorhanden.

Der ersten DTP-Software PageMaker 1.0 fehlte z.B. der exakte nummerische Zugriff auf wichtige Layoutparameter, wie z.B. Schriftgröße, Zeilenabstand, Bildgröße und -platzierung. Damit war PageMaker für gestandene Fotsetzer völlig indiskutabel. Ein Jahr später brachte eine kleine Gruppe motivierter Softwareentwickler dann QuarkXPress 1.0 heraus. Hier war exaktes nummerisches Arbeiten möglich. Innerhalb von wenigen Jahren begann sich die Arbeitsteilung im grafischen Gewerbe fundamental zu verschieben. Innovative Werbeagenturen und Verlage, die bisher ihre Aufträge extern setzen ließen, kauften sich einen Macintosh mit QuarkXPress und begannen, selber in die Produktion einzusteigen. Fotosatzbetriebe, die schnell genug die Marktentwicklungen erkannten, schafften sich ebenfalls DTP-Equipment und den dazugehörigen Belichter an. Auf dem Belichter wurden allerdings nicht nur die eigenen Kreationen ausbelichtet. Stattdessen verkauften sie auch die Belichtung von PostScript-Daten als Dienstleistung an die Werbeagenturen und Verlage, die keinen eigenen Belichter hatten.

Diese Umstellung der Arbeitsteilung ging aber nicht ohne Probleme vonstatten. Die traditionellen Arbeitswege zwischen den Gestaltern (Agenturen und Verlage) sowie den Produzenten (Fotosatz) waren eingespielt und mit wenig Unsicherheiten behaftet.

Die PostScript-orientierte Arbeitsorganisation war in den Anfangsjahren ein echtes Abenteuer für Pioniere: falsche Schriften auf dem Film, grob gepixelte Grafiken, Dateien, die nicht belichtet werden konnten, und, und, und ...

Gemeinsam lernten die Pioniere unter den Gestaltern und PostScript-Dienstleistern, die Technologie zu beherrschen. Die in den Pionierjahren angesammelte Erfahrung und Routine ermöglichen es diesen Betrieben heute, ihre komplexen Aufträge sehr viel effektiver und sicherer abzuwickeln als ihre Konkurrenz, die erst mit Verspätung auf die Technologie umstieg.

**Fassen wir also diese Entwicklung wie folgt zusammen:**

1. Spezialtechnologie wird Teil des Betriebssystems
   (Fotosatztechnologie wird zu PostScript).

2. Innovative Softwarefirmen entwickeln neuartige,
   leistungsfähige und preiswerte Produkte
   (sämtliche DTP-Software ist ohne PostScript nicht denkbar).

3. Die Gestalter werden teilweise zu Produzenten
   (Agenturen und Verlage setzen kleinere Objekte selber, statt einen Fotosatzbetrieb zu beauftragen).

4. Die alten Produzenten erweitern ihr Angebot um neuartige
   Dienstleistungen für die Gestalter.
   Obwohl die Produzenten (Fotosatzbetriebe) teilweise Aufträge an ihre Kunden verlieren, können sie sich neue Geschäftsfelder aufbauen, sofern sie rechtzeitig in die richtige Technologie investieren (PostScript-Belichter).

5. Die neue Technik und Arbeitsorganisation ist anfangs mit vielen Kinderkrankheiten behaftet.
   Diese Phase dauerte einige Jahre nach der Einführung von PostScript an. Die Kinderkrankheiten lagen sowohl in der Technik selbst als auch in der Arbeitsorganisation aller Beteiligten im Umgang mit der Technik.

6. Die Umstellung der Arbeitsorganisation dauert länger als die Phase
   der technischen Kinderkrankheiten.
   Auch nachdem die Basistechnologie PostScript und die darauf basierende DTP-Software technisch weitgehend sicher arbeiteten, dauerte es sehr viel länger, bis alle Beteiligten damit richtig umgehen konnten. Viele Anwender und Dienstleister beherrschen bis heute noch nicht eine der Technik angemessene Arbeitsorganisation.

7. Die Pioniere erarbeiten sich Marktvorteile.
   Die Pioniere der ersten Jahre entwickelten als Erste eine der PostScript-Technologie angemessene Arbeitsorganisation. Dadurch arbeiten sie effizienter, sicherer und können komplexere Aufgaben bewältigen.

**Parallelen und Unterschiede zwischen der Einführung von PostScript und der Einführung von Colormanagement**

1. Spezialtechnologie wird Teil des Betriebssystems.
   Auch die Basistechnologie Colormanagement war schon früher Bestandteil von spezialisierten High-End-Systemen. Sei es der Farbrechner in einem Trommelscanner oder die Farbanpassung in einem digitalen Proofsystem.

2. Innovative Softwarefirmen entwickeln neuartige, leistungsfähige und preiswerte Produkte.
   Diese Phase beginnt jetzt erst. Verglichen mit der Einführung von PostScript haben die Colormanagement-Produkte noch den Stand von PageMaker 1.0. Es lohnt sich also, sehr genau die Leistungsfähigkeit neuer Softwares zu beobachten, die auf der Colormanagement-Technologie beruhen.

3. Die Gestalter werden teilweise zu Produzenten.
   Diese Entwicklung beginnt gerade mit Flachbettscannern, die mittels eines integrierten Colormanagements und einer automatischen Bildanalyse auch Einsteigern einen Qualitätssprung gegenüber unkalibrierten Systemen erlauben. Einen zweiten großen Schub wird es geben, wenn die Druck- und Kalibrierungstechnik so weit ist, dass wir den druckverbindlichen Digitalproof am Arbeitsplatz haben.

4. Die alten Produzenten erweitern ihr Angebot um neuartige Dienstleistungen für die Gestalter.
   Im Vergleich zur Einführung von PostScript läuft dieser Prozess fließender ab. Neben der Einführung der Colormanagement-Technologie entwickelt sich auch PostScript weiter, und alternative Ausgabemedien wie digitale Drucksysteme, Diabelichtung, CD-ROM, digitale Videoproduktion oder Internet werden wichtig. Die Colormanagement-Technologie dient dabei als Basistechnologie, um bei den Übergängen zwischen diesen Medien eine Farbkonstanz zu gewährleisten.
   Die Reproprofis für den Offsetdruck werden sich daran gewöhnen müssen, ihre Bilder für andere Medien oder Bilder aus anderen Medien für den Druck aufzubereiten.

5. Die neue Technik und Arbeitsorganisation ist anfangs mit vielen Kinderkrankheiten behaftet.
   Dies gilt leider noch im stärkeren Maße als für die Einführung von PostScript. Die Colormanagement-Technologie entwickelt sich parallel zu PostScript-basierten Systemen und bildet eine von mehreren Schnittstellen zu anderen digitalen Medien. Es gibt also nicht nur die internen Kinderkrankheiten der Colormanagement-Technologie, sondern auch die Probleme, die bei der Integration von Colormanagement in andere Technologien auftreten. Beispielsweise gibt es zum jetzigen Zeitpunkt einige Anwendungsfelder, in denen PostScript und Colormanagement sich noch gegenseitig behindern, obwohl jede Technik für sich allein gut funktioniert.

6   Die Umstellung der Arbeitsorganisation dauert länger als die Phase der technischen Kinderkrankheiten.
    Wie im vorigen Abschnitt erwähnt, ist Colormanagement eine Basistechnologie neben anderen, die alle gemeinsam in der digitalen Medienproduktion zusammenwachsen. Dadurch werden sich die Anforderungen an einzelne Betriebe und ihre Mitarbeiter ständig wandeln. Ein zentrales Thema für innovative Betriebe wird dabei die Eigenentwicklung von Werkzeugen und Arbeitsschritten zur Qualitätssicherung werden.

7.  Die Pioniere erarbeiten sich Marktvorteile.
    Die Einführung der Colormanagement-Technologie bietet einerseits die Chance, sich neue Marktnischen zu erobern. Andererseits bleibt die Gefahr, bei Investitionen in die falsche Technik – und noch wichtiger: bei fehlender Weiterbildung der Mitarbeiter und der Geschäftsführung – schnell von der jungen, frischen Konkurrenz verdrängt zu werden.
    Durch das Zusammenwachsen der verschiedenen digitalen Medien wird Colormanagement aber die nächsten Jahre keine Plug-and-Play-Lösung werden. Die Pioniere kommen nicht darum herum, vieles selbst auszuprobieren. Dieses Ausprobieren gilt es, zu systematisieren und in den Produktionsalltag mit einzuplanen.

**Ergänzungen zur 2. Auflage, 2000**
Auch zweieinhalb Jahre nach Erscheinen der ersten Auflage stellt sich die Situation durchwachsen dar. Auf der einen Seite sorgte ICC-basiertes Colormanagement im Zusammenspiel mit hochwertigen Tintenstrahldruckern für einen Preisrutsch bei den digitalen Proofsystemen.
Andererseits fehlt nach wie vor eine durchgehende Integration von ICC-Profilen im Betriebssystem, den Anwendungsprogrammen, dem Druckertreiber und dem PostScript-RIP. Viele Schwierigkeiten bezüglich Colormanagement ergeben sich jedoch gar nicht, wenn man sich zum Einstieg darauf konzentriert, die traditionell CMYK-basierte Arbeitsweise des grafischen Gewerbes zu optimieren.

**Ergänzungen zur 3. Auflage, 2007**
In den zurückliegenden 7 Jahren seit der zweiten Auflage hat sich das grafische Gewerbe dramatisch verändert. Ähnlich wie bei der Einführung von PostScript und DTP-Programmen sind dank der Colormanagement-Technologie die Preise für Repro-Equipment dramatisch gesunken. In vielen Fällen übernehmen auch Anwendungsprogramme wie Photoshop dessen Platz. Viele Agenturen und Verlage bauen derzeit eigene Reproabteilungen auf und die Anzahl der klassischen Vorstufenunternehmen hat sich stark reduziert.

Von einer stabilen Technologie kann allerdings auch 9 Jahre nach Erscheinen der ersten Auflage in keiner Weise gesprochen werden. Darin liegt auch der Grund, warum die 3. Auflage einige Jahre später als geplant fertig wurde. Die Standards, auf denen die gesamte Colormanagement-Technologie beruht, haben große Lücken, wenn es um die Integration in Betriebssysteme, Anwendungsprogramme, Druckertreiber und die Datenformate PostScript und PDF geht. Der ICC-Standard für die Anwendung von Farbprofilen ist weiterhin für das Colormanagement von CMYK-Druckdaten in vielen Bereichen unzureichend.

Wer Colormanagement gezielt und sicher einsetzen will, benötigt Wissen, an welcher Stelle diese Technologie vorhersagbare Ergebnisse liefert und wie potentielle Probleme von vornherein vermieden werden können. Für mich als Autor war es um ein Vielfaches schwieriger, die Strategien zur Problemvermeidung zu erklären, als die Funktionsweise von Colormanagement zu beschreiben. Die Arbeit an diesem Themenkomplex hat dazu geführt, dass ich die 3. Auflage mehrfach neu konzipiert und umgeschrieben habe. Eine wesentliche Neuerung besteht in der Aufteilung auf zwei Bände, von denen der erste Theorie und Strategie beschreibt, der zweite die Umsetzung der Strategie in die Praxis.

Einige Kernpunkte dieser Strategie brechen mit Empfehlungen, die viele „Colormanagement-Gurus" über die letzten 10 bis 15 Jahre gepredigt haben. Beispielsweise empfehle ich Druckereien, explizit nur PDF/X-1a-Dateien anstelle von PDF/X-3-Dateien als druckfertig zu akzeptieren. Im Layoutprogramm und bei der PDF-Erzeugung sollten die vielfältigen Colormanagement-Optionen nur mit größter Vorsicht und Kontrolle genutzt werden. Wer als Anwender Druckdaten für verschiedene Druckstandards aufbereiten will, dem empfehle ich als Basisformat reine CMYK-PDF/X-1a-Daten und Farbtransformationen mit sorgfältig kontrollierten DeviceLink-Profilen.

Im vorliegenden Buch wird hierfür das notwendige theoretische Basiswissen vermittelt. Der Praxisband zeigt dann die Umsetzung mit aktuellen Anwendungsprogrammen.

# Digitales Colormanagement – ein Lehrstück in 7 Kapiteln

In den ersten beiden Auflagen dieses Buches ging es vorwiegend um technologische Aspekte des Colormanagements. In der vorliegenden dritten Auflage wird der Kommunikation zwischen den Beteiligten einer Druckproduktion ein besonderer Stellenwert beigemessen. An dieser Stelle werden die verschiedenen Protagonisten, deren Darstellungen im Lauf der folgenden 6 Kapitel immer wieder auftauchen, kurz vorgestellt:

### Der Auftraggeber

Der in diesem Buch dargestellte Auftraggeber beschäftigt sich aus beruflichen Gründen mit dem Einkauf von Fotografien, Grafikdesign- und Repro-Dienstleistungen sowie der Herstellung von Druckprodukten. Im Agenturumfeld wird er Produktioner genannt, im Verlagsumfeld Hersteller und bei größeren Industrieunternehmen arbeitet er in der Marketingabteilung. Beachtet der Auftraggeber bei der Auftragsvergabe einige Grundregeln des Colormanagements, so kann er damit maßgeblich für einen möglichst reibungslosen Produktionsablauf sorgen.

Auftraggeber

### Der Fotograf

Er muss sich nach der Umstellung auf eine digitale Produktionsweise verstärkt damit auseinandersetzen, wie er die Farbigkeit seiner Bilder gegenüber Auftraggebern und der Druckvorstufe verbindlich kommunizieren kann.

Fotograf

### Die Druckvorstufe (Grafik und Repro)

Während früher die Arbeit zwischen dem Grafiker und dem Repro-Spezialisten klar aufgeteilt war, gibt es heute immer mehr Grafiker, die digitale Bilddaten von Fotografen für den Druck aufbereiten und Reinzeichnungen ihrer Layouts per PDF-Druckdaten an die Druckerei senden. Damit übernehmen sie klassische Aufgaben der Druckvorstufe. Trotz Colormanagement gibt es jedoch nach wie auch Aufgaben, die besser in die Hand eines Repro-Spezialisten gehören. Aus diesem Grund treten die Besagten in diesem Buch sowohl getrennt als auch in Personalunion in Erscheinung.

Grafik

Repro

### Der Drucker

Er muss aus den gelieferten Daten von Grafikern oder Reprodienstleistern ein Druckerzeugnis produzieren, welches den Erwartungen seines Auftraggebers entspricht. Je klarer der Drucker kommuniziert, wie die produktionsreifen Druckunterlagen hierfür beschaffen sein müssen, umso reibungsloser kann er produzieren.

Grafik/Repro

Drucker

### Die Quälgeister des Colormanagements

Wer von den eben genannten Protagonisten sich ernsthaft mit Colormanagement beschäftigt, macht schnell die Bekanntschaft unangenehmer Quälgeister: der optischen Aufheller, die manchen Papieren zu einem strahlenderen Weiß verhelfen. Sie sind ein Hauptgrund dafür, dass Colormanagement in der Praxis problematischer ist, als es die Theorie erwarten ließe. Wer professionell die Werkzeuge des Colormanagements nutzen will, muss sich mit diesen Quälgeistern arrangieren.

optische Aufheller

# Farbtheorie idealer Farben

Die Bezeichnung Colormanagement enthält die Worte Farbe und Management. Wer als Manager nicht genau weiß, warum er etwas tut, muss ständig mit unangenehmen Überraschungen rechnen. Auch um Colormanagement zu betreiben, ist daher ein Basiswissen über Farbwahrnehmung und Farbmischung unabdingbar. Für einen leichteren Einstieg basiert dieses Kapitel auf idealen Farben, die so in der Praxis nicht vorkommen.
Die grundsätzlichen Gesetzmäßigkeiten der Farbenlehre gewinnen dadurch aber deutlich an Kontur.

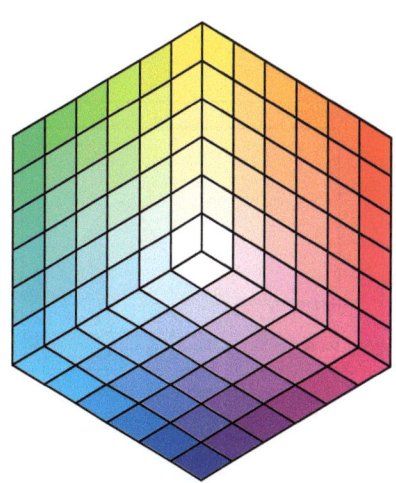

## Das Spektrum und das Auge

Ohne Licht sehen wir nichts. Diese einfache Wahrheit stellt sich bei näherem Hinsehen als wesentlich komplexer heraus. Denn Licht ist nicht gleich Licht. In der Umgangssprache sagt man, es gibt kaltes und warmes Licht. Der Fotograf unterscheidet zwischen Tageslicht und Kunstlicht. In der Reprografie gibt es zum Abmustern von Vorlagen, Andrucken und Fortdrucken das Normlicht. Da Licht die Grundvoraussetzung für die Wahrnehmung von Farbe darstellt, beginnt auch dieses Buch mit dem Licht.

Licht zählt zu den elektromagnetischen Wellen und befindet sich damit in der Gesellschaft der Strahlung von Radio- und Fernsehsendern oder Röntgengeräten.

Ähnlich dem Radio, das die Rundfunkfrequenzen in hörbare Töne umsetzt, wandeln Auge und Gehirn die empfangenen Lichtstrahlen in farbige Bilder um. Jede elektromagnetische Strahlung lässt sich anhand ihrer Wellenlänge beschreiben. Die vom Menschen als Farben wahrgenommene Strahlung hat eine Wellenlänge von 380 bis 780 Nanometer.

*Lichtbrechung durch ein Prisma*

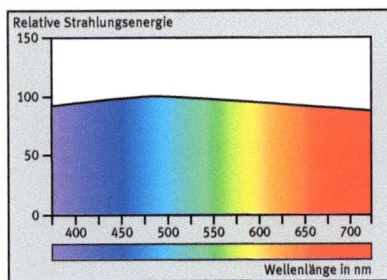

*Spektrum des Tageslichts*

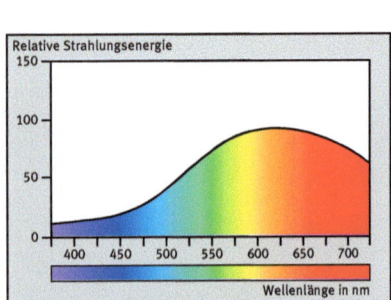

*Spektrum einer Glühlampe*

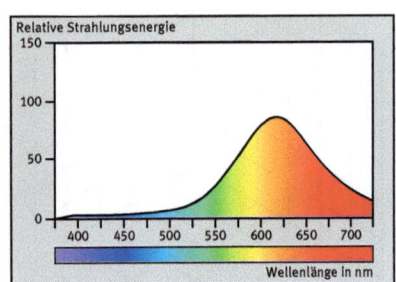

*Spektrum einer roten Ampel*

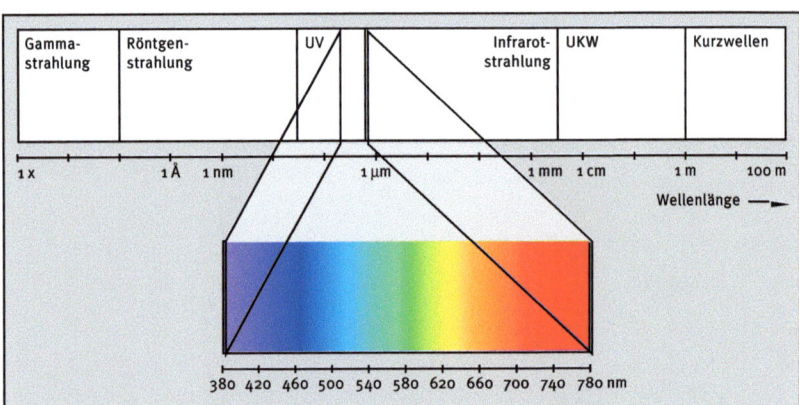

*Der Bereich des sichtbaren Lichts in der Skala der elektromagnetischen Wellen*

Normales Tages- oder Kunstlicht stellt immer ein Gemisch aus allen Wellenlängen dar. Bricht man dieses Licht durch ein Prisma, so sieht man statt des weißen Lichtes die Farben des Regenbogens. Das Gemisch der Strahlung unterschiedlicher Wellenlängen ist jetzt wohlgeordnet. Jede Wellenlänge hat ihre spezifische Farbe. Bei 380 nm geht es mit Violett los, dann über Blau, Cyan, Grün und Gelb zu Rot bei 780 nm.

Im Licht ist das ganze Spektrum aller Farben also schon vorhanden. Die Bezeichnung warmes oder kaltes Licht bzw. Tages- oder Kunstlicht gibt an, wie stark die einzelnen Wellenlängen im Licht enthalten sind.

Um eine Lichtart zu charakterisieren, zeichnet man Anteile der einzelnen Wellenlängen in einem Diagramm auf. Dieses Diagramm wird Spektrum genannt. Sonnenlicht hat z. B. ein ausgewogenes Spektrum, dort sind alle Wellenlängen gleichmäßig vertreten. Beim Licht einer Glühlampe überwiegen die roten Bereiche im Spektrum. Daher wirkt dieses Licht auch wärmer. Bei farbigem Licht fehlen Teile des Spektrums. Beim roten Licht der Ampel fehlt der Anteil von Violett bis ins Gelb. Unsere Farbwahrnehmung hängt also eng mit den Spektren zusammen.

*Schnitt durch Auge und Netzhaut*

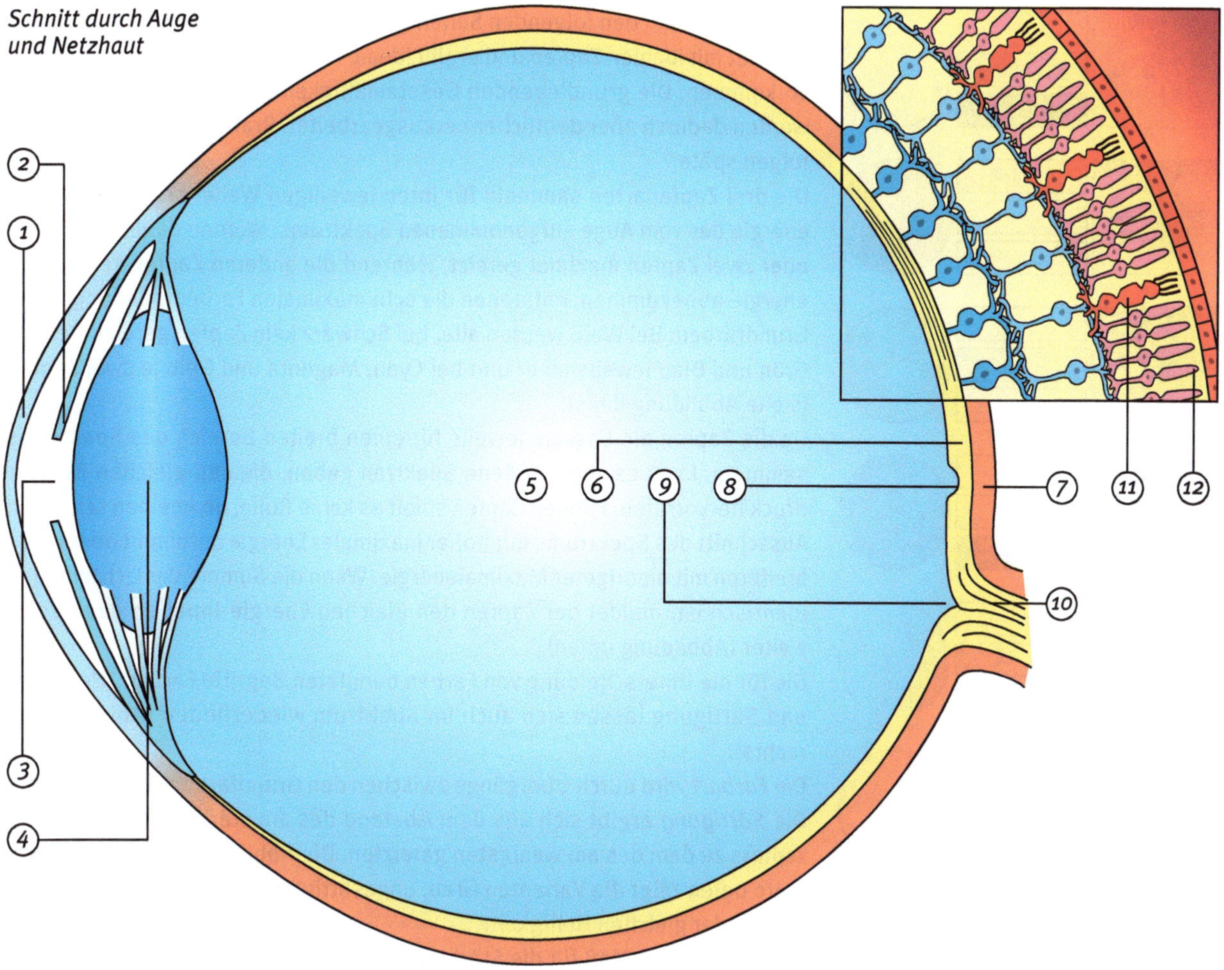

1   Hornhaut
2   Iris
3   Pupille
4   Linse
5   Glaskörper
6   Netzhaut
7   Lederhaut
8   Punkt des schärfsten Sehens
9   Blinder Fleck (Sehnervaustritt)
10  Sehnerv
11  Zapfen
12  Stäbchen

In der Netzhaut des Auges befinden sich die Rezeptoren, die das einfallende Licht in Nervenimpulse umsetzen. Man unterscheidet zwischen Zapfen und Stäbchen, wobei die lichtempfindlicheren Stäbchen „farbenblind" und allein die Zapfen für die Farbwahrnehmung zuständig sind. Es gibt drei unterschiedliche Zapfentypen. Jeder ist für einen Bereich im Spektrum besonders empfindlich.
Jedem Zapfentyp wird eine Grund- oder Urfarbe zugeordnet, die wir mit Rot, Grün und Blau bezeichnen. Beim farbigen Sehen wird die Verteilung der verschiedenen Wellenlängen im Spektrum auf die drei großen Bereiche Rot, Grün und Blau reduziert. Aus der Mischung dieser Urfarben entsteht im Gehirn der Farbeindruck.

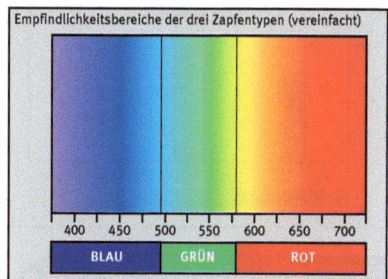

*Drei Typen von Zapfen sind für unterschiedliche Bereiche des Spektrums empfindlich.*

## Ideale Farben und ideale Zapfen

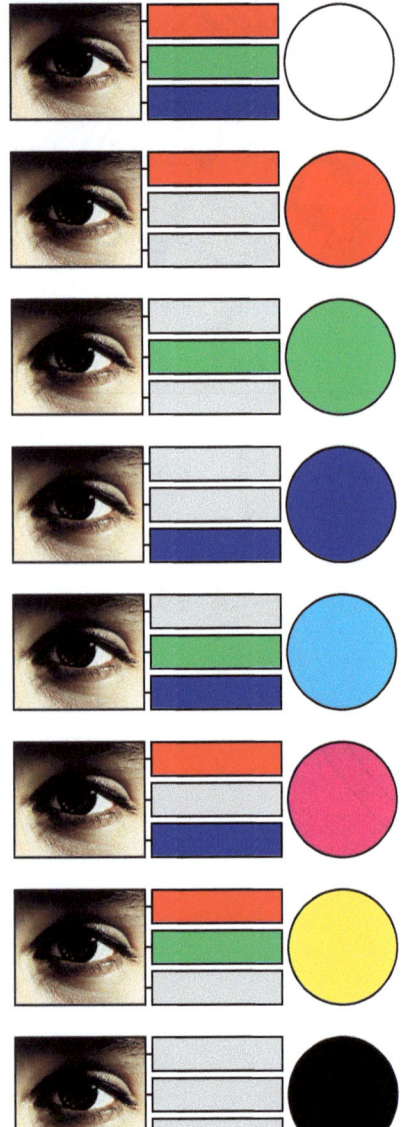

Das hier und auf den folgenden Seiten gezeigte Modell der Farbwahrnehmung arbeitet mit idealen Zapfen und ergibt ideale Farben, die so in der Praxis nicht vorkommen. Die grundlegenden Gesetzmäßigkeiten der Farbwahrnehmung werden dadurch aber deutlicher herausgearbeitet. Praxisorientierte Modelle folgen später.

Die drei Zapfenarten sammeln für ihren jeweiligen Wellenbereich die Lichtenergie des vom Auge aufgenommenen Spektrums. Werden dabei jeweils ein oder zwei Zapfen maximal gereizt, während die anderen Zapfen keine Lichtenergie abbekommen, entstehen die acht maximalen Farbempfindungen der Grundfarben. Bei Weiß werden alle, bei Schwarz kein Zapfen gereizt. Bei Rot, Grün und Blau jeweils einer und bei Cyan, Magenta und Gelb je zwei Zapfen (siehe Abbildung links).

Da die Zapfen die Energie jeweils für einen breiten Bereich des Spektrums sammeln, kann es verschiedene Spektren geben, die den gleichen Farbeindruck hervorrufen. Für den Zapfen spielt es keine Rolle, ob er einen schmalen Ausschnitt des Spektrums mit hoher maximaler Energie aufnimmt oder einen breiteren mit niedrigerer Maximalenergie. Wenn die Summe der Lichtquanten identisch ist, meldet der Zapfen den gleichen Energie-Input an das Gehirn weiter (Abbildung unten).

Die für die Unterscheidung von Farben benutzten Begriffe Farbart, Helligkeit und Sättigung lassen sich auch im Spektrum wiederfinden (Abbildungen rechts).

Die *Farbart* wird durch Übergänge zwischen den Grundfarben charakterisiert. Die *Sättigung* ergibt sich aus dem Abstand des am stärksten gereizten Rezeptors zu dem des am wenigsten gereizten. Die Abbildung auf der nächsten Seite unten zeigt die Varianten Grau, ungesättigtes Gelb und reines Gelb mit jeweils der gleichen Helligkeit.

*Helligkeit* ist ein Maß für die Stärke der Gesamtenergie, die von allen Zapfen umgesetzt wird. Bei gleicher Farbart und Sättigung bleiben die absoluten Abstände der Reizung der Zapfen erhalten. Ein dunkles Grün entsteht, wenn der Grünrezeptor nur zum Teil gereizt wird. Hellere Grüntöne gleicher Sättigung ergeben sich, wenn alle drei Zapfen gleichmäßig mehr Energie absorbieren.

*Unterschiedliche Spektren können im Auge denselben Farbeindruck hervorrufen.*

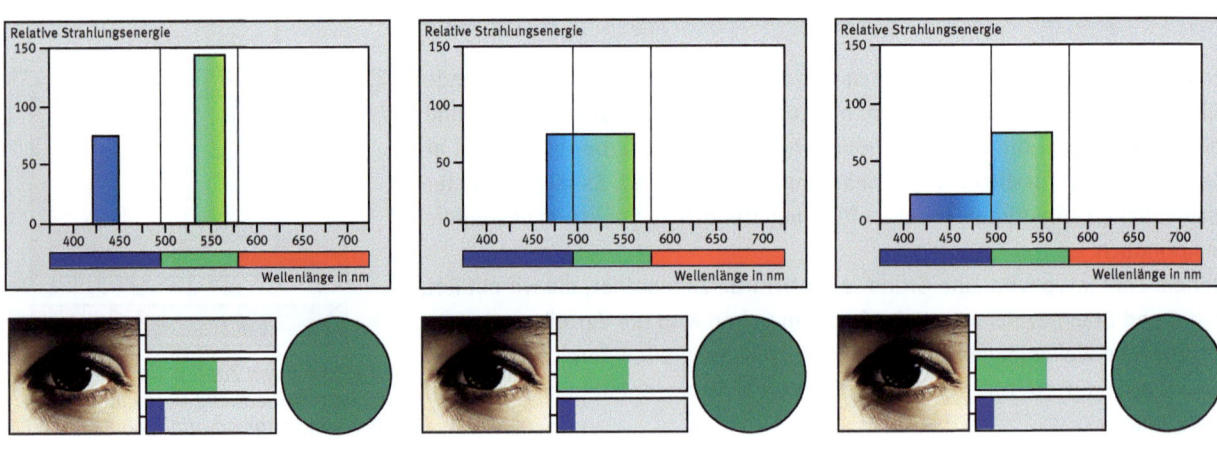

## Unterschiedliche Farbart

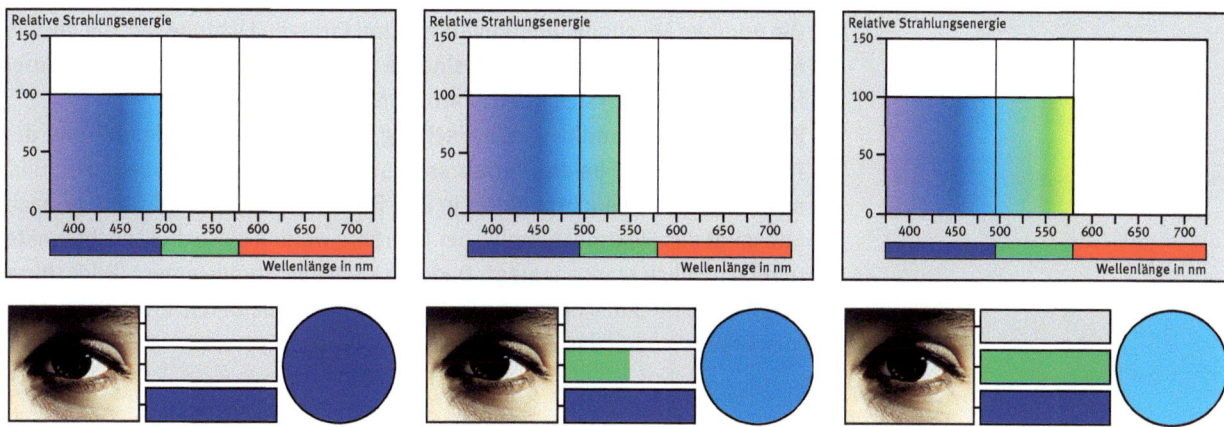

## Unterschiedliche Helligkeit

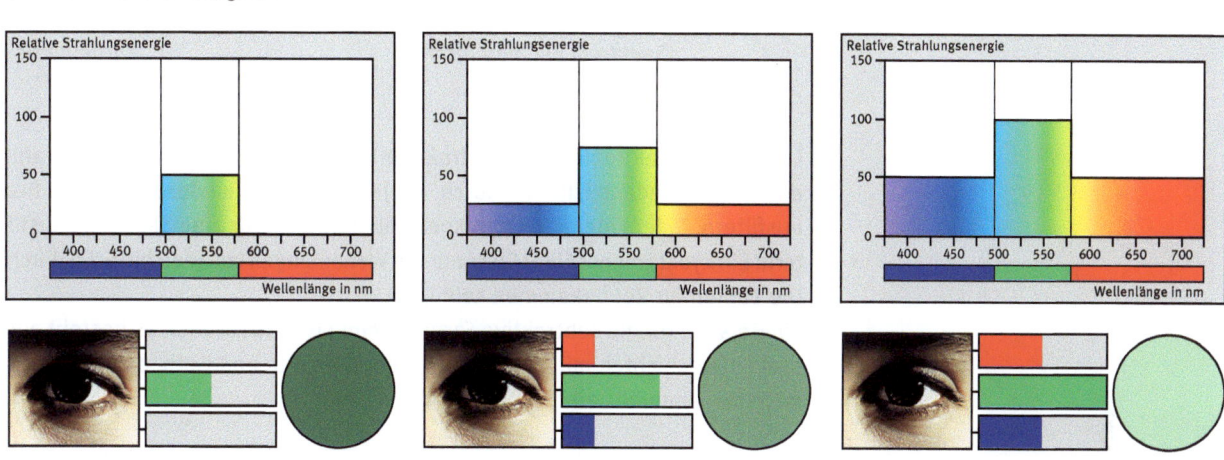

## Unterschiedliche Sättigung

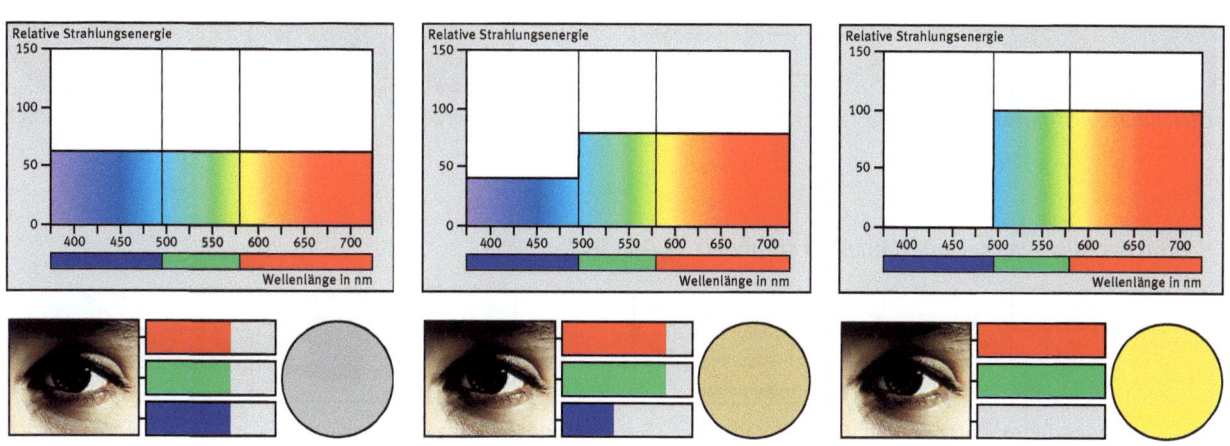

## Additive und subtraktive Farbmischung idealer Farben

Ausgehend von den Zapfen gibt es zwei grundlegende Farbmischformen: die additive und die subtraktive Farbmischung.

Die *additive* Mischung funktioniert mit drei farbigen Lichtquellen, die jeweils auf eine Zapfenart abgestimmt sind. Je nach Mischungsverhältnis der drei Lichtquellen lassen sich so alle Farben mischen.

Beispiele für die additive Farbmischung sind der Computermonitor und der Farbfernseher. Bei beiden Verfahren besteht ein Grundelement auf dem Bildschirm aus drei Leuchtpunkten in den Farben Rot, Grün und Blau. Je nach Intensität des Elektronenstrahls der Bildröhre werden diese drei Leuchtpunkte unterschiedlich stark angeregt. Dadurch kann das Grundelement (Bildschirmpixel) auf dem Bildschirm jede Farbe annehmen. Alle Bildschirmpixel zusammen ergeben dann das endgültige Bild.

*Additive Mischung bei selbstleuchtenden Körpern (z. B. Monitoren)*

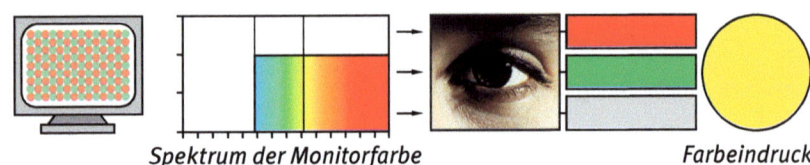

*Spektrum der Monitorfarbe*        *Farbeindruck*

Umgekehrt funktioniert die *subtraktive* Farbmischung. Weißes Licht strahlt durch verschiedene Filter hindurch, die jeweils einen Teil des Spektrums herausfiltern. Jeder Filter kann den spektralen Bereich für eine Zapfenart ausfiltern. Ein cyanfarbener Filter lässt nur die Wellenlängen von Blau bis Grün durch. Die Zapfen für Rot bekommen kein Licht.

Ein Beispiel für die subtraktive Farbmischung ist das Farbdia. Es besteht aus drei Filterschichten mit den Farben Cyan, Magenta und Gelb, die im Zusammenspiel ebenfalls alle Farben erzeugen können.

*Subtraktive Mischung bei transparenten Körpern (z. B. Diapositiven)*

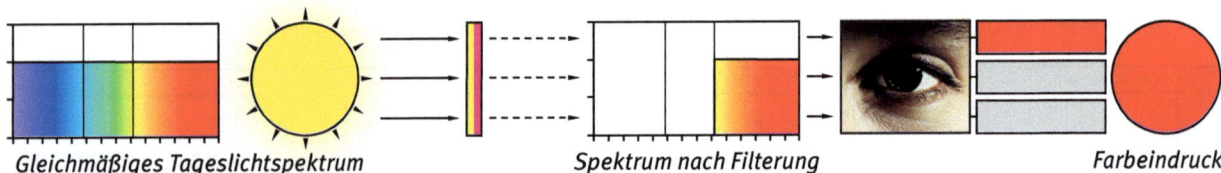

*Gleichmäßiges Tageslichtspektrum*      *Spektrum nach Filterung*      *Farbeindruck*

*Subtraktive Mischung bei reflektierenden Körpern (z. B. Drucken)*

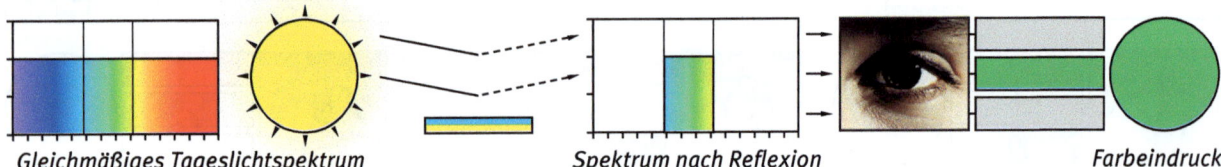

*Gleichmäßiges Tageslichtspektrum*      *Spektrum nach Reflexion*      *Farbeindruck*

## Die Farbmischung im Offsetdruck

Vereinfacht betrachtet funktioniert auch der Offsetdruck nach dem subtraktiven Prinzip. Anders als beim Dia können die Farbfilter aber nicht direkt in ihrer Intensität verändert werden. Eine Offsetmaschine kann an verschiedenen Stellen die Farbe nicht dick oder dünn auftragen. Daher findet die Veränderung der Filter über ein Raster statt. Bei einem Raster von 100% Flächendeckung wirkt die Druckfarbe als maximaler Filter. Bei einem Raster mit 50% Flächendeckung ist die Filterwirkung entsprechend geringer.

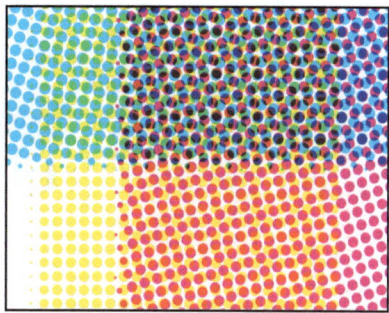

*Farbmischung im Offsetdruck: links ein feines Raster, wie es bei qualitativ hochwertigen Vierfarbproduktionen verwendet wird, rechts ein vergrößerter Ausschnitt.*

## Der Einfluss der Beleuchtung bei der subtraktiven Mischung

Der in subtraktiver Mischung entstehende Farbreiz wird stark von der Beleuchtung beeinflusst. Sind im Spektrum der Beleuchtung mehr Rotanteile vorhanden, so hat auch die Farbe nach dem Durchlaufen der Filter einen höheren Rotanteil. Bei Licht mit mehr Blauanteilen im Spektrum entsteht daher ein bläulicherer Farbeindruck.

Im Druck und in der Druckvorstufe werden daher farbkritische Arbeiten wie das Abmustern von Vorlagen, Proofs und Andrucken unter standardisierten Beleuchtungsbedingungen vorgenommen.

*Betrachtung eines reflektierenden Körpers bei Tageslicht*

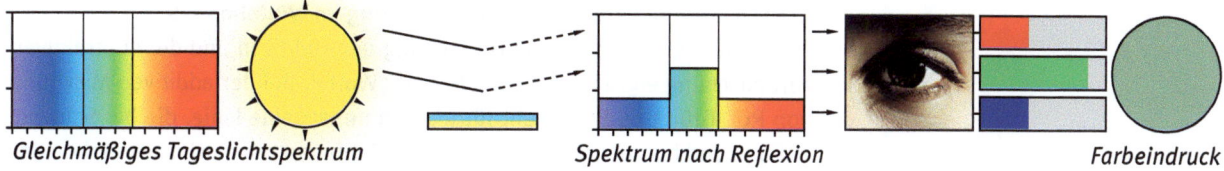

*Betrachtung desselben Körpers bei Lampenlicht*

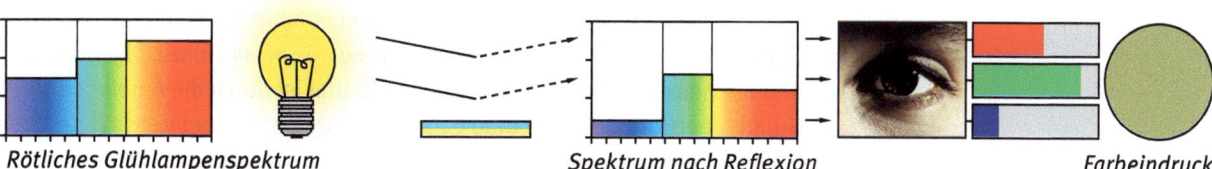

# Additive und subtraktive Farbmischung im Farbwürfel

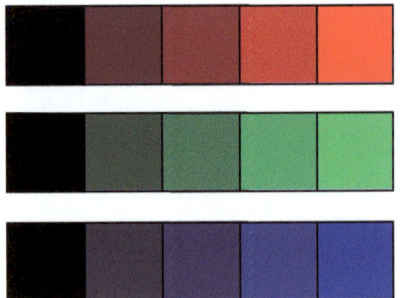

*Die additiven Grundfarben entwickeln sich von Schwarz.*

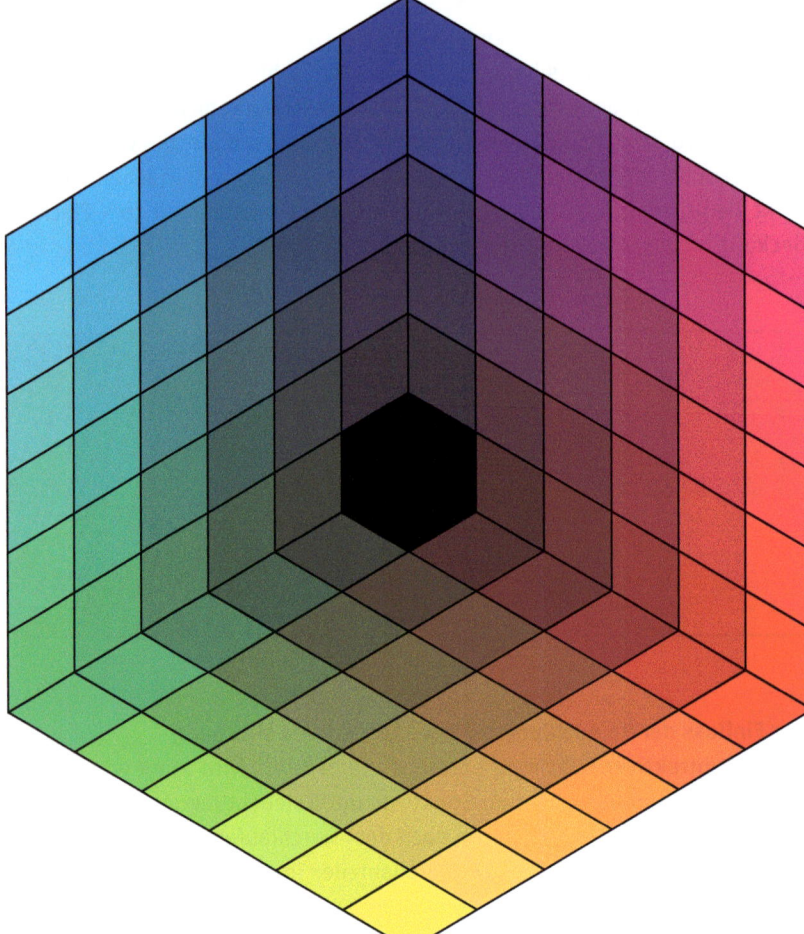

*Die additive Mischung zweier Grundfarben ergibt eine Fläche.*

*Die additive Mischung dreier Farben ergibt einen Würfel, der mit Schwarz beginnt.*

**Die Darstellung der additiven Farbmischung im Würfelmodell**

Als Modell für die räumliche Darstellung der additiven und der subtraktiven Farbmischung eignet sich besonders der Würfel. Bei der additiven Mischung von Rot, Grün und Blau steht für jede Zapfenart eine Linie, die bei Schwarz anfängt und bis zur maximalen Farbe der Zapfenart reicht. Um alle Farben darzustellen, die durch die Reizung zweier Zapfenarten möglich sind, spannen beide Linien im Winkel von 90 Grad eine Fläche bei Schwarz beginnend auf. Jeder Punkt auf der Fläche lässt sich durch den Anteil der beiden Grundfarben darstellen. Die gegenüberliegende Ecke von Schwarz stellt jeweils die Mischfarbe zweier Grundfarben dar (Cyan, Magenta und Gelb). Fügt man die dritte Grundfarbe im Winkel von 90 Grad zu den anderen beiden hinzu, fügen sich die drei Flächen zum Würfel. Jeder Punkt im Würfel ist durch die Anteile der drei Grundfarben Rot, Grün und Blau darstellbar. Bei maximaler Intensität der drei Grundfarben ergänzen sich diese zu Weiß, und der Würfel ist geschlossen.

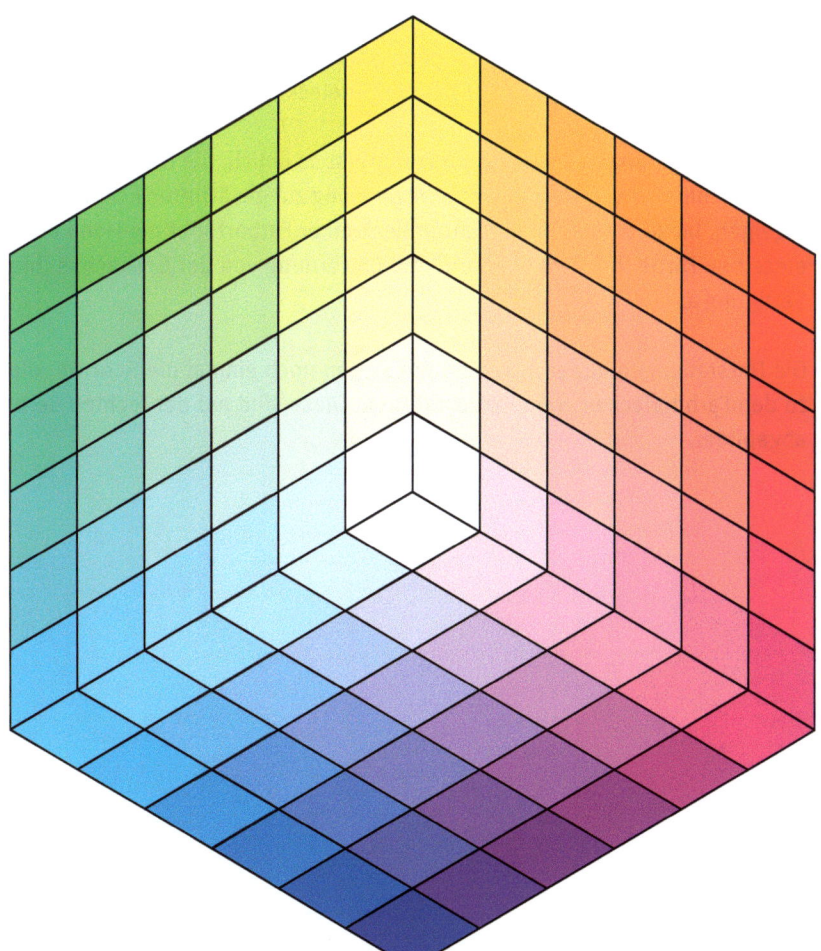

*Bei der subtraktiven Mischung dreier Farben beginnt der Würfel mit Weiß.*

*Die subtraktiven Grundfarben entwickeln sich von Weiß.*

*Die subtraktive Mischung zweier Grundfarben ergibt ebenfalls eine Fläche.*

**Die Darstellung der subtraktiven Farbmischung im Würfelmodell**
Die subtraktive Farbmischung ist die Umkehrung der additiven Farbmischung. Ausgehend von Weiß werden mit den Filtern Cyan, Magenta und Gelb einzelne Bereiche aus dem Spektrum herausgefiltert. Der Einfluss zweier Filter lässt sich auf einer Fläche darstellen. Wirken zwei Filter maximal zusammen, ergeben sich die Grundfarben Rot, Grün und Blau. Wirken alle drei Filter zusammen, so wird das weiße Licht komplett absorbiert und Schwarz bleibt übrig.

Innerhalb des Würfels gibt es eine Verbindungslinie von Schwarz nach Weiß. Hier liegen die Grautöne. Diese Verbindungsachse wird daher auch Grauachse genannt.

*Die Grauachse im Würfel*

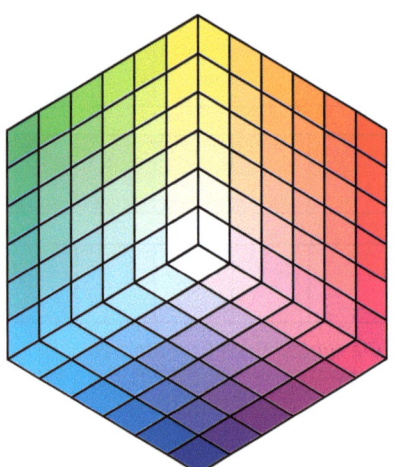

## Die Farbarten im Würfel

Schaut man von oben auf den Würfel, so entwickeln sich vom Weißpunkt zu den Eckfarben die Farbarten. Zwischen der Grauachse und der am meisten gesättigten Eckfarbe bilden die Farbarten Dreiecke.

Für die Darstellung einer einzelnen Farbart ist es üblich, die Grauachse links einzuzeichnen und nach rechts die Entwicklung zur gesättigten Eckfarbe aufzuzeigen. Im so entstandenen Farbdreieck einer Farbart gibt die Höhe einer einzelnen Farbe ihre Helligkeit und die Entfernung von der Grauachse ihre Sättigung an.

Die Darstellungen in der linken Spalte zeigen noch einmal die Schritte, die zu den Farbdreiecken einer Farbart führen. Diese sind auf der rechten Seite abgebildet.

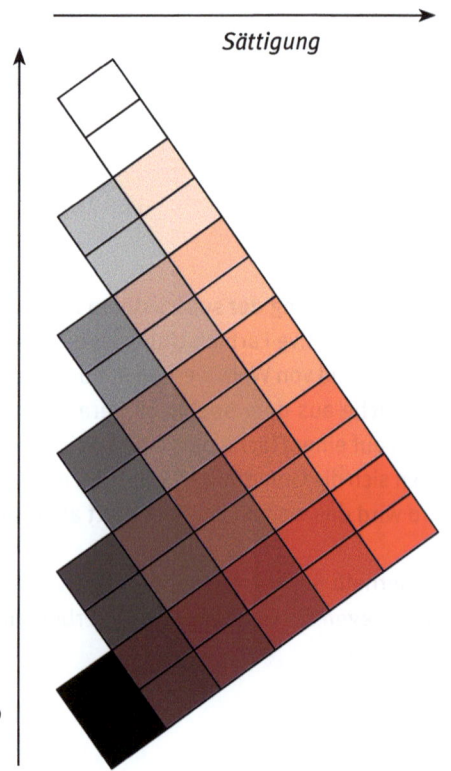

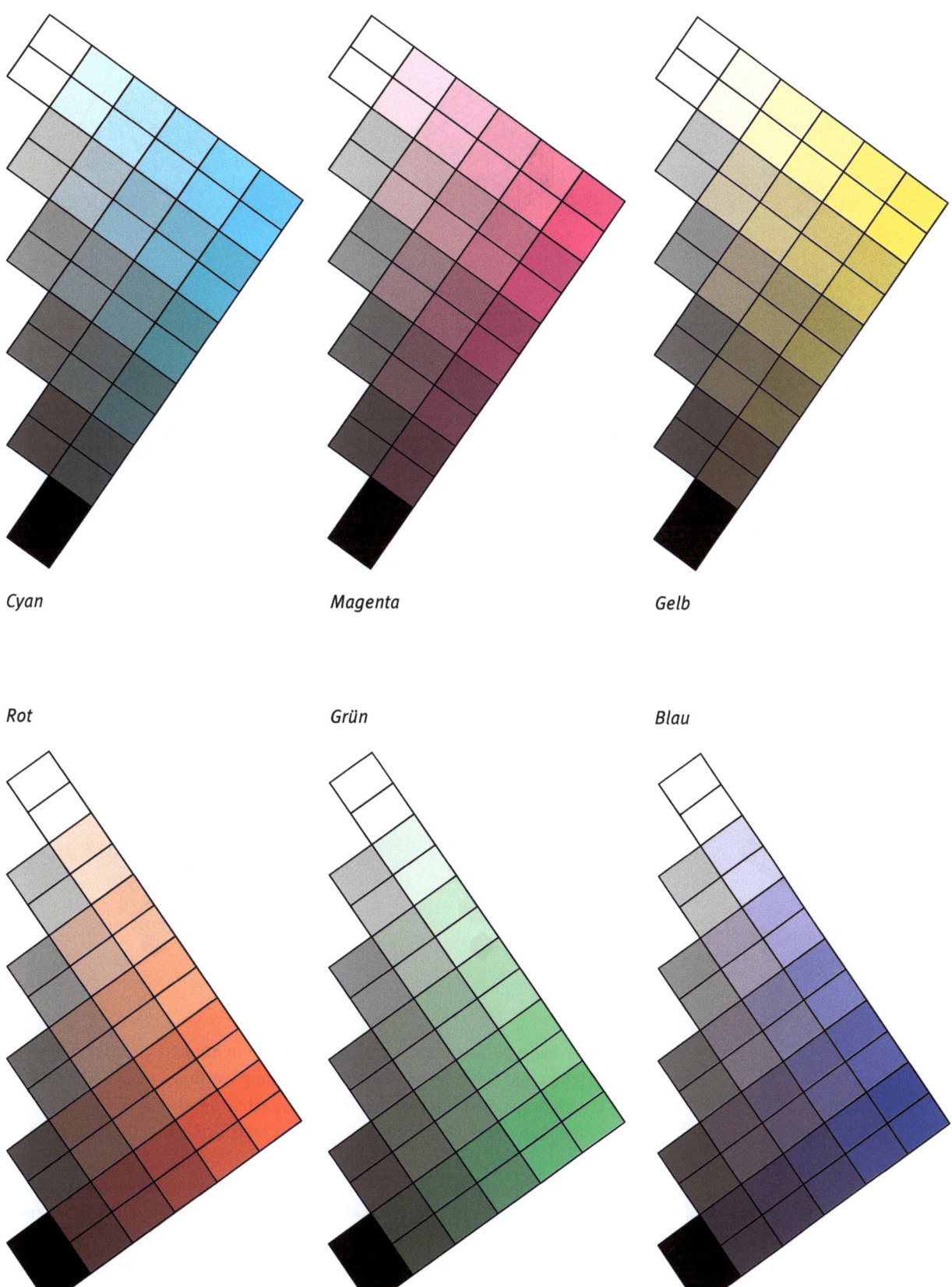

Cyan   Magenta   Gelb

Rot   Grün   Blau

# Die Ebenen gleicher Helligkeit im Würfel

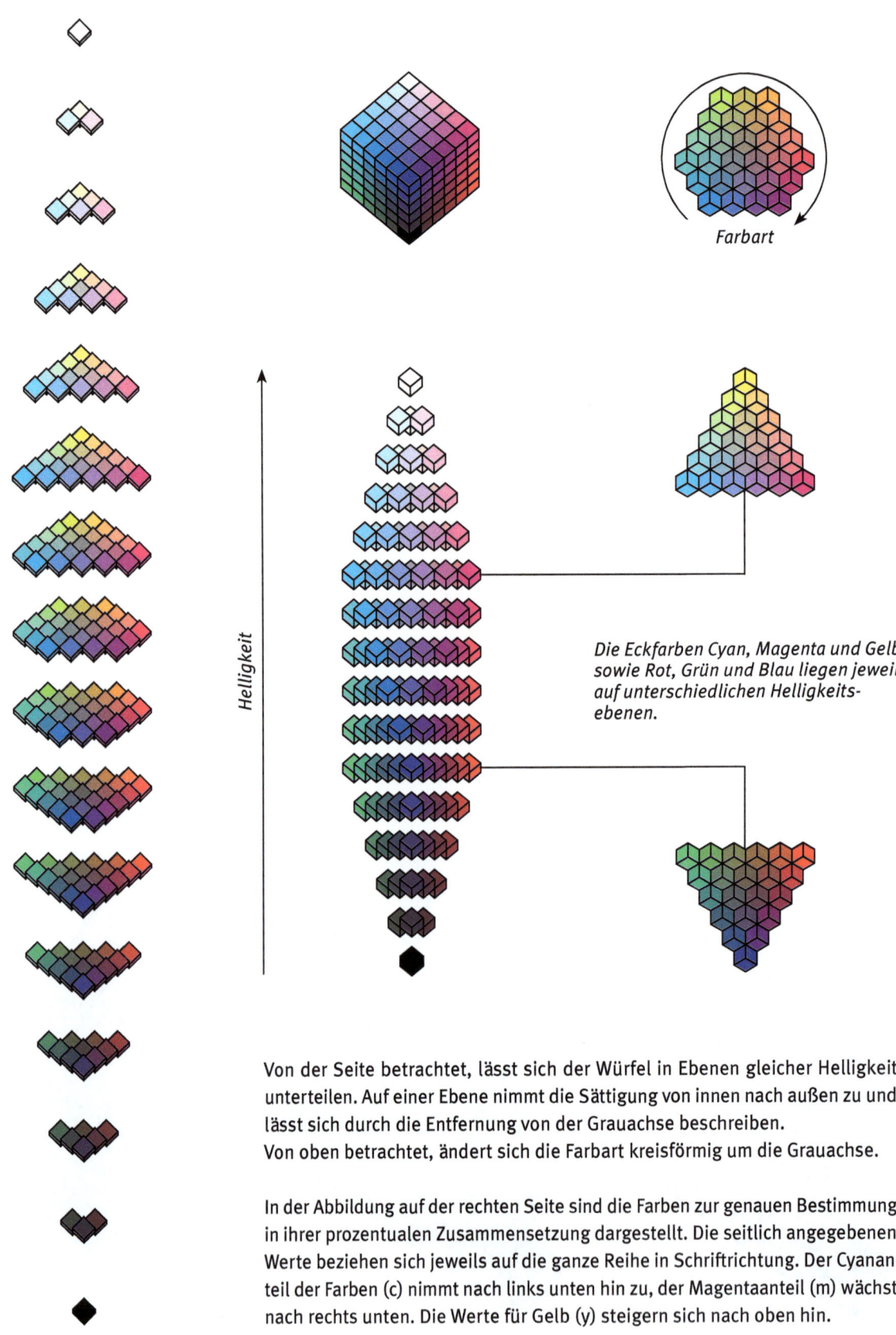

*Die Eckfarben Cyan, Magenta und Gelb sowie Rot, Grün und Blau liegen jeweils auf unterschiedlichen Helligkeitsebenen.*

Von der Seite betrachtet, lässt sich der Würfel in Ebenen gleicher Helligkeit unterteilen. Auf einer Ebene nimmt die Sättigung von innen nach außen zu und lässt sich durch die Entfernung von der Grauachse beschreiben.
Von oben betrachtet, ändert sich die Farbart kreisförmig um die Grauachse.

In der Abbildung auf der rechten Seite sind die Farben zur genauen Bestimmung in ihrer prozentualen Zusammensetzung dargestellt. Die seitlich angegebenen Werte beziehen sich jeweils auf die ganze Reihe in Schriftrichtung. Der Cyananteil der Farben (c) nimmt nach links unten hin zu, der Magentaanteil (m) wächst nach rechts unten. Die Werte für Gelb (y) steigern sich nach oben hin.

## Die Bereiche gleicher Sättigung im Würfel

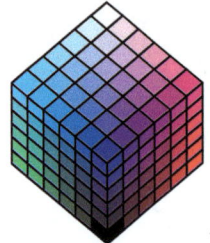

*Die Bereiche gleicher Sättigung in der Seitenansicht ...*

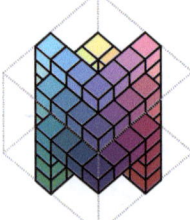
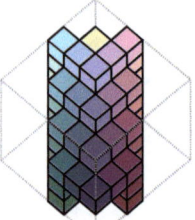

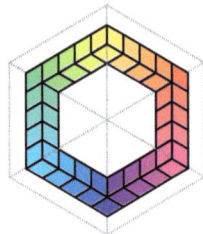

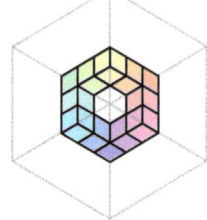
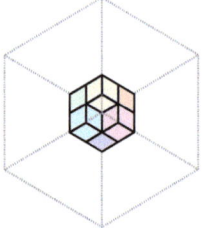
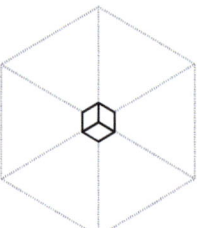

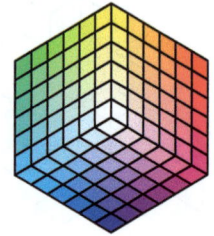

*... und in der Draufsicht*

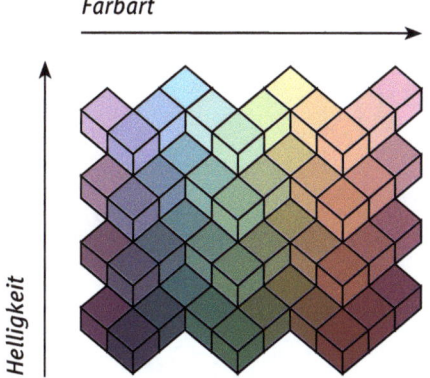

Die Farben gleicher Sättigung zeichnen sich durch einen gleichen Abstand zur Grauachse aus, d. h., sie bilden Röhren um die Grauachse, wie Jahresringe eines Baums. Ganz außen bleibt nur ein Ring der am meisten gesättigten Farben übrig.

Wickelt man die einzelnen Röhren gleicher Sättigung zu einer Fläche ab, so zeigt diese Fläche alle gleich gesättigten Farben im Würfel.

Die Helligkeit steigert sich von unten nach oben, die Farbart ändert sich von links nach rechts.

# Farbtheorie realer Farben

Colormanagement wäre ein Kinderspiel, wenn es nur ideale Farben gäbe. Leider ist die Praxis bei weitem nicht so einfach. Für ein tieferes Verständnis der Farbwiedergabe im Offsetdruck, auf Monitoren, Druckern und anderen Geräten ist noch mehr Theorie nötig.

Dieses Kapitel vermittelt die Grundlagen, warum Rot nicht immer gleich Rot ist und was es mit dem Lab-Farbraum auf sich hat, der den Basisfarbraum im Colormanagement darstellt.

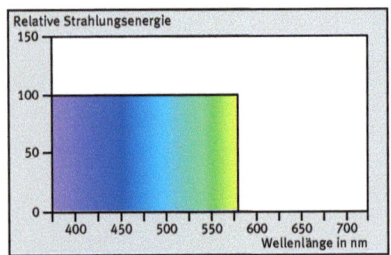

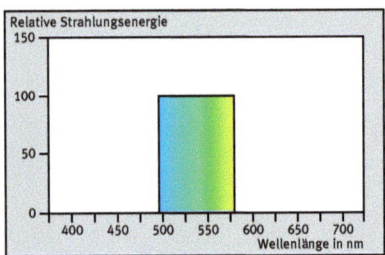

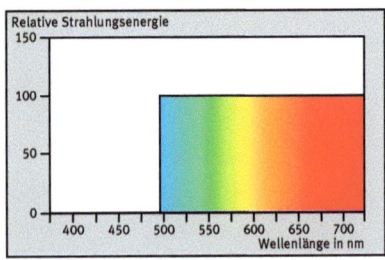

## Die Grenzen des Würfels mit idealen Farben

So praktisch das Modell der idealen Farben im Würfel auf den ersten Blick auch ist – in der Praxis funktioniert es leider nicht. Wenn wir uns reale Grundfarben auf einem Druck und auf einem Monitor anschauen, ergeben sich frappierende Unterschiede.

In der linken Spalte sind die Spektren der idealen Grundfarben Blau, Cyan, Grün, Gelb, Rot und Magenta abgebildet. Die Abbildungen auf der rechten Seite zeigen links die Spektren dieser Grundfarben, wie sie ein Röhrenmonitor abstrahlt, und eine Annäherung an deren Farbeindruck. Rechts dagegen werden die Spektren der Grundfarben eines Offsetdruckes dargestellt. Die Farbbeispiele sind hier ungesättigter und etwas dunkler wiedergegeben, damit der visuelle Abstand zwischen Monitorfarben und Druckfarben erhalten bleibt.

### Die Bedeutung der unterschiedlichen Spektren

Ein Vergleich der Spektren der idealen Farben im Würfel (links) mit den Monitor- und Druckspektren (rechts) bringt einige interessante Ergebnisse:
Die Grundfarben im Druck haben Spektren, die gegenüber den idealen Spektren ungesättigter und oft auch dunkler sind. Die Rezeptoren werden also nicht voll gereizt (dunklere Farben), oder aber Rezeptoren, die eigentlich nicht zu dieser Farbe gehören, werden auch leicht gereizt (ungesättigte Farben). Die Spektren der Monitorgrundfarben hingegen zeigen ganz enge, hohe Ausschläge und sind damit immer gezielt auf einen Rezeptor abgestimmt.

Der Unterschied zwischen den Grundfarben eines Monitors und eines Druckes ist überraschend groß. Der Sehapparat des Menschen ist augenscheinlich in der Lage, sehr schmale Spektren deutlich gesättigter wahrzunehmen als breitere Spektren. Wie dies zustande kommt, zeigt das erweiterte Modell des Sehens auf der nächsten Doppelseite.

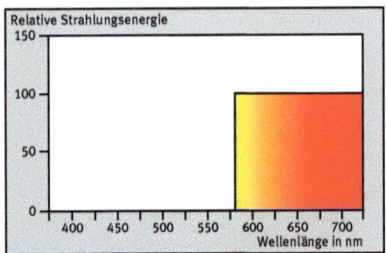

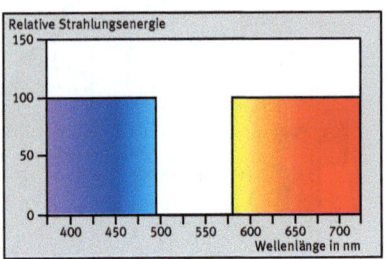

*Die linke Spalte zeigt die Spektren der idealen Grundfarben in der Reihenfolge Blau, Cyan, Grün, Gelb, Rot und Magenta als Vergleich zu den Spektren realer Grundfarben auf der rechten Seite.*

*Auf der rechten Seite sind in der linken Spalte die Spektren der Grundfarben eines Röhrenmonitors dargestellt. Aufgrund des eingeschränkten Farbraums im Druck sind die abgebildeten Farbproben nicht originalgetreu.*
*Die Spalte ganz rechts zeigt die Spektren der Grundfarben im Offsetdruck. Um einen Vergleich zu den Monitorfarben zu ermöglichen, wurden die Druckfarben ungesättigter wiedergegeben.*

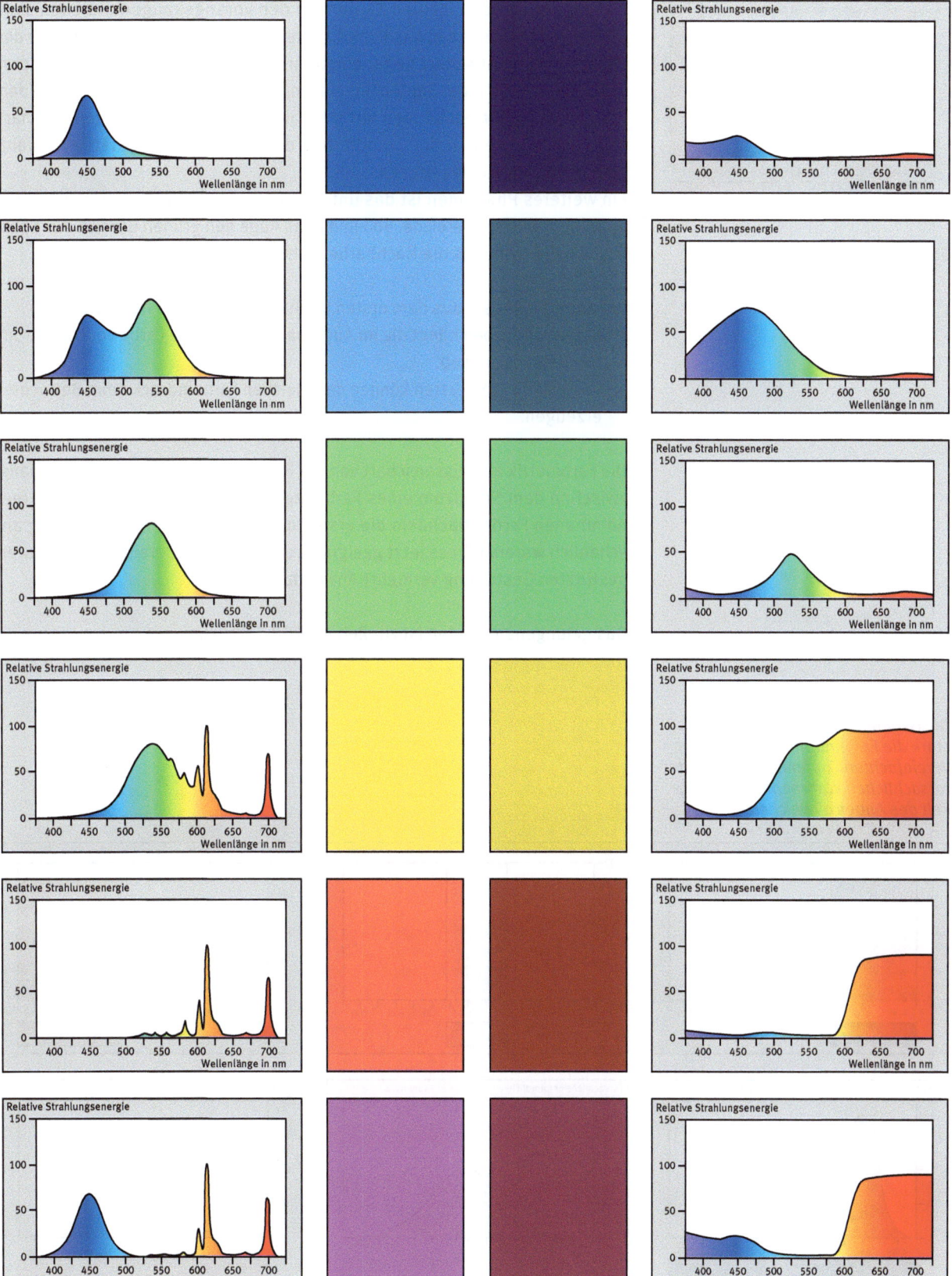

## Das erweiterte Modell vom Sehen

Im Vergleich zu den idealen Zapfen auf den vorangegangenen Seiten sind die Vorgänge im Auge etwas komplizierter. Die Empfindlichkeitsbereiche der Zapfen sind nicht scharf gegeneinander abgegrenzt, sondern überlappen sich gegenseitig. Jeder Zapfen hat ein Empfindlichkeitsmaximum, das zu den Seiten hin abfällt. So können nur schmale Spektren eine einzige Zapfenart reizen. Daher werden die Grundfarben des Monitors viel gesättigter wahrgenommen als die des Drucks.

Ein weiteres Phänomen ist das unterschiedliche Helligkeitsempfinden für einzelne spektrale Bereiche. So nimmt das Auge den grünen Bereich des Spektrums heller wahr als die Nachbarbereiche Rot und Blau.

Die anderen Regeln aus dem ersten Kapitel gelten jedoch nach wie vor:
1. Bei Körperfarben hängt die im Auge wahrgenommene Farbe vom Spektrum der Beleuchtung ab.
2. Verschiedene Spektren können den gleichen Farbeindruck beim Betrachter erzeugen.

Die Farbmetrik als Wissenschaft von der Farbe erforscht den Zusammenhang zwischen dem Spektrum eines Farbreizes und der vom Menschen wahrgenommenen Farbe. Nachdem die ersten mathematischen Modelle wenig anschaulich waren, gibt es jetzt geeignetere, die auch im Bereich der computergestützten Gestaltung vermehrt Anwendung finden.

Das gelungenste Modell ist zur Zeit der LCH-Farbraum.

*Ganz so einfach ist es doch nicht!*

*Die Gegenüberstellung zeigt, wie stark die Empfindungsbereiche des vereinfachten Zapfenmodells von der tatsächlichen Wahrnehmungsfähigkeit des Auges abweichen.*

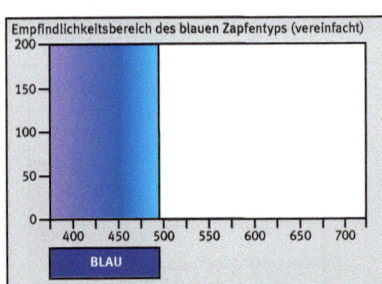
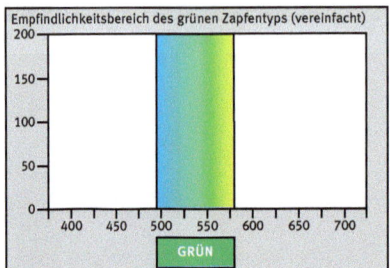
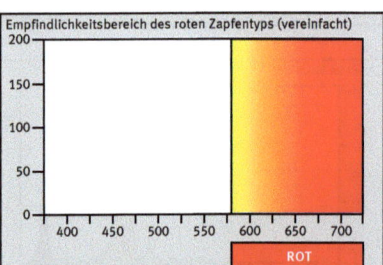
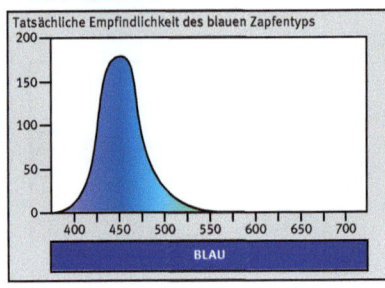
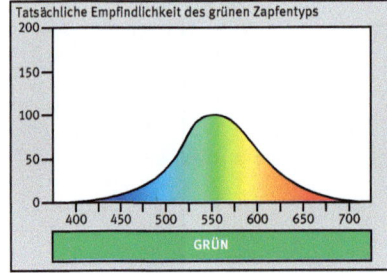
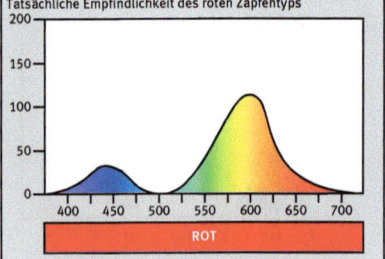

*Schema der Farbwahrnehmung*

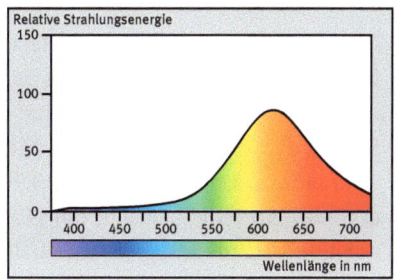

*Spektrum des eintreffenden Farbreizes*

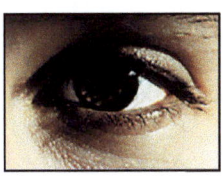 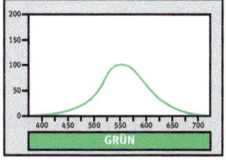 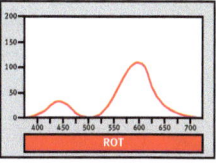 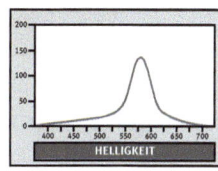

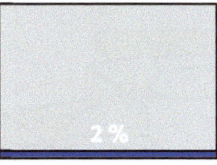 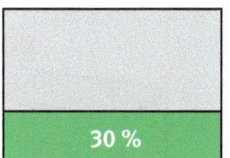 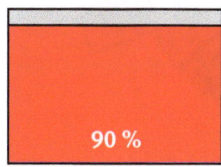 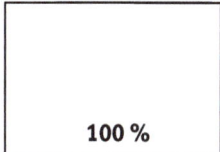

*Empfindlichkeitsbereiche der Zapfen im Auge und deren Reizung (rechts: Helligkeitsempfindung der Stäbchen)*

*Die Rezeptoren wandeln die Lichtenergie des Spektrums in elektrische Nervenimpulse um. In den Bereichen höchster Empfindlichkeit der Rezeptoren ruft die spektrale Lichtenergie einen stärkeren Nervenimpuls hervor als in den Nachbarbereichen. Die Stäbchen, die für das Helligkeitssehen in der Dämmerung zuständig sind, zeigen bei Tageslicht einen Ausschlag von 100 %.*

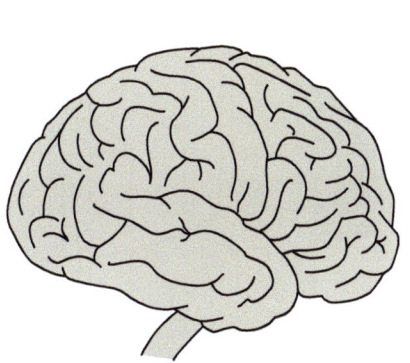

*Verarbeitung der Farbinformationen im Gehirn*

*Erst im Gehirn entsteht der eigentliche Farbeindruck. Die Nervenimpulse der Zapfen und Stäbchen werden hier miteinander „verrechnet". Inzwischen gibt es Messgeräte und Formeln, die die Kette vom Farbreiz als Spektrum bis zum Farbeindruck im Gehirn recht gut widerspiegeln. Die dabei verwendete Mathematik ist allerdings so kompliziert, dass sie den Rahmen dieses Buches bei weitem sprengen würde. Im Unterschied zum vereinfachten Modell arbeitet diese Mathematik nicht mehr mit Grundfarben, aus denen sich alle anderen Farben mischen lassen, sondern sie operiert mit den Begriffen Farbart, Helligkeit und Sättigung.*

*Beim Betrachter entstandener Farbeindruck*

# Der LCH-Farbraum

*In der Farbmesstechnik werden die umgangssprachlichen Begriffe Sättigung und Farbart mit Buntheit und Buntton bezeichnet.*

Der LCH-Farbraum ist ein komplettes Modell des menschlichen Farbsehens. Die wahrgenommene Farbe wird dabei nach den Attributen **L**ightness (Helligkeit), **C**hroma (Sättigung) und **H**ue (Farbart) geordnet.

So wie der Mensch unterschiedliche Spektren als gleichen Farbeindruck wahrnehmen kann, können unterschiedliche Spektren auch gleiche LCH-Werte ergeben. Somit beschreibt der LCH-Farbraum tatsächlich unsere Farbwahrnehmung, unabhängig davon, ob die wahrgenommene Farbe z.B. von einem Blatt, einer Anstreichfarbe, gerasterten Druckfarben oder der Lichtstrahlung eines Monitors kommt.

Da für die Bestimmung von LCH-Farbwerten lange Zeit sehr teure und komplizierte Messgeräte benötigt wurden, kam dieser Farbraum bisher hauptsächlich in der Forschung und der industriellen Qualitätssicherung zum Einsatz. Weil er jedoch als Grundlage zur Farbbeschreibung verschiedener Ein- und Ausgabemedien wie Monitore, Drucker und Scanner dient, hält er jetzt auch Einzug in das grafische Gewerbe.

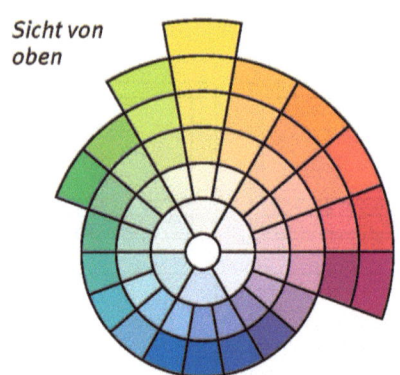

*Sicht von oben*

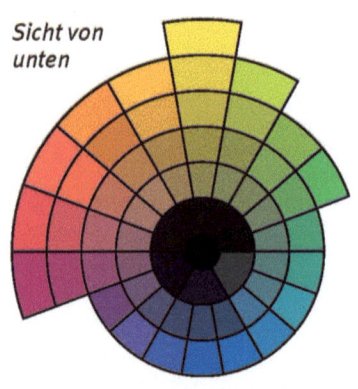

*Sicht von unten*

*Ein farbiges Modell des LCH-Farbraums: Es sind nur die im Vierfarb-Offsetdruck ohne größere Abweichung darstellbaren Farben zu sehen. Alle anderen Bereiche bleiben in dieser Darstellung „unsichtbar". Im LCH-Farbraum stecken jahrzehntelange Forschungsarbeiten zur Farbwahrnehmung. In vielen Experimenten wurden Testpersonen Farbproben vorgelegt, die sie möglichst gleichabständig nach den Kriterien Helligkeit, Farbart und Sättigung ordnen sollten.*

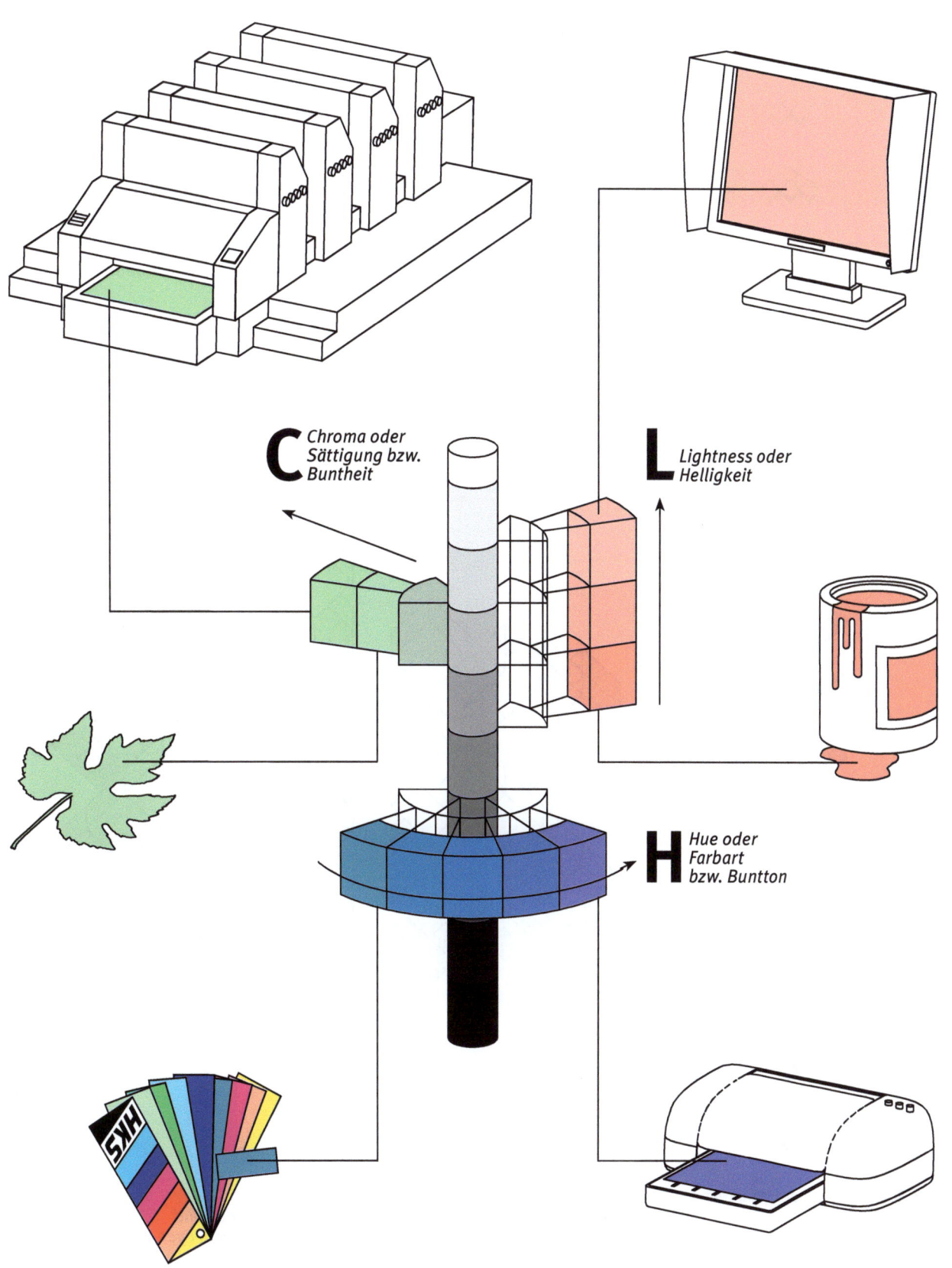

## Gemeinsamkeiten von LCH-Farbraum und Würfelmodell

Wie die Abbildungen deutlich machen, hat der LCH-Farbraum in seiner Struktur einiges mit dem Würfel gemeinsam:

1. Senkrecht von Schwarz nach Weiß verläuft die Grauachse,
2. von innen nach außen nimmt die Sättigung zu,
3. die unterschiedlichen Farbarten bilden sich rund um die Grauachse,
4. quer zur Grauachse verlaufen die Ebenen gleicher Helligkeit.

Die im Buch gezeigten LCH-Farben beschränken sich auf die im Vierfarb-Offsetdruck ohne größere Farbverfälschung realisierbaren Farben.

*Die Ebenen gleicher Helligkeit im Würfelmodell*

Das Würfelmodell in seine Farbarten zerlegt.
Zur übersichtlicheren Darstellung beschränkt sich das Bild auf die sechs Grundfarbarten Gelb, Rot, Magenta, Blau, Cyan und Grün.
In der Mitte ist die Grauachse sichtbar.

Die hier verwendete Einteilung des LCH-Farbraums in 18 Farbarten, 10 Helligkeitsstufen und max. 7 Sättigungsstufen ermöglicht eine klare Visualisierung einzelner Farbwerte auf späteren Seiten. Für andere Anwendungen lässt sich diese Einteilung auch beliebig verfeinern.

So arbeitet z. B. das ebenfalls auf dem LCH-Farbraum basierende RAL-Design-System mit 39 Farbarten. Dieses in der Welt der Lacke und anderen Farbmittel verbreitete Farbsystem spielt in der Druckvorstufe bisher nur eine unbedeutende Rolle.

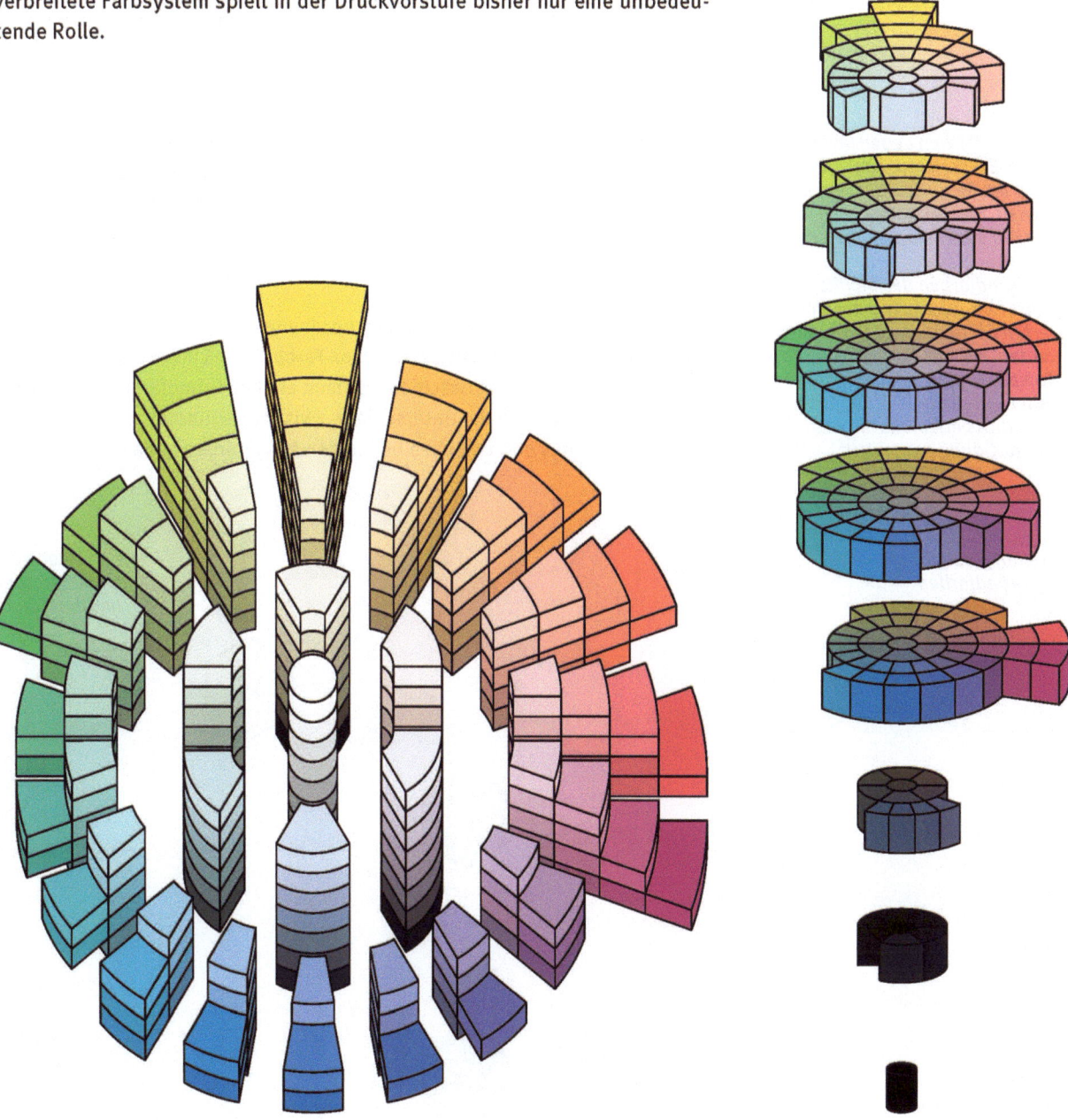

Die im Vierfarb-Offsetdruck realisierbaren Farben des LCH-Farbraums. Jede Farbart definiert sich durch den Winkel ihrer Kreisposition um die Grauachse. Für die LCH-Modelle in diesem Buch wird eine Einteilung von 20° pro Farbe verwendet. Für die ungesättigten Farben nah um die Grauachse sind die Farben in 60°-Schritte unterteilt.

Die Ebenen gleicher Helligkeit im LCH-Farbraum

## Unterschiede von LCH-Farbraum und Würfelmodell

Neben den Ähnlichkeiten bei den Kriterien Farbart, Helligkeit und Sättigung gibt es aber auch grundlegende Unterschiede zwischen dem Würfelmodell und dem LCH-Farbraum.

### Der Würfel beschreibt die Farbmischung
Als Bezugspunkte braucht der Würfel immer Grundfarben, aus deren Mischung sich alle anderen Farben ableiten lassen. Damit findet der Würfel seine praktische Anwendung in der Beschreibung der Mischungsverhältnisse eines festen Satzes von Grundfarben. Dies sind beispielsweise Farbmusterbücher für Druckfarben.

Ungeeignet ist der Würfel allerdings, wenn Mischungen zweier Sätze von Grundfarben unterschiedlichen Ursprungs verglichen werden sollen. Das Blau auf einem Monitor hat im Würfel die gleiche Position wie das Blau im Druck. Im direkten Vergleich unterscheiden sich beide Blautöne jedoch stark voneinander.

### Der LCH-Farbraum beschreibt die Farbordnung
Da der LCH-Farbraum die Umsetzung von Farbspektren in die Attribute Farbart, Helligkeit und Sättigung beschreibt, kommt er ohne Grundfarben aus. Mit ihm lassen sich also auch die Unterschiede zwischen Grundfarben unterschiedlichen Ursprungs und zwischen beliebigen Mischfarben genau bestimmen.

*Die Grundfarben liegen im Würfel an den Eckpunkten, egal, ob es sich dabei um Monitor- oder Druckfarben handelt, die sich tatsächlich jedoch deutlich voneinander unterscheiden.*

*Die Grundfarben des Monitors können im Druck natürlich nur mit einer reduzierten Sättigung wiedergegeben werden. Um den Farbabstand von Monitor- und Offsetdruckfarben zu zeigen, werden die Grundfarben des Drucks ebenfalls mit reduzierter Farbsättigung dargestellt.*

*Monitordarstellung der Grundfarben*

*Wiedergabe der Grundfarben im Offsetdruck*

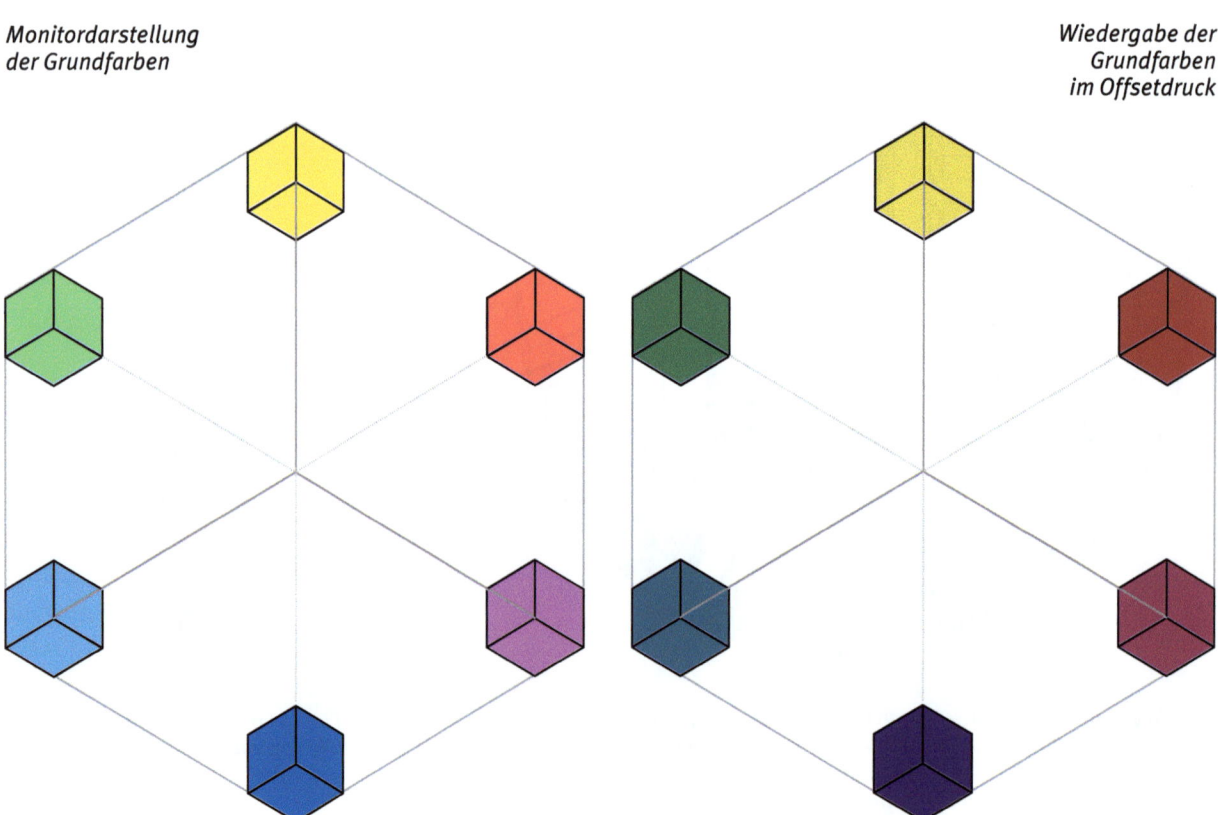

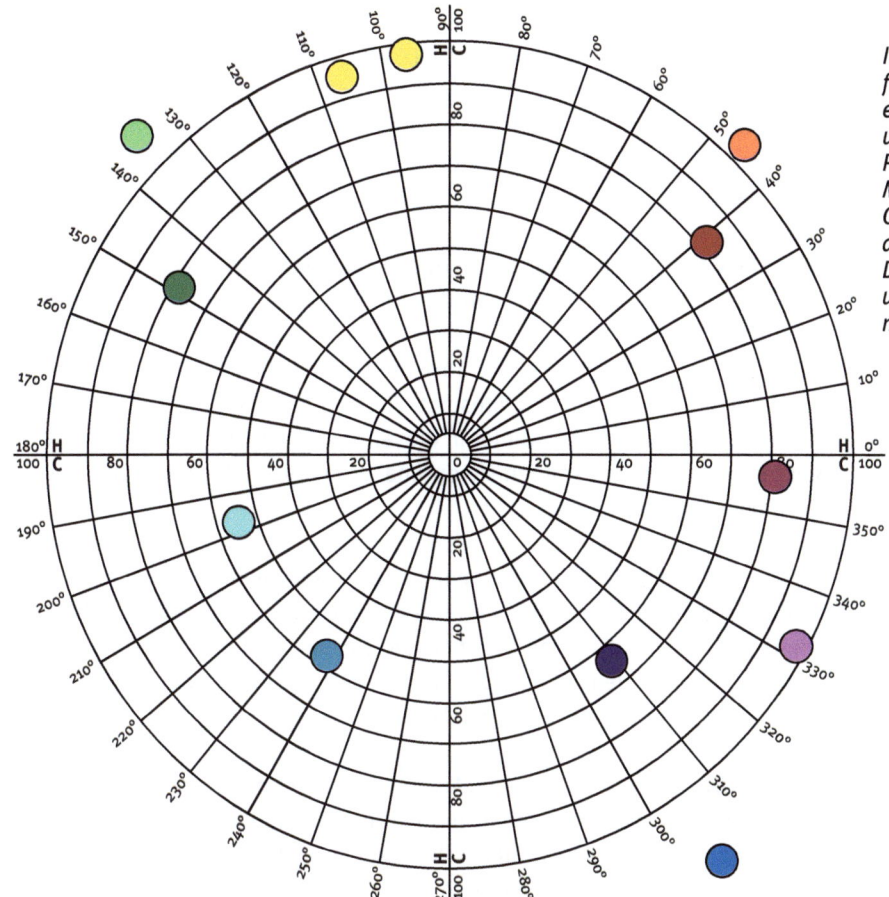

Im LCH-Farbraum liegen die Grundfarben des Monitors und des Drucks entsprechend ihrer Sättigung (C) und Farbart (H) an unterschiedlichen Positionen. Die Grundfarben des Monitors sind gesättigter als die des Offsetdrucks und liegen daher weiter außen. Da der LCH-Farbraum in der Draufsicht abgebildet ist, wird die unterschiedliche Helligkeitseinordnung der Farben nicht deutlich.

Hier sind die LCH-Farbwinkel (H) auf einer Fläche abgetragen. Die Seitenansicht macht nun auch den Helligkeitsunterschied zwischen Monitor- und Druckfarben sichtbar (L). Die Grundfarben des Monitors liegen in dieser Darstellung höher, da sie alle heller als die Grundfarben des Offsetdrucks sind.

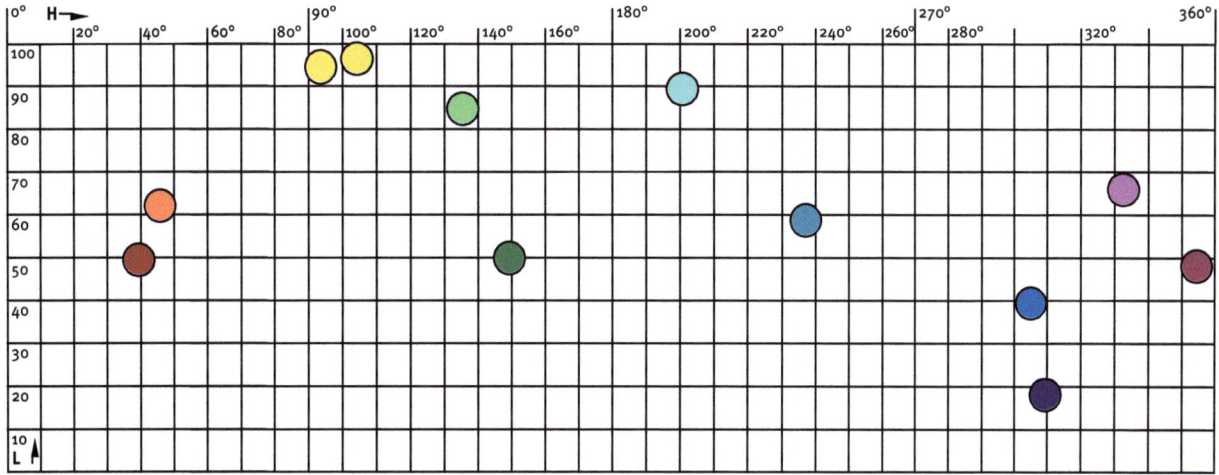

## Vom LCH- zum Lab-Farbraum

Der Lab-Farbraum ist eine Variante des LCH-Farbraums. Alle Farben haben die gleiche Position wie im LCH-Farbraum. Statt die Farbart über einen Winkel und die Sättigung über den Abstand von der Grauachse zu definieren, spannt der Lab-Farbraum ein rechtwinkliges Koordinatensystem über Farbart und Sättigung. Die sich daraus ergebende Ordnung ist zwar wesentlich unpraktischer für das Vergleichen von Farbnuancen, aber dafür sehr viel einfacher zum Notieren von Messwerten. Daher ist in der Farbmesstechnik die Darstellung einer Farbe im Raum durch Lab-Koordinaten gebräuchlicher als durch LCH-Koordinaten.

Auch in der Welt der digitalen Datenformate hat sich die Bezeichnung einer Farbe mit Lab-Koordinaten durchgesetzt. Für Pixelbilder gibt es z. B. die Formate TIFF-Lab oder EPS-Lab. Bilder in diesen Formaten sind medienneutral abgespeichert. Dadurch können sie optimal auf verschiedene Ausgabeprozesse angepasst werden.

Solange es darum geht, Bilder in einem vom Ausgabemedium unabhängigen Datenformat zu speichern, spielt es keine Rolle, ob intern mit Lab- oder LCH-Werten gearbeitet wird. Ist das Ziel aber eine Zusammenstellung oder Korrektur von Farben nach den Gesichtspunkten Farbart, Helligkeit und Sättigung, stellt der LCH-Farbraum die erste Wahl dar.

**Unterschiedliche Schreibweisen der Wissenschaftler und Praktiker**
In der Farbmetrik als Wissenschaft der Farbmessung gibt es verschiedene Varianten des Lab-Farbraums. Für die Praktiker im grafischen Gewerbe spielt das eine untergeordnete Rolle, da hier durchgehend mit der Variante CIE L*a*b* 1976 gearbeitet wird. So hat sich in Programm-Menüs und Handbüchern die Abkürzung Lab durchgesetzt, die auch hier im Buch verwendet wird.

*Viele Programme unterstützen den Lab-Farbraum als medienneutrale Referenz.*

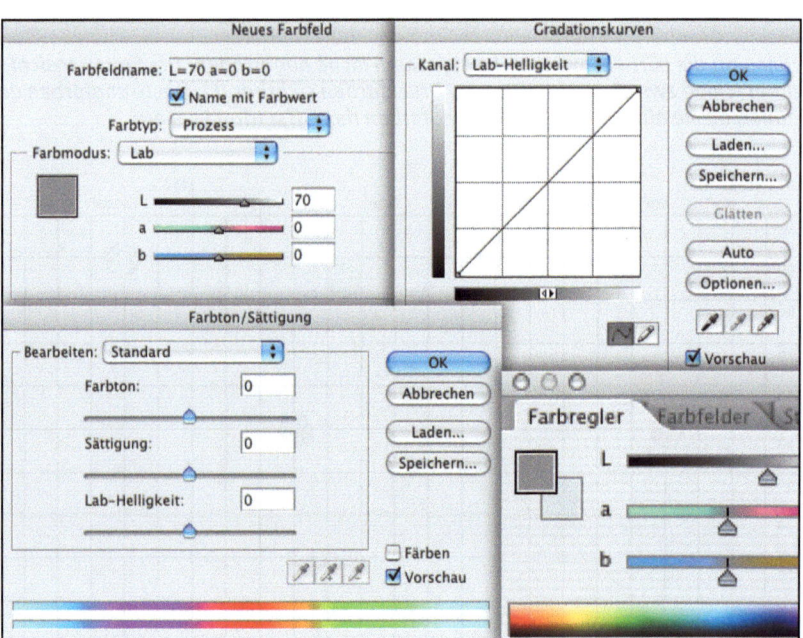

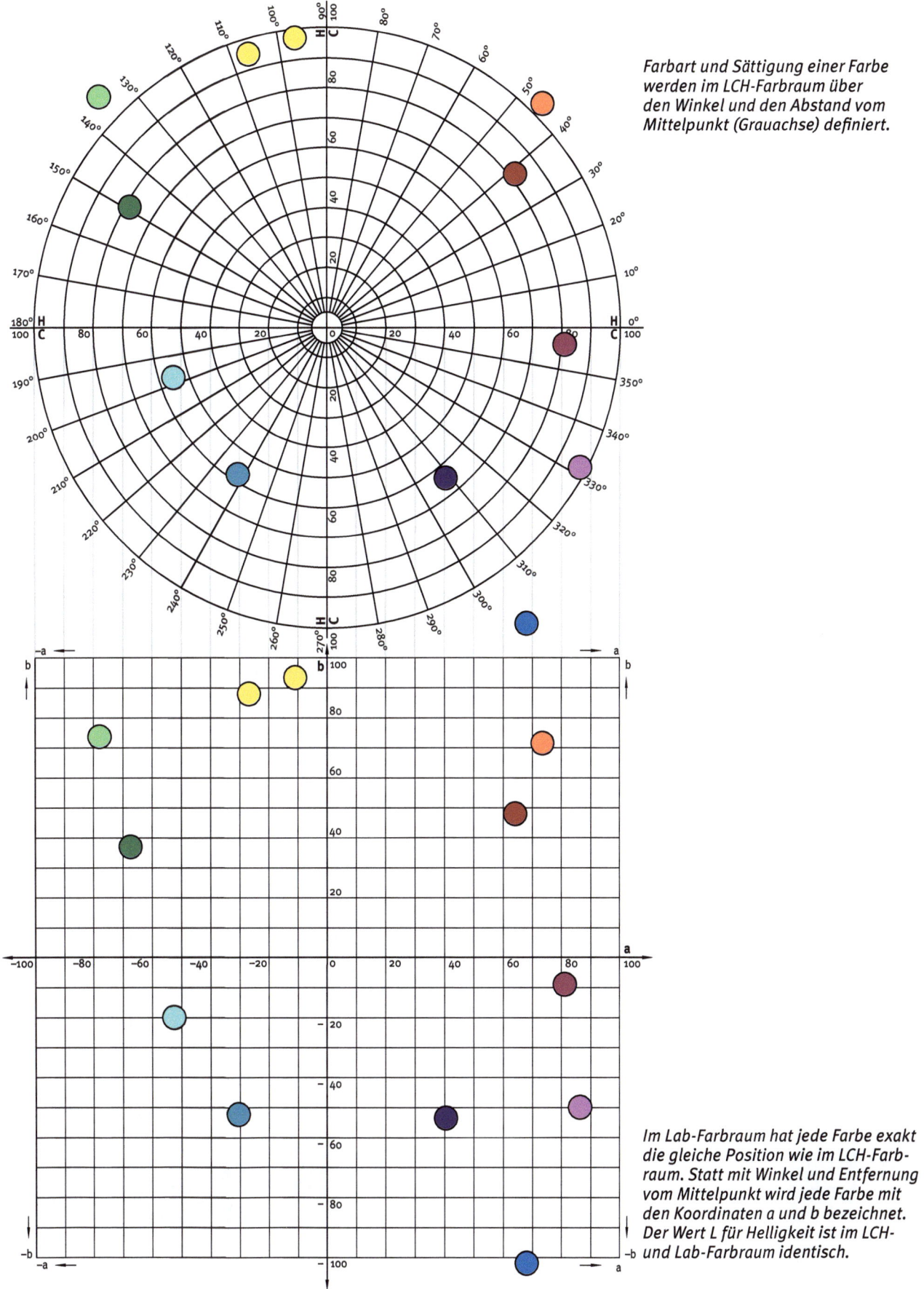

Farbart und Sättigung einer Farbe werden im LCH-Farbraum über den Winkel und den Abstand vom Mittelpunkt (Grauachse) definiert.

Im Lab-Farbraum hat jede Farbe exakt die gleiche Position wie im LCH-Farbraum. Statt mit Winkel und Entfernung vom Mittelpunkt wird jede Farbe mit den Koordinaten a und b bezeichnet. Der Wert L für Helligkeit ist im LCH- und Lab-Farbraum identisch.

C=0

C=15

C=30

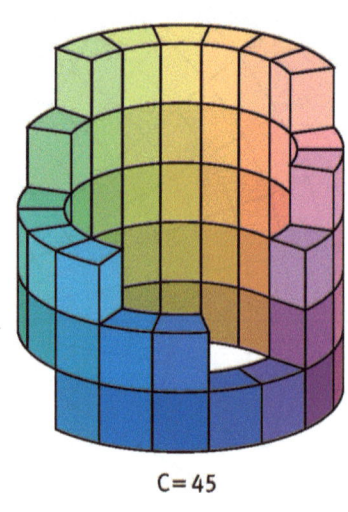

C=45

Im LCH-/Lab-Farbraum bilden die Farben gleicher Sättigung Ringe um die Grauachse, ähnlich wie beim Würfel. In den Abbildungen unten wurden diese Ringe abgewickelt. Die so entstandenen Flächen zeigen alle Farben einer Sättigungsstufe, die im Vierfarb-Offsetdruck wiedergegeben werden können. Zur genaueren Bezeichnung der Farben sind diese mit ihren LCH-/Lab-Koordinaten versehen.

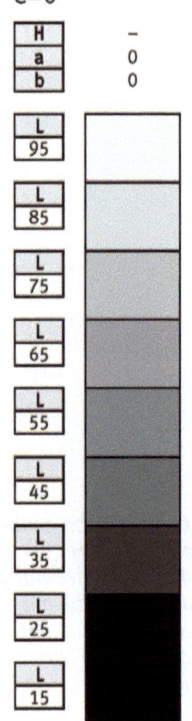

C=0

| H | – |
|---|---|
| a | 0 |
| b | 0 |

C=15

| H | 270° | 210° | 150° | 90° | 30° | 330° |
|---|---|---|---|---|---|---|
| a | 0 | −13 | −13 | 0 | 13 | 13 |
| b | −15 | −7 | 7 | 15 | 7 | −7 |

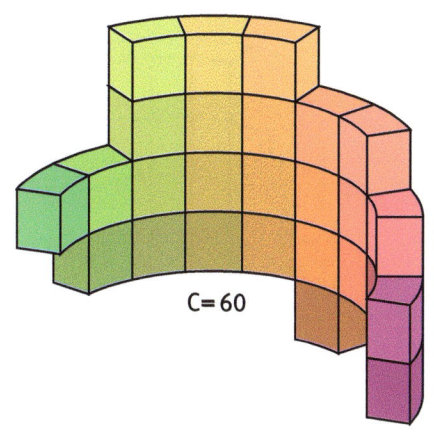

C=60

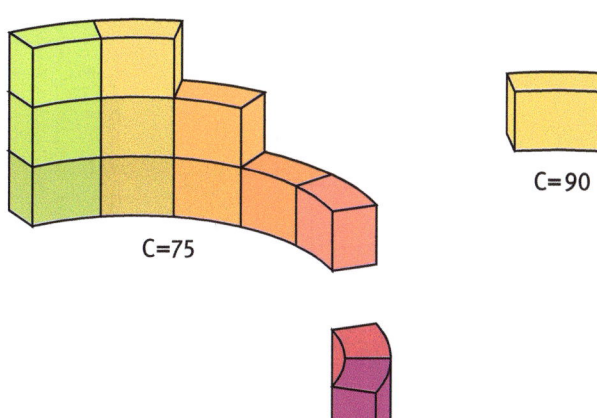

C=75

C=90

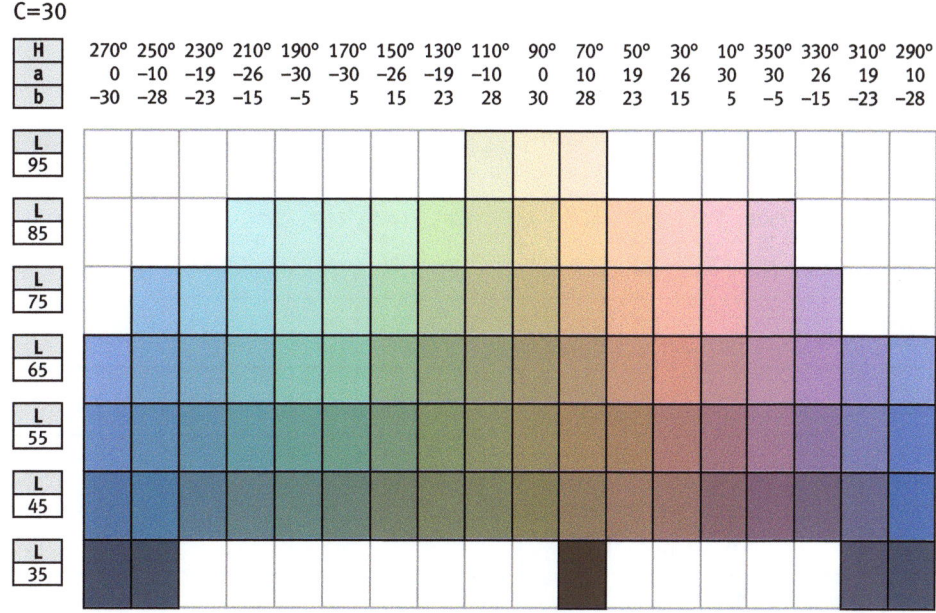

C=30

| H | 270° | 250° | 230° | 210° | 190° | 170° | 150° | 130° | 110° | 90° | 70° | 50° | 30° | 10° | 350° | 330° | 310° | 290° |
|---|------|------|------|------|------|------|------|------|------|-----|-----|-----|-----|-----|------|------|------|------|
| a | 0 | −10 | −19 | −26 | −30 | −30 | −26 | −19 | −10 | 0 | 10 | 19 | 26 | 30 | 30 | 26 | 19 | 10 |
| b | −30 | −28 | −23 | −15 | −5 | 5 | 15 | 23 | 28 | 30 | 28 | 23 | 15 | 5 | −5 | −15 | −23 | −28 |

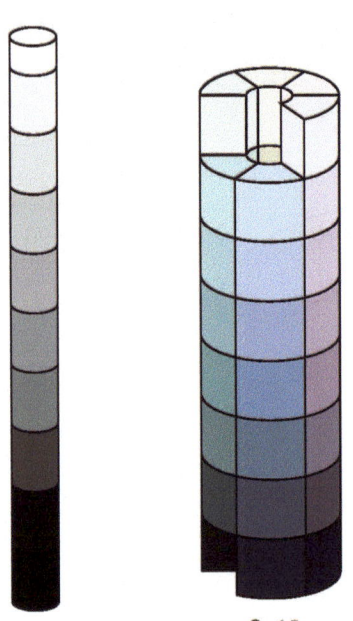
C=0

C=15

C=30

C=45

C=45

| H | 270° | 250° | 230° | 210° | 190° | 170° | 150° | 130° | 110° | 90° | 70° | 50° | 30° | 10° | 350° | 330° | 310° | 290° |
|---|------|------|------|------|------|------|------|------|------|-----|-----|-----|-----|-----|------|------|------|------|
| a | 0    | −15  | −29  | −39  | −44  | −44  | −39  | −29  | −15  | 0   | 15  | 29  | 39  | 44  | 44   | 39   | 29   | 15   |
| b | −45  | −42  | −34  | −22  | −8   | −8   | 22   | 34   | 42   | 45  | 42  | 34  | 22  | 8   | −8   | −22  | −34  | −42  |

L 95

L 85

L 75

L 65

L 55

L 45

L 35

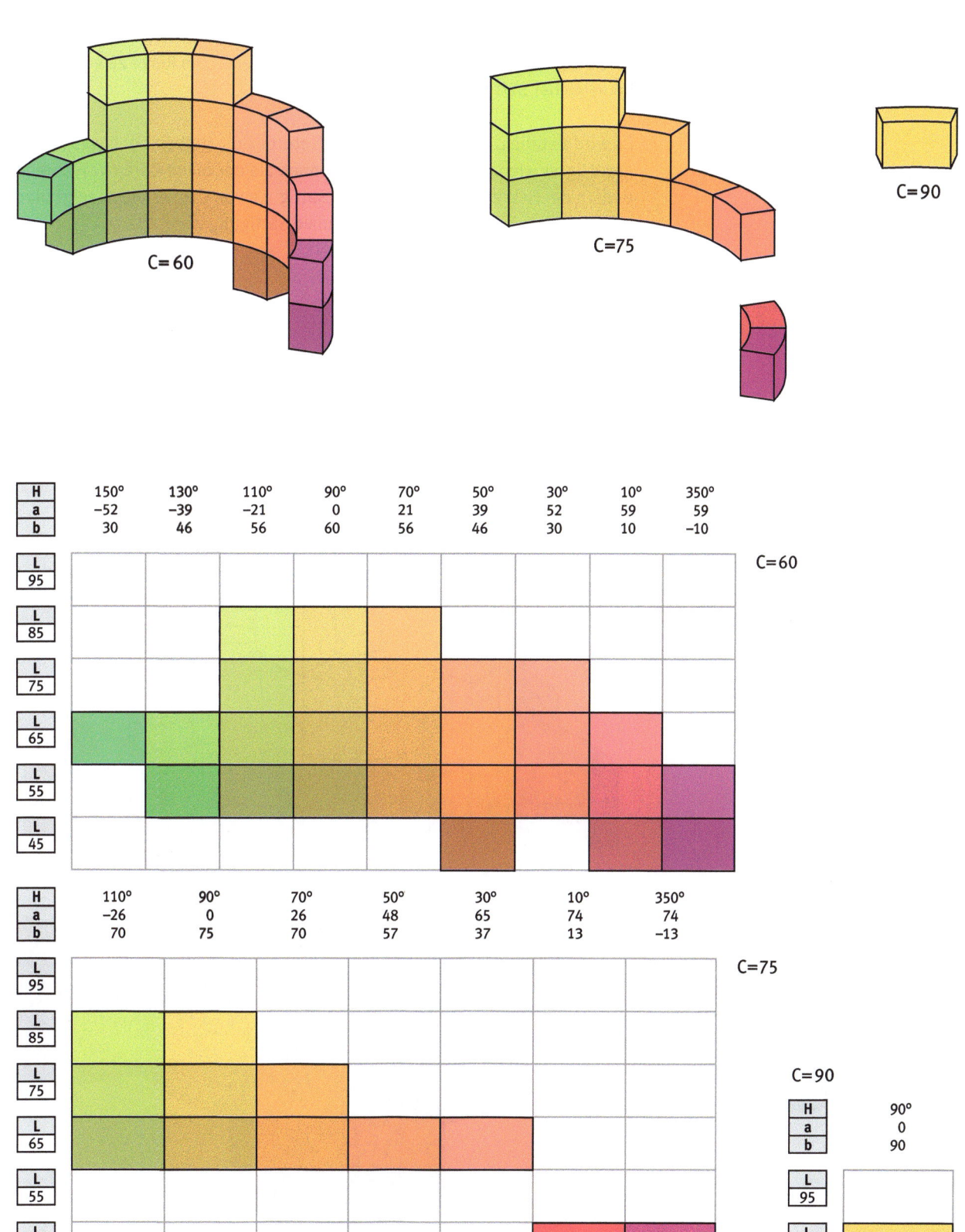

## Die Helligkeit im LCH-/Lab-Farbraum

Die Abbildungen rechts zeigen die Ebenen gleicher Helligkeit im LCH-/Lab-Farbraum. Die Farbaufteilung entspricht der auf den vorhergehenden Seiten zur Sättigung. Die in jeder Helligkeitsstufe dargestellten Ringe zeigen die Farben gleicher Sättigung in Abständen von C=15.

Es wird deutlich, dass im Vierfarb-Offsetdruck die gelben Töne wesentlich gesättigter wiedergegeben werden können als der blaue Bereich. Während Gelb in der Helligkeitsstufe L 85 eine Sättigung von C 90 erreicht, zeigt Blau in der Helligkeitsstufe L 45 eine maximale Sättigung von C 45.

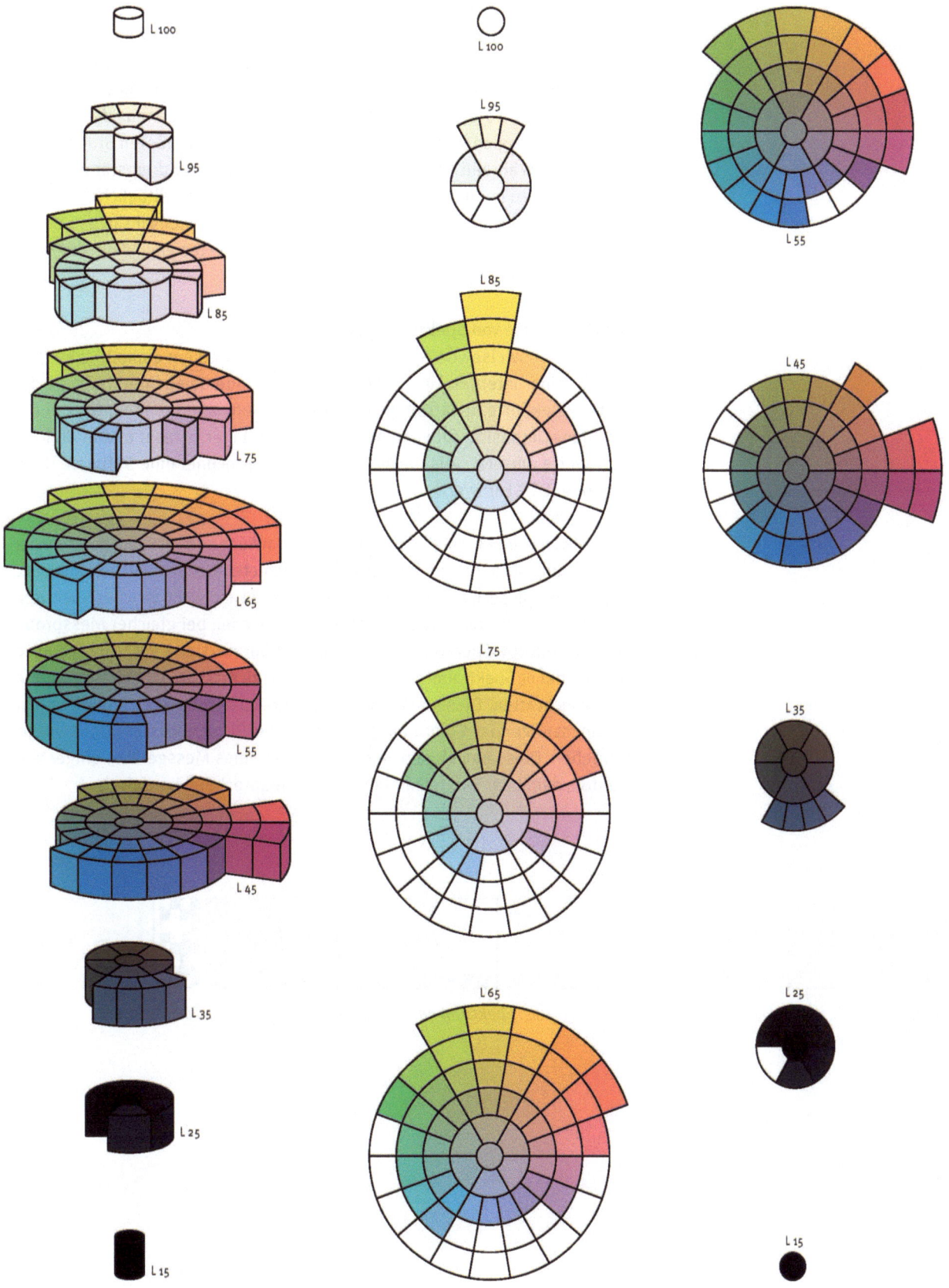

## Lab-Farben messen: Das Spektralfotometer

Spektralfotometer sind die wichtigsten Farbmessgeräte im Colormanagement. Sie liefern Lab- oder LCH-Farbmesswerte, die für eine Vielzahl von Aufgaben genutzt werden können. In den Jahren zwischen der ersten und der nun vorliegenden dritten Auflage dieses Buches gab es bei diesen Geräten einen schon fast dramatisch zu nennenden Preisverfall, der aus dem Einsatz neuer Technologien und der Produktion in wesentlich größeren Stückzahlen resultierte. Während Spektralfotometer früher teuer und umständlich von Spezialisten zu bedienen waren, sind sie heute ein ganz alltägliches Arbeitswerkzeug für einen breiten Anwenderkreis. Ihre wichtigsten Einsatzgebiete im Colormanagement sind die Kalibrierung von Proofsystemen und die Kontrolle einzelner Proofs.

### Funktionsweise von Spektralfotometern

Die Funktionsweise von Spektralfotometern folgt einem einheitlichen Prinzip: Mit einer internen Lichtquelle wird eine Probe beleuchtet. Das von der Probe reflektierte Spektrum wird von einem Sensor aufgenommen, der die Strahlungsintensität für verschiedene Wellenlängen erfasst und in digitale Messwerte umsetzt. Aus diesen Messwerten errechnet eine Software dann Lab- oder LCH-Farbwerte.

Auf Seite 23 wurde gezeigt, dass der Farbreiz im Auge sowohl vom Spektrum der Beleuchtung als auch von dem jeweils betrachteten Gegenstand abhängig ist. Das Gleiche gilt auch für das Spektralfotometer: Je nachdem, welches Spektrum die interne Lichtquelle eines Gerätes hat, erreichen bei gleicher Messprobe unterschiedliche Spektren die Sensoren der Geräte. Um die Messergebnisse verschiedener Spektralfotometer vergleichbar zu machen, gibt es sogenannte Bezugslichtarten. Diese beschreiben die Spektren idealer Lichtquellen. Für Farbmessungen im Colormanagement ist die Bezugslichtart „D50" vorgeschrieben. Diese kann in der Bediensoftware eines Messgerätes eingestellt werden, damit der Farbrechner die Werte entsprechend korrigiert.

*Prinzip des Spektralfotometers*

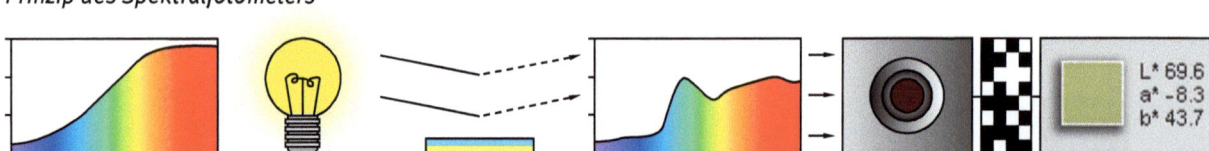

*Spektrum der internen Lichtquelle*     *Spektrum nach Reflexion*     *Sensor*     *Farbrechner*     *Anzeige*

## Handmessgeräte mit Führungsschiene

Spektralfotometer gibt es in verschiedenen Bauformen. Das Handmessgerät mit Führungsschiene erlaubt eine vergleichsweise preiswerte Bauweise und die Möglichkeit, sowohl Einzelmessungen zu machen, als auch größere Testformen und Kontrollstreifen schnell einzulesen. Das am weitesten verbreitete Gerät kann sowohl Drucke als auch Monitore messen. Geräte dieser Bauform sind die am häufigsten eingesetzten Systeme im Colormanagement. Daher wird in den folgenden Kapiteln zur Darstellung von Messtechnik eine vereinfachte Illustration dieser Bauform angegeben (rechts).

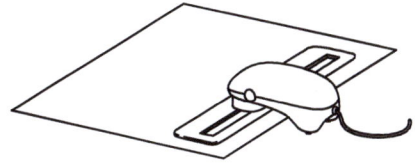

*Das links abgebildete EyeOne Pro von X-Rite (Aufkäufer von GretagMacbeth) ist das weltweit am meisten eingesetzte Spektralfotometer im Colormanagement.*

## Einzugsmessgeräte

Für Anwendungen, bei denen häufig sehr viele Messungen vorgenommen werden, sind Einzugsmessgeräte sehr geeignet. Da sie aber keine Einzelmessungen ermöglichen, sind sie nicht so flexibel einsetzbar wie die Geräte mit Führungsschiene.

*Das DTP 70 von X-Rite ist eines der schnellsten Einzugsmessgeräte.*

## Praktische Anwendungen des Lab-Farbraums

In der täglichen Praxis gibt es verschiedene Anwendungen für den Lab-Farbraum und das Spektralfotometer. Für erfolgreiches Colormanagement sind die Arbeitsschritte Kalibrieren, Charakterisieren, Kontrollieren und Visualisieren gleichermaßen wichtig.

### Kalibrieren

Das Kalibrieren bzw. Nachlinearisieren dient dazu, die Farbwiedergabe eines Gerätes konstant zu halten – ein unverzichtbarer Vorgang, besonders bei Digitalproofsystemen. Hierfür wird auf dem betreffenden Gerät eine Testform gedruckt und mit einem Spektralfotometer eingemessen. Die Kalibrierungssoftware vergleicht die Lab-Messwerte mit Sollwerten und errechnet eine interne Korrektur. Diese Korrektur bzw. Kalibrierung sorgt dafür, dass die Farbwiedergabe des Gerätes konstant einer hinterlegten Vorgabe entspricht.

Da die Farbwiedergabe sowohl vom Gerät als auch vom Druckmedium abhängt, gibt es bei hochwertigen Drucksystemen und speziell bei Digitalproofsystemen für verschiedene Druckmedien unterschiedliche Sollwerte zur Kalibrierung oder Nachlinearisierung. Werden also auf einem Proofsystem verschiedene Druckmedien verwendet, so muss jedes einzeln kalibriert werden. Kalibrierung allein sorgt aber noch nicht dafür, dass ein bestimmter Druckfarbraum simuliert wird. Hierfür werden sogenannte Farbprofile benötigt, die im folgenden Kapitel beschrieben werden.

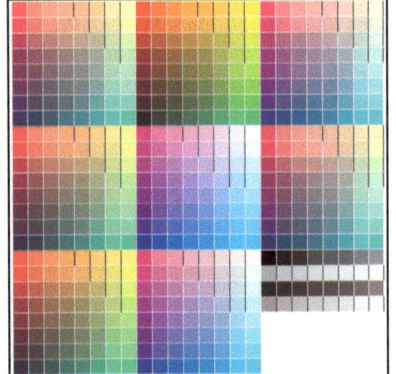

*Testform zum Kalibrieren von Proofsystemen*

### Charakterisieren

Das Charakterisieren, ein rein messtechnischer Vorgang, ist die Vorstufe der Profilerzeugung. Gibt ein Ausgabegerät die Farben konstant wieder, so kann es charakterisiert werden. Bei einem Drucksystem wird hierfür ein Testchart ausgegeben, welches den gesamten Farbraum abdeckt, den das System wiedergeben kann. Beim Einlesen des gedruckten Testcharts mit einem Spektralfotometer charakterisieren die Lab-Messwerte den Farbraum, den das Drucksystem tatsächlich wiedergibt – daher spricht man von Charakterisierungsdaten. Das nächste Kapitel zeigt, wie aus diesen Daten Farbprofile werden.

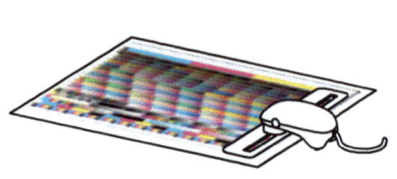

*Testchart zum Charakterisieren von Proofdruckern. Beim Charakterisieren werden mehr Farbtöne vermessen als beim Kalibrieren.*

## Kontrollieren

In professionellen Produktionsabläufen, die mit durchgehend kalibrierten Systemen und Farbprofilen arbeiten, ist ein weiterer wichtiger Schritt die Qualitätskontrolle. Dies betrifft besonders den Digitalproof. Mit jedem Proof sollte ein Kontrollkeil ausgegeben werden. Vermisst man diesen, lässt sich auch später noch feststellen, ob die Farbwiedergabe des Proofs korrekt ist. Dies kann sowohl dort geschehen, wo die Proofs erzeugt werden, als auch in der Druckerei, die diese entgegennimmt. Damit wird für beide Seiten ein Höchstmaß an Produktionssicherheit erreicht. Die wichtigste Maßzahl beim Kontrollieren ist der **Farbabstand Delta E**, der den Unterschied zwischen zwei Lab-Farbwerten beschreibt. Je größer das Delta E, desto weiter ist die gemessene Farbe im Kontrollkeil von ihrem Sollwert entfernt.

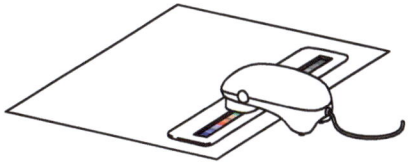

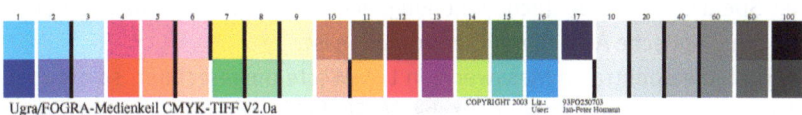

*Zur Qualitätskontrolle wird ein Farbkeil eingemessen und mit Sollwerten verglichen.*

## Visualisieren

Es gibt verschiedene Programme, die es ermöglichen, die Farbräume von Ausgabegeräten miteinander zu vergleichen. So lässt sich z.B. analysieren, ob ein Proofdrucker in der Lage ist, auf einem bestimmten Druckmedium den Farbumfang des Offsetdrucks wiederzugeben. Eine übliche Darstellungsweise ist hierbei ein Schnitt durch die zwei Farbräume auf einer bestimmten Helligkeitsebene des Lab-Farbraums. Soll der Proofdrucker einen Offsetdruck richtig darstellen können, so muss der Farbraum des Proofs den des Offsetdrucks komplett umschließen.

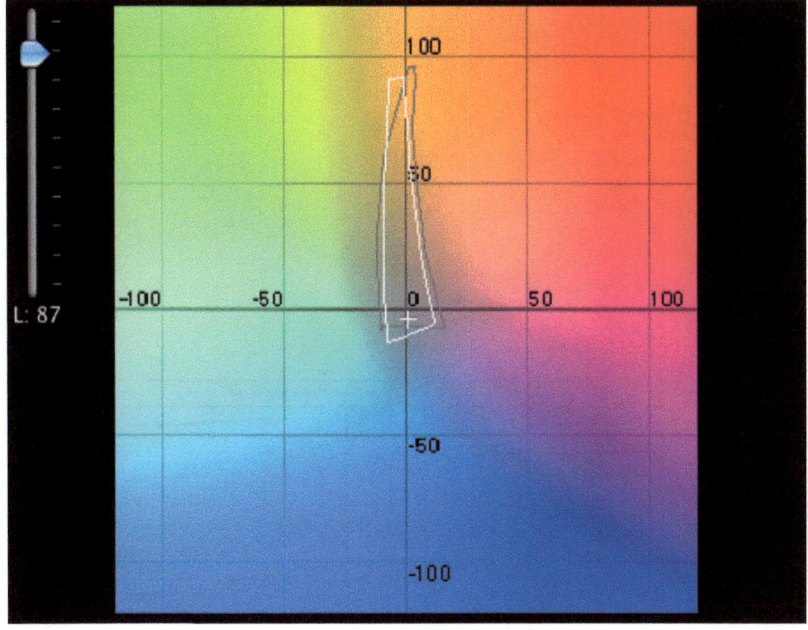

*Schnitt durch die Farbräume eines Offsetdrucks (weiß) und eines Tintenstrahldrucks (grau) bei der Helligkeit L = 87.*

*Bei den gesättigten Gelbtönen ragt eine weiße Spitze aus dem grauen Bereich heraus. Dies sind reine Gelbtöne des Offsetdrucks, die im Tintenstrahldruck prinzipiell nicht wiedergegeben werden können, da dessen Gelb eine Tendenz ins Orangene zeigt.*

*Würde man versuchen, auf diesem Tintenstrahldrucker das kältere Gelb des Offsetdrucks annähernd zu simulieren, müsste man Cyan hinzumischen. Das würde jedoch zu einer visuell verschmutzten und dunkleren Farbe führen.*

optische Aufheller

## Lab-Messungen bei Papieren mit optischen Aufhellern

Gerne würde ich Ihnen die Colormanagement-Technologie als robustes, logisches und praktikables System darlegen. Es gibt jedoch eine Reihe von Phänomenen, bei denen Theorie und Praxis hart aufeinandertreffen. Diese führen dazu, dass Colormanagement in einigen Fällen nicht so funktioniert, wie es in den technischen Standards festgelegt ist und wie es in vielen Lehrbüchern dargestellt wird.

Eines der großen ungelösten Probleme im Colormanagement sind optische Aufheller, die verwendet werden, um preiswerte Papiere möglichst hellweiß erscheinen zu lassen. Es handelt sich dabei um Zusätze im Papier, die unsichtbare ultraviolette Anteile des Lichtes in den sichtbaren bläulichen Bereich wandeln. Bei der Farbmessung solcher Papiere zeigt sich im blauen Bereich des Spektrums eine deutliche Erhebung, die bei hochwertigen weißen Papieren ohne optische Aufheller nicht vorhanden ist.
Werden die spektralen Messwerte in Lab-Werte umgerechnet, so ergeben sich bei Papieren mit vielen optischen Aufhellern sehr bläuliche Farbwerte, die mit der visuellen Wahrnehmung des Papiers nicht in Einklang stehen. Die Formeln, mit denen aus Messwerten handelsüblicher Spektralfotometer Lab-Werte berechnet werden, funktionieren also eindeutig nicht, wenn Papiere mit optischen Aufhellern gemessen werden. Da solche Papiere im Bereich des Tintenstrahl- und Farblaserdrucks sowie in Teilbereichen des Offsetdrucks überwiegend eingesetzt werden, stößt praktisch jeder Colormanagement-Anwender hier auf Probleme.

Optische Aufheller sind somit die Quälgeister des Colormanagements, die allen Anwendern das Leben schwer machen. Dies spiegelt sich auch in den folgenden Kapiteln des Buches wider: Immer dann, wenn bestimmte Bereiche des Colormanagements erklärt wurden, folgt am Ende des Kapitels der Quälgeist mit Darstellungen, was alles nicht funktioniert, wenn optische Aufheller ins Spiel kommen.

*Links das Spektrum eines Papiers für den Farblaserdruck mit vielen optischen Aufhellern, rechts zum Vergleich das Spektrum eines Proofmediums ohne optische Aufheller.*

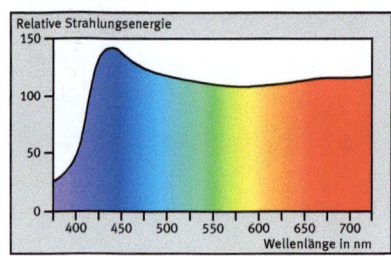
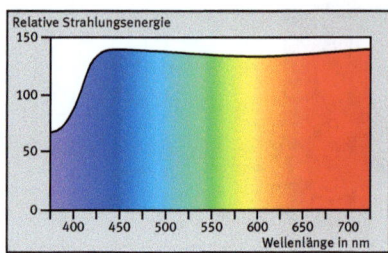

# Lab-Werte typischer Papiere im Colormanagement

Misst man mit einem Spektralfotometer den Weißton verschiedener Papiere, so finden sich die größten Unterschiede auf der b*-Achse von Blau nach Gelb. Papiere ohne optische Aufheller können nicht bläulicher als b* –2 werden. Typische b*-Werte völlig aufhellerfreier Papiere liegen zwischen b* –1 und b* 1.

Je stärker der b*-Wert eines Papiers ins Negative geht, desto mehr optische Aufheller enthält es in der Regel. Generell lässt sich sagen, dass Colormanagement bei Papieren mit Werten von b* –3 bis b* 3 meist ganz ordentlich funktioniert und dass die Probleme zunehmen, je bläulicher das Papier wird.

*Ein Blick auf die untere Darstellung zeigt, dass praktisch alle Papiere, die bei Fotografen, Grafikbüros und Agenturen auf Tintenstrahldruckern oder Farblaserdruckern eingesetzt werden, zu den Problemfällen im Colormanagement gehören.*

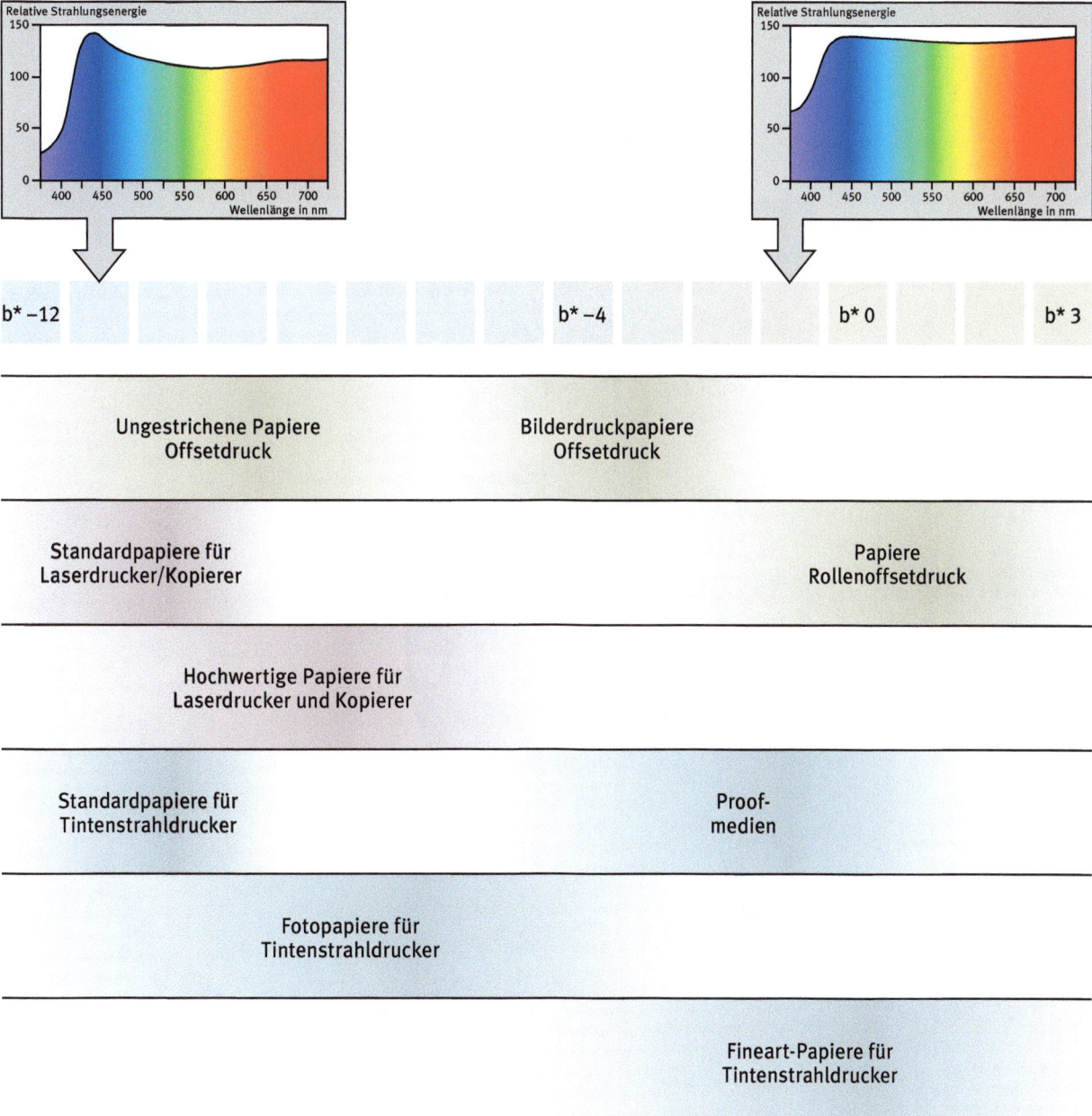

# Grundlagen des Colormanagements

Colormanagement hat den Zweck, während des gesamten Arbeitsablaufes vom Entwurf bis zum fertigen Druckprodukt farbsicher zu arbeiten. Um dies zu erreichen, ist es notwendig, die farblichen Eigenarten aller Geräte und Druckprozesse im Lab-Farbraum zu beschreiben und diese Informationen in Farbprofilen zu hinterlegen. So können in jedem Produktionsschritt die Farben des späteren Druckergebnisses simuliert werden.

Dieses Kapitel zeigt anhand eines vereinfachten Produktionsablaufes, wie die Farbanpassung an den Druck mit Hilfe von Farbprofilen funktioniert.

## Arbeitsablauf vom Auftrag bis zum Druck

Im Vierfarbdruck wird das Papier mit den Grundfarben Cyan, Magenta, Gelb und Schwarz bedruckt – im Vergleich zur idealen Farbmischung im Würfel kommt hier also noch Schwarz als vierte Farbe ins Spiel. Die Feinheiten des Verhältnisses von Cyan, Magenta und Gelb zu Schwarz auf verschiedenen Papiersorten sind jedoch Inhalt des nächsten Kapitels. Hier geht es erst einmal um die grundsätzlichen Colormanagement-Abläufe.

Zwischen der Idee und der fertigen Drucksache stehen mehrere Produktionsschritte. Um eine hohe Farbsicherheit zu haben, ist es vor Produktionsbeginn notwendig, sich für einen generellen Papiertyp zu entscheiden, denn das Anlegen von Farben in Grafiken, das Optimieren von Scans in der Reproduktion und die Erstellung eines verbindlichen Proofs beziehen sich immer auf den Papiertyp des Auflagendrucks. Daher ist es wichtig, diesen Papiertyp schon im Auftrag zu definieren und den dazugehörigen Proofstandard festzulegen – für den Auflagendruck auf Bilderdruckpapier hat sich in Deutschland der ISOcoated-Standard bewährt, der in diesem Kapitel vorgestellt wird.

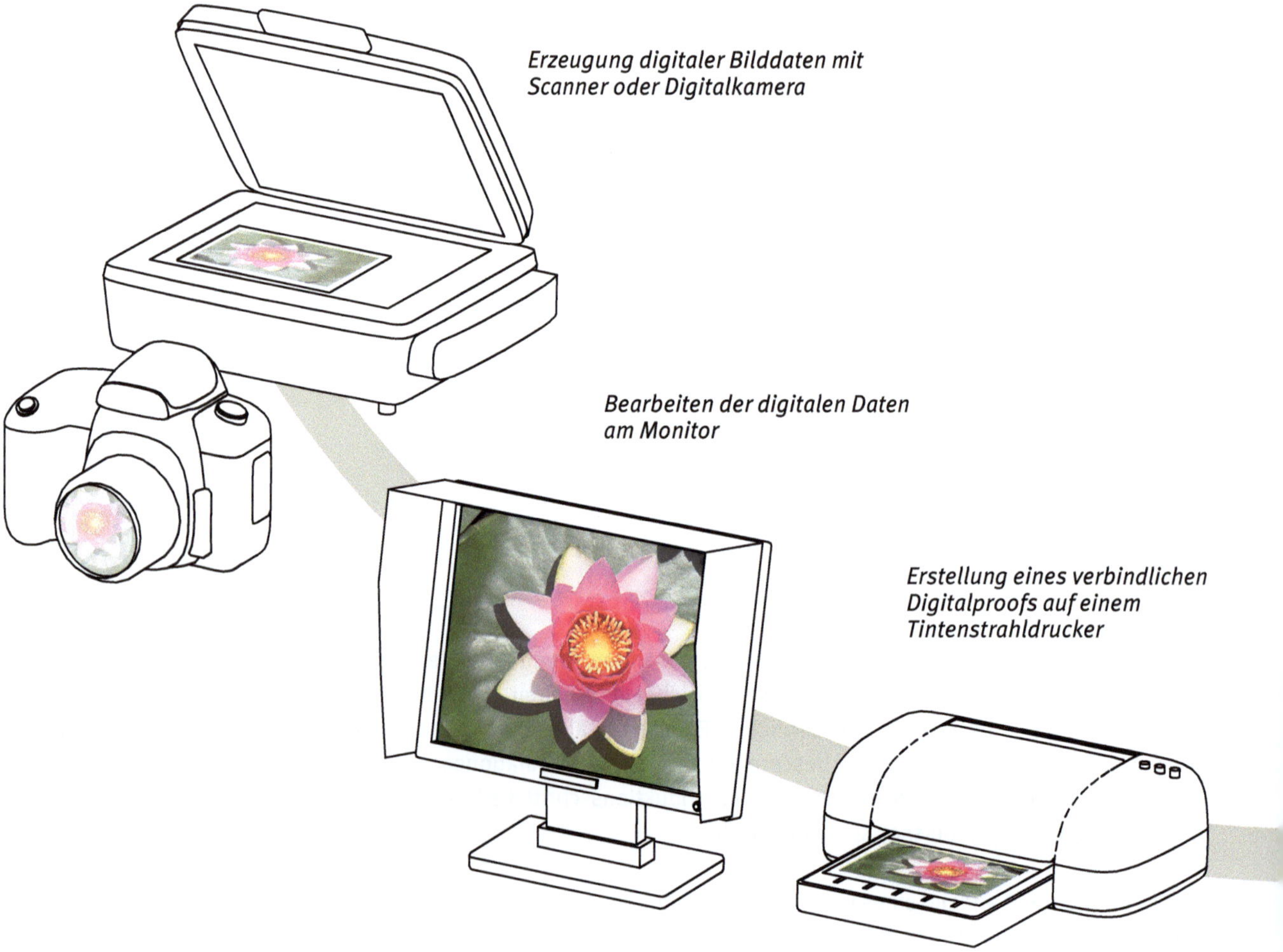

*Auftrag mit festgelegtem Papier und Proofstandard sowie mitgelieferten Bildvorlagen (digital oder analog)*

*Erzeugung digitaler Bilddaten mit Scanner oder Digitalkamera*

*Bearbeiten der digitalen Daten am Monitor*

*Erstellung eines verbindlichen Digitalproofs auf einem Tintenstrahldrucker*

Nachdem Auftraggeber und Grafiker den generellen Papiertyp festgelegt haben, erstellt der Grafiker das Layout und später die Reinzeichnung. Dabei sorgt er dafür, dass die Bilddaten für den jeweiligen Papiertyp aufbereitet werden und veranlasst einen druckverbindlichen Digitalproof des fertigen Dokuments. Ob er alle diese Schritte selbst ausführt oder ob dies in Zusammenarbeit mit anderen Dienstleistern geschieht, hängt von den Kenntnissen und der Ausstattung des Grafikers sowie von den Qualitätsansprüchen und dem Budget des Auftraggebers ab.

So einfach wie der Ablauf hier auf dem Papier aussieht, so kompliziert ist er manchmal in der Praxis. Denn Digitalkameras, Scanner, Monitore und Tintenstrahldrucker stellen Farben anders dar als der Offsetdruck. Diese Unterschiede muss das Colormanagement mit Hilfe sogenannter **Farbprofile** ausgleichen. Außerdem müssen sich alle Beteiligten genau absprechen, wer welche Arbeitsschritte übernimmt und wie Daten übergeben werden. Dieses Kapitel zeigt die Grundlagen für eine erfolgreiche **Kommunikation**.

*Druckverbindlicher Digitalproof nach dem im Auftrag festgelegten Proofstandard (ISOcoated)*

*Auflagendruck mit Abstimmung auf den Proof oder Andruck*

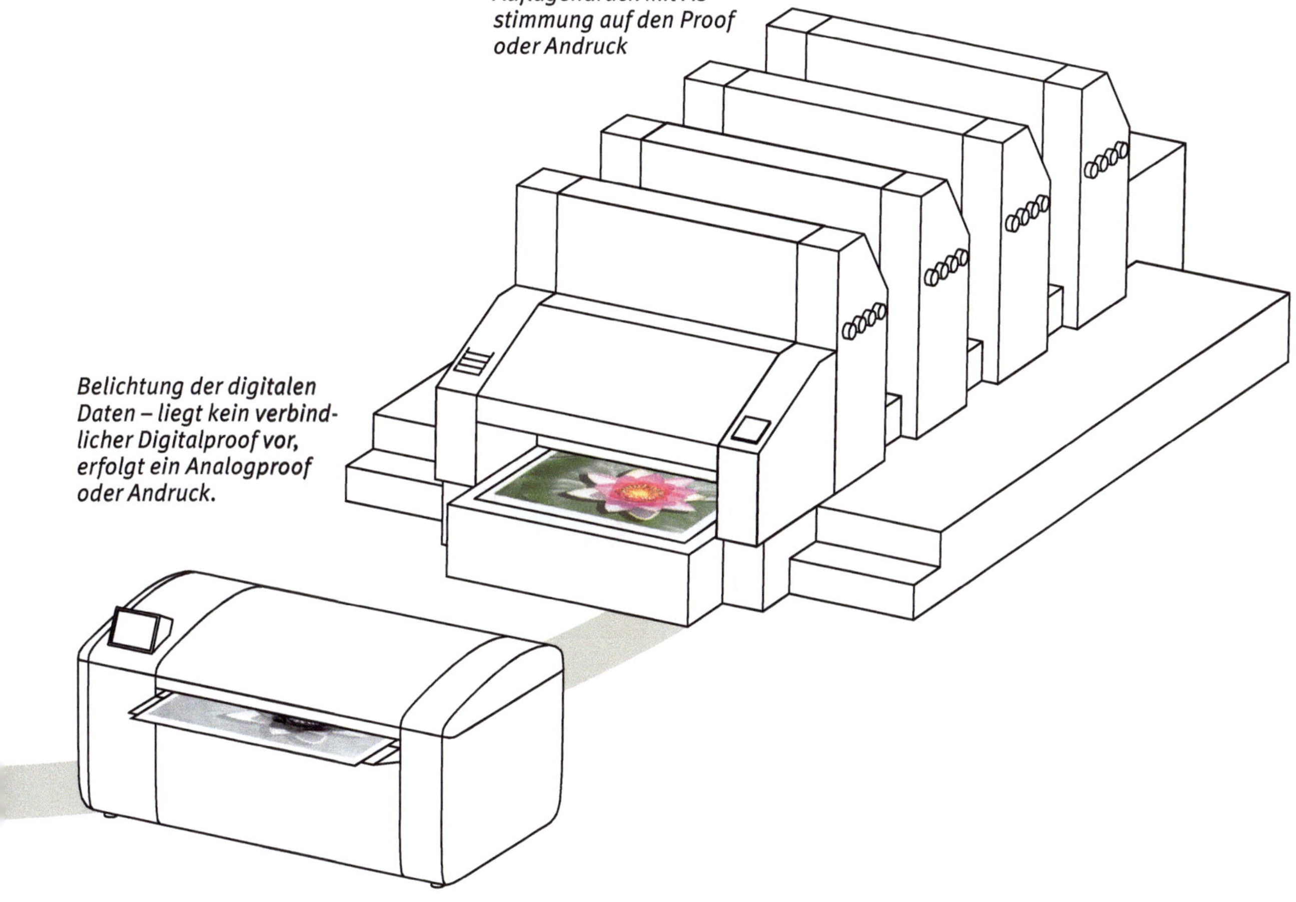

*Belichtung der digitalen Daten – liegt kein verbindlicher Digitalproof vor, erfolgt ein Analogproof oder Andruck.*

## Scannerprofilierung und digitale Kameras

Ein Scanner ist, grob gesehen, eine technische Nachbildung des menschlichen Auges. Den drei Rezeptorenarten im Auge für die Grundfarben Rot, Grün und Blau entsprechen Farbfilter des Scanners in denselben Farben. Je nach Scannertyp werden allerdings unterschiedliche Filter verwendet. So gibt es Filter, die relativ enge Bereiche des Spektrums herausfiltern, oder andere, die eher in die Breite gehen. Dadurch wird die gleiche Vorlage von verschiedenen Scannern in unterschiedliche RGB-Werte übertragen. Solche Abweichungen lassen sich über ein Scannerprofil korrigieren.

Um einen Scanner zu profilieren, werden zwei Dinge benötigt:
1. eine Referenzvorlage mit einer repräsentativen Auswahl an Farben (Abbildung links),
2. eine Referenzdatei, die alle Farbwerte der Referenzvorlage als Lab-Werte enthält.

Zum Profilieren wird die Referenzvorlage eingescannt. Die gescannten RGB-Werte werden den in der Referenzdatei definierten Lab-Werten zugeordnet. Damit ist jeder gescannten RGB-Farbe ihr korrekter Lab-Wert zugewiesen. Das Ergebnis ist das Scannerprofil – im Grunde nichts anderes als eine Tabelle mit der „Übersetzung" der vom Scanner erkannten Farben in korrekte Lab-Werte. Jeder Scannertyp benötigt ein eigenes Farbprofil und sehr oft werden vom Anwender auch Scannerprofile für ein individuelles Gerät erstellt.

*Scannerprofil*

### Digitale Kameras

Bei digitalen Kameras wird nur in Spezialfällen mit individuellen Profilen gearbeitet. In aller Regel liefern digitale Kameras bereits farboptimierte RGB-Bilddaten nach bestimmten Standards, von denen es jedoch mehrere gibt. Die entsprechenden Standardprofile dienen in Bildbearbeitungsprogrammen zur Definition des sogenannten RGB-Arbeitsfarbraums. Im 5. Kapitel werden die Unterschiede zwischen den verschiedenen RGB-Standards ausführlich dargelegt.

*Profile für RGB-Arbeitsfarbräume*      *Kameraprofil*

Für Bilddaten digitaler Kameras gibt es bestimmte Standard-RGB-Farbräume zum Datenaustausch.

Nur in Spezialfällen wird ein individuelles Profil für eine digitale Kamera erstellt.

# Monitorprofilierung

Ein klassischer Röhrenmonitor mischt seine Farben rein additiv aus den Grundfarben Rot, Grün und Blau. Sein Bild setzt sich vertikal aus Zeilen zusammen, die horizontal in Pixel aufgeteilt sind. Jedes Pixel einer Monitorzeile besteht wiederum aus drei winzigen Phosphoren für jeweils eine der Grundfarben. Die Phosphoren werden durch einen Kathodenstrahl unterschiedlich zum Leuchten angeregt. Die Mischung der Farben geschieht dann im Auge des Betrachters. Moderne TFT-Monitore arbeiten, technisch gesehen, etwas anders, versuchen aber das Farbverhalten von Röhrenmonitoren bestmöglich nachzubilden.

Wie wir aus den vorangegangenen Kapiteln wissen, ist ein Monitor in der Lage, Farben gesättigter und heller wiederzugeben, als es ein Druck vermag. Da jedoch kein Monitor dem anderen hundertprozentig gleicht, werden die gleichen Bilddaten von jedem Monitor unterschiedlich wiedergegeben. Solche Abweichungen lassen sich über ein Monitorprofil korrigieren.

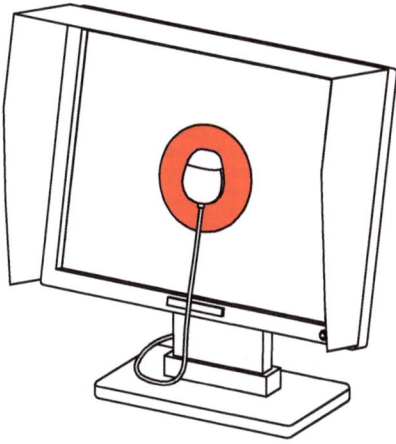

*Farbmessung am Monitor*

Um einen Monitor zu profilieren, werden zwei Dinge benötigt:
1. eine Testdatei, die eine repräsentative Auswahl aller vom Monitor darstellbaren RGB-Farben enthält,
2. ein Farbmessgerät, das die Monitordarstellung misst und in Lab-Werte übersetzt (Abbildung rechts).

*Monitorprofil*

Bei der Profilierung werden die einzelnen Farbproben der Referenzdatei nacheinander auf dem Monitor dargestellt. Das Farbmessgerät analysiert deren Spektren und stellt die Ergebnisse in Lab-Farbraum dar. So wird jeder RGB-Farbe der Testdatei ein Lab-Farbwert zugeordnet. Umgekehrt ist nun auch jeder Lab-Wert mit seiner RGB-Umsetzung gekoppelt. Das Ergebnis ist ein Monitorprofil – vereinfacht dargestellt eine Tabelle, die die RGB-Farben des Monitors in Lab-Werte abbildet.

Im Unterschied zum Scanner muss man bei der Arbeit mit Monitorprofilen darauf achten, dass die Geräteeinstellungen für Kontrast und Helligkeit sowie das Umgebungslicht später nicht verändert werden.

*Unten: Ausschnitt der Tabelle eines Colormanagement-Profils. In Wirklichkeit beträgt die Zahl der eingetragenen Farbwerte zwischen 27 und etwa 32.000, je nach Genauigkeit des Profils.*

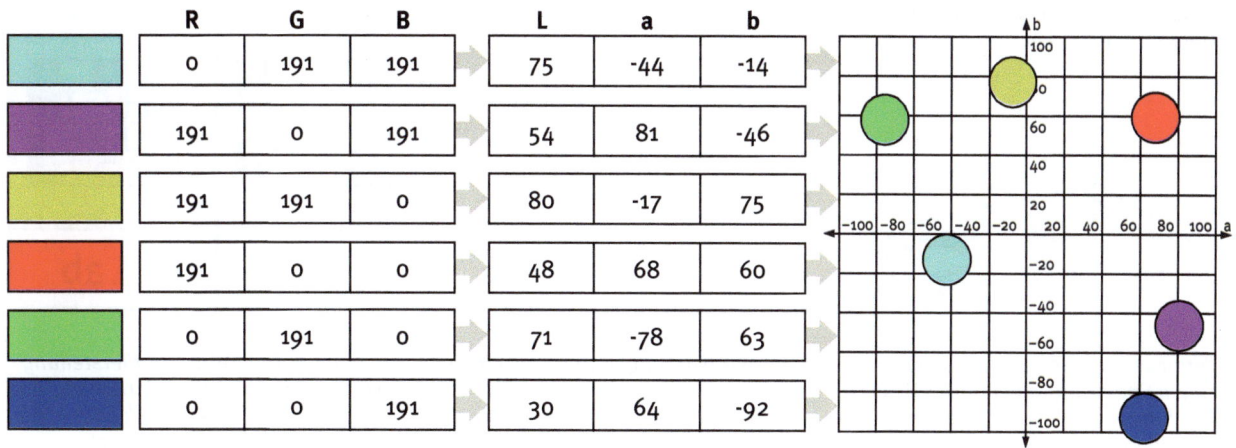

| | R | G | B | L | a | b |
|---|---|---|---|---|---|---|
| | 0 | 191 | 191 | 75 | -44 | -14 |
| | 191 | 0 | 191 | 54 | 81 | -46 |
| | 191 | 191 | 0 | 80 | -17 | 75 |
| | 191 | 0 | 0 | 48 | 68 | 60 |
| | 0 | 191 | 0 | 71 | -78 | 63 |
| | 0 | 0 | 191 | 30 | 64 | -92 |

## Charakterisierung und Profilierung von Druckprozessen

Im Unterschied zu Scannern und Monitoren ist das Profilieren von Druckprozessen wesentlich komplexer. Dies beruht auf der Variabilität, mit der Farbe auf Papier gebracht werden kann. Grob vereinfacht lassen sich Druckprozesse mit folgenden Parametern beschreiben:

– Druckverfahren,
– verwendetes Papier,
– verwendete Druckfarbe,
– Stärke des Farbauftrages.

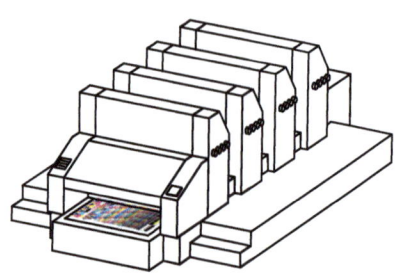

Ein Testchart zur Charakterisierung von Druckprozessen besteht aus vielen verschiedenen CMYK-Farbfeldern. Das Layout ist abhängig von der verwendeten Messtechnik.

Dies bedeutet, dass es nicht möglich ist, den Drucker oder die Druckmaschine als einzelnes Gerät zu profilieren, sondern nur **einen Druckprozess** mit allen seinen Parametern. Wird auf einem Proofdrucker oder einer Druckmaschine mit verschiedenen Papieren gearbeitet, so werden dafür verschiedene Farbprofile benötigt. Besteht die Möglichkeit, den Umfang des Farbauftrages zu steuern, so kann es notwendig sein, den Druckprozess mit verschiedenen Farbaufträgen zu profilieren.

Zur Profilerstellung wird eine digitale Testform, die eine repräsentative Farbauswahl enthält, unter festen Rahmenbedingungen (Papier, Farbe, Farbauftrag) gedruckt und mit einem Farbmessgerät vermessen. Die Messwerte werden als sogenannte Charakterisierungsdaten abgespeichert.

Ausgabe des Testcharts im Offsetdruck

### Trennung von Charakterisierung und Profilierung

Charakterisierungsdaten sind einfache Textdateien mit Tabellen, in denen jedem CMYK-Wert des Testcharts der Lab-Wert der Farbmessung zugeordnet ist. Aus diesen Daten werden die Farbprofile berechnet. Insbesondere Farbprofile für den Druck enthalten neben den Farbtabellen noch zahlreiche weitere Informationen, die für ihre Funktionsweise notwendig sind. Da aus einer Charakterisierungstabelle verschiedene Profilvarianten berechnet werden können, ist es üblich, Charakterisierungsdaten separat zu speichern.

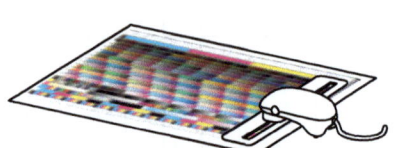

Ausgabe des Testcharts auf einem Tintenstrahldrucker

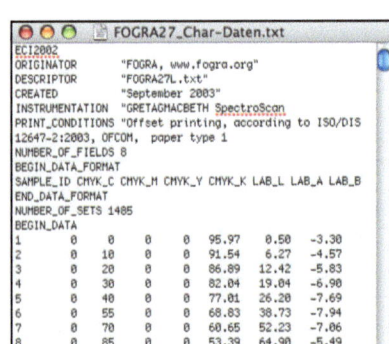

*Profile für Offset- und Proofdruck*

Vermessen eines Testcharts mit einem Spektralfotometer. Die Messergebnisse sind die Charakterisierungsdaten für den Druckprozess.

Charakterisierungsdaten sind einfache Textdateien, in denen jedem CMYK-Wert des Testcharts die Lab-Werte der Farbmessung zugeordnet sind.

In einer Software zur Profilerstellung werden aus Charakterisierungsdaten Profile für den Offsetdruck oder einen Tintenstrahldrucker errechnet.

# Standardprofile für den Offsetdruck und Proofsysteme

## Standardprofile für den Offsetdruck

In der Praxis hat sich gezeigt, dass die individuelle Profilerstellung für den Offsetdruck und die Anwendung dieser Profile mit vielen Problemen behaftet ist. Wesentlich sicherer und effizienter für die gesamte Branche ist stattdessen die Nutzung von Standardprofilen für den Offsetdruck. Die Branchenorganisationen FOGRA und ECI stellen dafür sowohl Charakterisierungsdaten als auch daraus generierte Profile im Internet zur Verfügung. Diese basieren auf der ISO-Norm 12647, die die Euroskala abgelöst hat. Im nächsten Kapitel werden diese Profile im Detail erklärt.

*Standardprofile für den Offsetdruck*
*Die abgebildeten Profile stehen für zwei Offsetdruckstandards. ISOcoated ist der Nachfolger der Euroskala, SWOP ein amerikanischer Druckstandard für Rollenoffsetdruck.*

*Auf den Internetseiten www.eci.org und www.fogra.org werden Profile und Charakterisierungsdaten für den standardisierten Offsetdruck in Europa zum kostenlosen Download angeboten.*

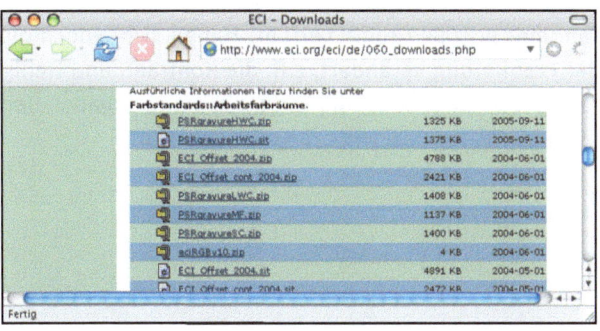 

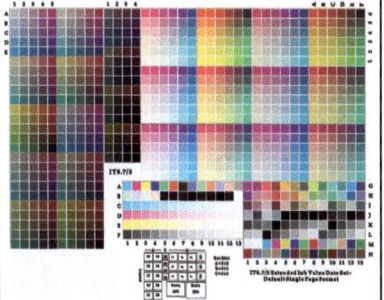 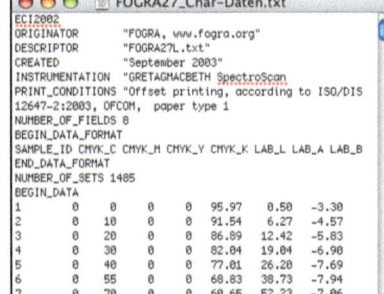

*Für Testcharts und Charakterisierungsdaten gibt es international gültige ISO-Standards, die dafür sorgen, dass Charakterisierungsdaten in verschiedenen Programmen zur Profilerstellung eingelesen werden können.*

## Standardprofile für Proofsysteme

Bei Proofsystemen ist eine konstante Farbwiedergabe entscheidend. Daher ist es notwendig, sie regelmäßig mit einem Spektralfotometer zu kalibrieren. Ist ein Proofsystem für ein bestimmtes Druckmedium kalibriert, so kann man ohne Probleme mit Standardprofilen arbeiten, die der Hersteller für dieses Druckmedium mitliefert. Das erspart die Erstellung eines eigenen Profils für das eingesetzte Druckmedium. Verwendet man allerdings ein Proofpapier, für das der Hersteller kein Profil mitliefert, muss hierfür unbedingt ein individuelles Profil erzeugt werden.

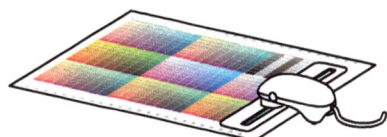

*Wird ein Proofsystem regelmäßig kalibriert, kann man Standardprofile vom Anbieter der Prooflösung einsetzen.*

## Farbumsetzungen mit Farbprofilen

Jedes Farbprofil enthält eine große Tabelle, die die RGB- oder CMYK-Farben des jeweiligen Gerätes oder Arbeitsfarbraums mit Lab-Farbwerten verknüpft. Der Lab-Farbraum dient dann als Schnittstelle für Farbumsetzungen mit Profilen. Sollen beispielsweise die RGB-Daten eines Scans in CMYK-Daten für den Druckstandard ISOcoated umgewandelt werden, übersetzt sie das Scannerprofil in Lab-Werte, die dann im ISOcoated-Profil mit CMYK-Werten verknüpft werden.

Colormanagement bewirkt also, dass über Farbprofile jeder RGB-Farbwert des Scanners mit einem CMYK-Wert des Offsetdrucks verknüpft wird, dem der gleiche Lab-Wert zugeordnet ist. Da der Lab-Farbraum die Farben so beschreibt, wie sie das menschliche Auge wahrnimmt, ist für eine visuell korrekte Umsetzung zwischen Scanner und Offsetdruckstandard gesorgt.

Da jedes Farbprofil eine Schnittstelle zum Lab-Farbraum hat, können mit Farbprofilen Umsetzungen zwischen beliebigen Farbräumen vorgenommen werden, solange man über präzise Profile verfügt. Haben sich jedoch die Bedingungen seit der Profilierung verändert, z.B. die Kontrast- und Helligkeitseinstellungen eines Monitors, so ist die Farbumsetzung ungenau und daher nicht mehr optimal.

*Typische Farbumsetzungen über Farbprofile*

*Bei Farbumsetzungen werden die Profile über ihre Schnittstelle zum Lab-Farbraum miteinander verknüpft.*

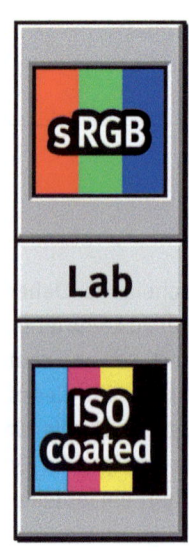
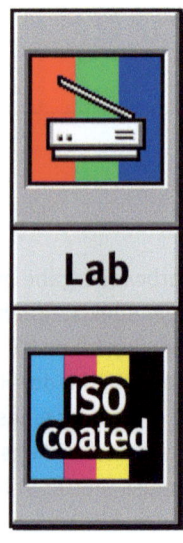
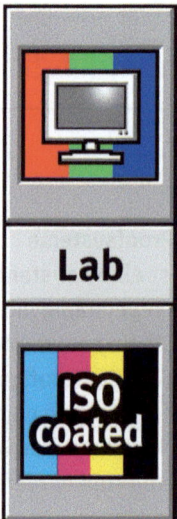

## Farbsicheres Arbeiten mit CMYK-Daten

In großen Teilen dieses Buches geht es darum, bereits beim Bearbeiten von Daten für den Offsetdruck die Farben des späteren Druckergebnisses am Monitor und auf dem Proofdrucker zu simulieren. Die Einführung in die Colormanagement-Abläufe auf den nächsten Seiten hat daher den farbsicheren Umgang mit CMYK-Daten am Beispiel des ISOcoated-Farbraums zum Inhalt. Danach folgt das Arbeiten in RGB-Farbräumen und die Aufbereitung von RGB-Daten für den Druck.

*CMYK-Datei*

Für Scanner, Monitore und Farbdrucker gibt es keine allgemein verbindlichen Standards. Ein wichtiges Einsatzgebiet von Colormanagement-Systemen ist daher die individuelle Abstimmung dieser Geräte auf die CMYK-Standards für den Offsetdruck. Die nächsten Abschnitte zeigen die Konfiguration von Colormanagement-Systemen für diesen Zweck. Vorab muss jedoch festgelegt werden, ob später auf gestrichenem, ungestrichenem oder Zeitungspapier gedruckt wird. Die Arbeitsschritte Scannen, Softproof am Monitor und digitaler Proof werden dann für den vorab festgelegten Druckstandard optimiert. Im Beispiel ist dies der ISOcoated-Farbraum für den Druck auf gestrichenem Papier.

### Arbeiten mit profilierten Scannern und CMYK-Daten

Die RGB-Rohdaten des Scanners durchlaufen zuerst das Scannerprofil und werden mit dessen Umrechnungstabelle in Lab-Daten umgewandelt. Die so entstandenen Lab-Werte werden anschließend im ISOcoated-Profil in CMYK-Daten umgerechnet. Endprodukt ist der für ISOcoated optimierte CMYK-Datensatz eines Scans (Grafik rechts).

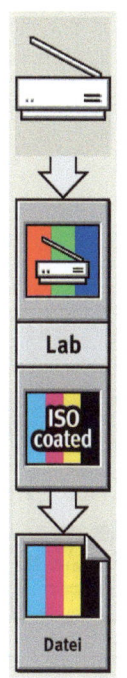

*Erzeugung von RGB-Daten mit einem Scanner*

*Scannerprofil: Umrechnen der Daten von RGB nach Lab*

*Standard-Offsetprofil: Umrechnen der Daten von Lab nach CMYK (ISOcoated)*

*Ergebnis: ein optimierter CMYK-Datensatz für den ISOcoated-Standard*

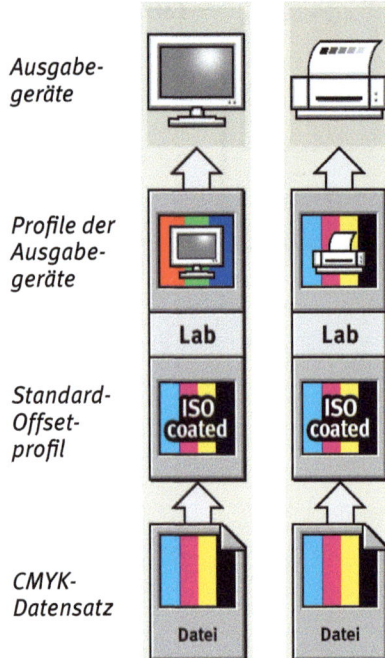

*Ausgabegeräte*

*Profile der Ausgabegeräte*

*Standard-Offsetprofil*

*CMYK-Datensatz*

## CMYK-Daten auf profilierten Monitoren

Bei der Monitordarstellung von CMYK-Daten für einen festgelegten Druckstandard (Beispiel: ISOcoated) durchlaufen die Daten zuerst das ISOcoated-Profil und danach das Monitorprofil. Das ISOcoated-Profil wandelt die CMYK-Daten in Lab-Werte, die das Monitorprofil in RGB-Daten für den Monitor „übersetzt". Dabei wird für jede CMYK-Farbe des Druckstandards eine RGB-Farbe des Monitors angesteuert, der die gleichen Lab-Werte zugeordnet sind. CMYK-Daten aus unbekannten Quellen werden am Monitor so dargestellt, wie sie später im Druck nach ISOcoated aussehen würden.

## CMYK-Daten auf profilierten Proofdruckern

Bei der Ausgabe auf Proofdruckern ist die Anordnung der Profile weitgehend identisch mit der Ausgabe auf dem Monitor: Die CMYK-Daten durchlaufen zuerst das ISOcoated-Profil, welches sie in Lab-Werte umwandelt. Anschließend werden diese Lab-Daten über das Profil des Proofprozesses in dessen spezifischen CMYK-Farbraum „übersetzt".

## Qualitätskontrolle für den Proofdruck

Auf Seite 55 wurde dargestellt, wie mittels eines Kontrollkeils die Farbwiedergabe eines Ausgabegerätes kontrolliert wird. Erweitert man diesen Ablauf, so lässt er sich auch zur Kontrolle des Proofdrucks einsetzen. Ziel ist dabei, nicht allein das Ausgabegerät zu kontrollieren, sondern das Gerät im Zusammenspiel mit den Farbprofilen des Colormanagements. Diese Prüfung ermöglicht eine klare Aussage, wie gut der Offsetdruck auf einem Proofdrucker simuliert wird. Soll mit dem ISOcoated-Standard geprooft werden, muss auch der Kontrollkeil eine Übereinstimmung mit den ISOcoated-Farbwerten erreichen.

*Ein Kontrollkeil zur Qualitätskontrolle des Proofs (unten) besteht aus ausgewählten Feldern eines Testcharts für Charakterisierungsdaten des Offsetdrucks (oben).*

*Zur Überprüfung der Proofqualität wird der Kontrollkeil mit aktiviertem Colormanagement gedruckt und dann mit dem Spektralfotometer vermessen. Anschließend werden die Messergebnisse mit den Charakterisierungsdaten des Offsetdrucks verglichen.*

## Einfacher Arbeitsablauf mit CMYK-Daten

In einem einfachen Schema für Colormanagement mit CMYK-Daten eines festgelegten Druckstandards (in diesem Falle ISOcoated) fügen sich die einzeln geschilderten Abläufe zu diesem Gesamtbild zusammen:

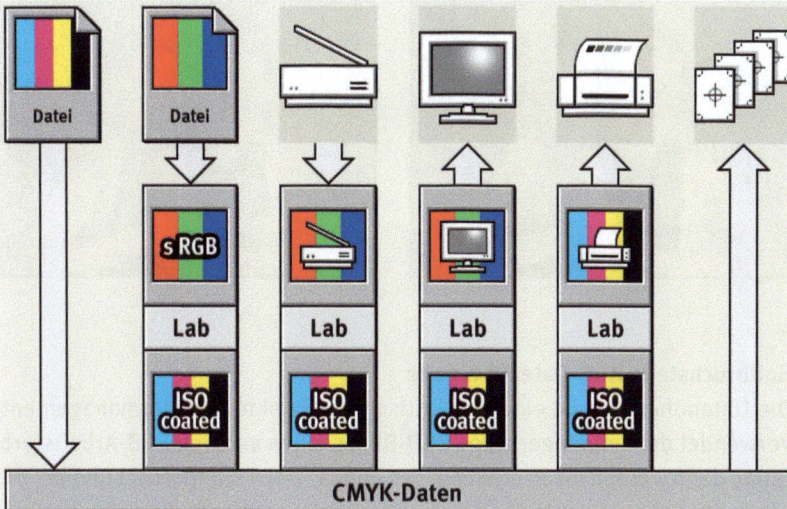

*Zu Beginn eines Druckprojektes wird festgelegt, auf welchem Papier gedruckt und nach welchem Standard geprooft wird. Dieses wird im Auftrag an den Dienstleister festgehalten. Mit diesen Informationen werden die digitalen und analogen Bildvorlagen übergeben.*

*Gelieferte CMYK-Daten werden direkt übernommen. RGB-Daten durchlaufen das Profil des RGB-Arbeitsfarbraums und werden in den festgelegten CMYK-Standard (z.B. ISOcoated) umgewandelt. Scandaten analoger Vorlagen durchlaufen nach dem Einlesen das Scanner- und das Druckprofil.*

*Bei der Monitordarstellung eines CMYK-Layouts mit den platzierten CMYK-Bildern durchlaufen die gesamten Daten zuerst das Standard-CMYK-Profil und dann das Monitorprofil. Die farbverbindliche Ausgabe auf einem Proofdrucker arbeitet mit einer ähnlichen Konstellation von Profilen – allerdings wird das Monitorprofil hier durch das Profil des Proofprozesses ersetzt.*

*Bei der Belichtung von Filmen oder Druckplatten durchlaufen die CMYK-Daten keine weiteren Farbprofile.*

*Der druckverbindliche Proof stellt für alle Beteiligten, vom Auftraggeber über den Grafiker bis zur Druckvorstufe, die Referenz für die Farbbeurteilung dar. Auch der Drucker benötigt den Proof zur genauen Farbabstimmung an der Maschine.*

## Colormanagement mit RGB-Daten

*RGB-Datei (ohne Kennzeichnung für einen bestimmten RGB-Farbraum)*

Nicht immer ist beim Bearbeiten digitaler Bilder der primäre Zweck die Aufbereitung für den Offsetdruck. In diesem Fall ist der RGB-Arbeitsfarbraum der zentrale Bezugspunkt des Colormanagements. Alle Bilder, die über einen Scanner, eine digitale Kamera bzw. über Bilddatenbanken in den Computer eingelesen werden, müssen in den definierten RGB-Arbeitsfarbraum gewandelt werden. Es sei denn, sie liegen schon beim Öffnen oder Importieren in diesem Farbraum vor. Das abgebildete Beispiel zeigt den Ablauf mit einer semiprofessionellen Digitalkamera, die Bilder im Farbraum sRGB liefert. Werden die Bilder auf dem Monitor dargestellt oder auf einem Farbdrucker ausgegeben, durchlaufen sie zuerst das sRGB-Profil und anschließend das jeweilige Ausgabeprofil.

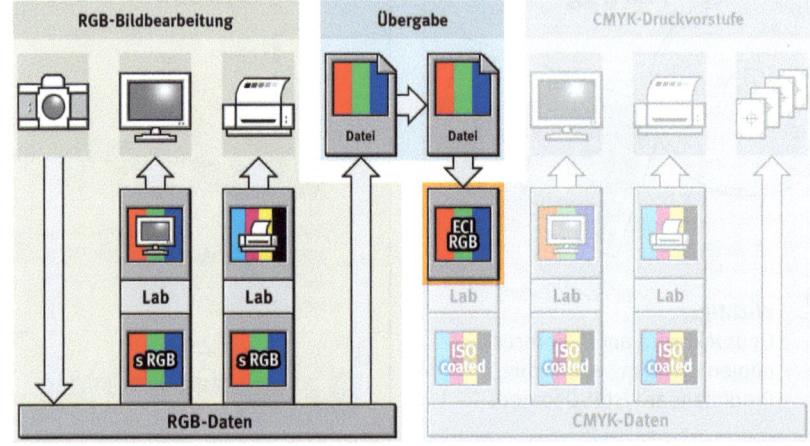

*Arbeitsablauf mit RGB-Daten und Datenübergabe an die Druckvorstufe: Wenn während der RGB-Bildbearbeitung mit einem anderen RGB-Arbeitsfarbraum als in der Druckvorstufe gearbeitet wird, kommt es bei der Datenübergabe zu einer Farbverschiebung, wie sie in den beiden Fotos dargestellt ist.*

*Unten: DQ-Tool (Digital Quality-Tool) des Photoindustrie-Verbandes: Im mittleren Ausschnitt der Farbeindruck von Hauttönen im sRGB-, rechts im ECI-RGB-Farbraum.*

 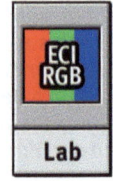 

*Neben sRGB und AdobeRGB ist in Deutschland auch ECI-RGB als Arbeitsfarbraum recht verbreitet.*

### Sollbruchstelle RGB-Datenübergabe

Die Datenübergabe ist einer der kritischsten Punkte im Colormanagement: Verwendet der Empfänger eines RGB-Bildes einen anderen RGB-Arbeitsfarbraum, dann werden die RGB-Werte des Bildes falsch interpretiert und bei der Umwandlung in den CMYK-Farbraum farblich verfälscht. So zieht sich der Fehler bis zum Druck durch. Der Erzeuger eines RGB-Bildes muss daher dem Empfänger eindeutig mitteilen, in welchem RGB-Arbeitsfarbraum er das Bild erstellt oder bearbeitet hat.

# Colormanagement mit eingebetteten Profilen

Will man dem Empfänger von Bilddaten möglichst sicher mitteilen, in welchem Arbeitsfarbraum diese erstellt oder bearbeitet wurden, so bettet man das Profil des Arbeitsfarbraums beim Speichern in die Bilddatei ein. Wenn der Empfänger seine Anwendungsprogramme (z.B. Photoshop) so konfiguriert hat, dass das eingebettete Profil übernommen wird, kann bei der Übergabe von RGB-Daten nichts mehr schiefgehen.

*RGB-Datei mit eingebettetem sRGB-Profil*

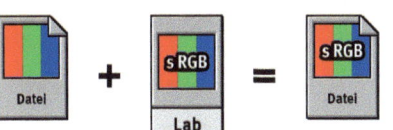

*Dateien, die eingebettete Farbprofile enthalten, werden in den folgenden Grafiken so dargestellt.*

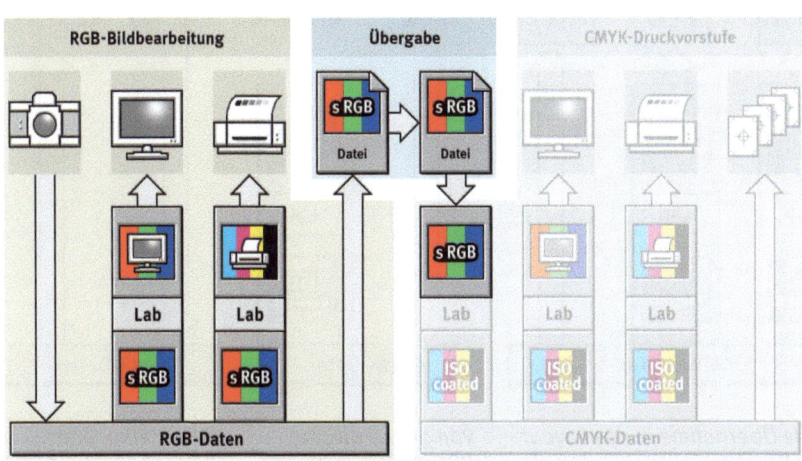

*Wenn der Sender von RGB-Bildern seinen RGB-Arbeitsfarbraum in die Datei einbettet und der Empfänger diesen auch auswertet, kommt es bei der Datenübergabe nicht zu Farbverschiebungen.*

## Eingebettete Profile in CMYK-Daten

Bei der Aufbereitung von RGB-Bildern für Druckprojekte sind eingebettete Profile Pflicht, da nur so eine farbsichere Übertragung in den gewählten CMYK-Standard gewährleistet wird. Bei CMYK-Bildern sieht die Lage etwas anders aus. Grundsätzlich gilt die Regel, dass auch in CMYK-Bilder Profile eingebettet werden sollten. Denn nur so lässt sich im Nachhinein feststellen, ob die Bilder z.B. für den Offsetdruck auf gestrichenem Papier oder für den Zeitungsdruck aufbereitet wurden.

Werden CMYK-Bilder mit eingebetteten Profilen im Layout platziert, so können falsche Colormanagement-Einstellungen im Layoutprogramm zu ungewollten Farbtransformationen der Bilder führen. Aktuelle Layoutprogramme wie z.B. Adobe InDesign CS2 oder höher werden mit Standard-Farbeinstellungen ausgeliefert, die ungewollte Farbtransformationen an platzierten Bildern ausschließen. Bei älteren Versionen war dies nicht der Fall. Dieses Thema wird im 5. Kapitel noch intensiver diskutiert.

Neben einzelnen Bilddateien können auch die PDF-Dateien kompletter Layouts mit dem CMYK-Standard gekennzeichnet werden, für den sie produziert wurden. Beim PDF/X-Format für die Übergabe an Druckereien ist dies sogar vorgeschrieben. Details zu diesem Thema finden sich im Kapitel 6.

*In den Darstellungen der folgenden Seiten und Kapitel wird zwischen verschiedenen Dateiformaten unterschieden, die mittels Profilen gekennzeichnet sind. Neben Pixelbildern sind dies vor allem PDF/X-Dateien.*

## Arbeitsteilung und Kommunikation

Das Arbeiten mit RGB-Daten hat gezeigt, dass die Datenübergabe zwischen zwei Arbeitsschritten ein kritischer Punkt im Colormanagement ist. In der Praxis gibt es noch weitere Arbeitsschritte, bei denen Daten übergeben werden. Die folgenden Grafiken zeigen die Anwendung von Farbprofilen und die Datenübergabe bei den verschiedenen Arbeitsschritten bis hin zur druckfertigen PDF-Datei samt Proof, der anschließenden Film- oder Plattenbelichtung und dem auf den Proof abgestimmten Auflagendruck.

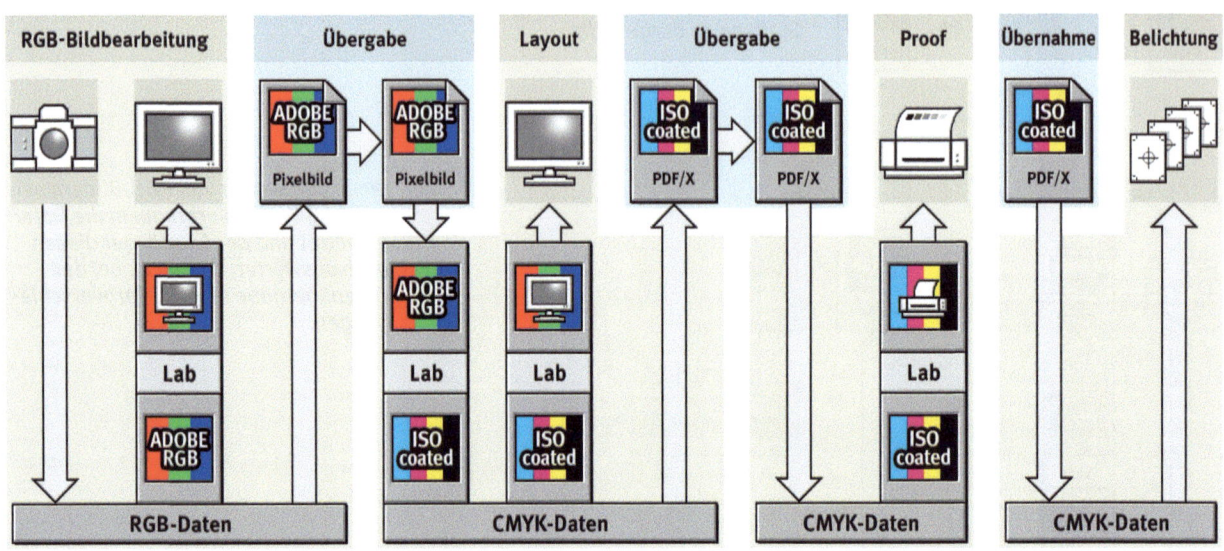

Ein typischer Ablauf der RGB-Bildbearbeitung ist die Ausgabe von AdobeRGB-Daten aus der Digitalkamera, die Darstellung am profilierten Monitor und die Datenübergabe mit eingebettetem AdobeRGB-Profil.

Für die Übernahme in das Layout eines Druckprojektes werden die AdobeRGB-Bilder über ein Standard-CMYK-Profil in den ISOcoated-Farbraum gewandelt. Am profilierten Monitor wird dieser Farbraum simuliert und für die Druckerei wird ein CMYK-PDF mit eingebettetem ISOcoated-Profil erzeugt.

Von genau diesem PDF muss nun ein verbindlicher Digitalproof erstellt werden, der ebenfalls den ISOcoated-Farbraum wiedergibt. Dieser wird vom Auftraggeber freigegeben.

Bei der Film- oder Plattenbelichtung in der Druckerei findet keinerlei Colormanagement statt.

Beim Auflagendruck steuert der Drucker die Farbe an der Druckmaschine, um eine optimale Übereinstimmung mit dem gelieferten Proof zu erreichen.

Für die folgenden Kapitel liegt dem Buch ein arbeitsteiliger Prozess zugrunde, bei dem Daten und Proofs zwischen Menschen und Arbeitsplätzen ausgetauscht werden. Gemäß dem Wortteil Management in Colormanagement kommt es bei einem effizienten und sicheren Umgang mit Farbe neben der Technik vor allem auf die Kommunikation zwischen den Beteiligten an. Um Aufgaben und Zuständigkeiten zu klären, werden fortan die folgenden Arbeitsschritte unterschieden:

1. Fotograf: RGB-Bilderfassung und RGB-Bearbeitung
2. Grafik/Repro: CMYK-Umwandlung der Bilddaten, Layout, Reinzeichnung und farbverbindlicher Proof nach vereinbartem Offsetstandard
3. Druckerei: Auflagendruck gemäß dem farbverbindlichen Proof

**Grafik/Repro:**
Bitte senden Sie uns Ihre Bilder als RGB-Dateien mit eingebettetem Profil.

**Fotograf:**
Anbei die Bilder, die im AdobeRGB-Farbraum angelegt sind. Das entsprechende Profil ist in die Dateien eingebettet.

**Drucker:**
Bitte senden Sie uns CMYK-Druckdaten im PDF/X-Format. Proofs müssen dem Papiertyp des Auflagendrucks entsprechen und auf ISO-Profilen beruhen.

**Grafik/Repro:**
Anbei die CMYK-Druckdaten als PDF/X-Datei inkl. einem verbindlichen Proof im Farbraum ISOcoated.

**Fotograf**     **Grafik/Repro**     **Drucker**

*Der Fotograf übergibt an den Grafiker oder Druckvorstufendienstleister RGB-Daten mit eingebettetem Profil.*

*Dieser wandelt die RGB-Daten des Fotografen aus dessen RGB-Arbeitsfarbraum (ersichtlich aus dem eingebetteten Profil) in den mit der Druckerei abgesprochenen Standard-CMYK-Farbraum. Weitergegeben werden CMYK-PDF/X-Daten und ein farbverbindlicher Proof.*

*In der Druckerei werden die eingehenden PDF/X-Daten und Proofs kontrolliert. Anschließend stimmt der Drucker den Auflagendruck auf den farbverbindlichen Proof ab.*

Mit dem Preisverfall für hochwertige Scanner, Digitalkameras und Drucker gibt es mittlerweile verschiedene Szenarien dafür, wer die einzelnen Arbeitsschritte durchführt:

1. Der Grafiker arbeitet als Einzelkämpfer, der Bilder aus seiner Digitalkamera in Layouts einsetzt und die Druckdaten inkl. Farbdruck an die Druckerei weitergibt.
2. Eine kleine Agentur verarbeitet Bilder professioneller Fotografen in ihren Layouts und erstellt selbst farbverbindliche Proofs.
3. Eine Produktionsabteilung koordiniert umfangreiche Druckprojekte in Zusammenarbeit mit Fotografen, Grafikern, Vorstufendienstleistern und Druckereien.

Die grundsätzlichen Colormanagement-Abläufe sind jeweils vergleichbar. Der Aufwand für die Qualitätssicherung ist allerdings beim Szenario mit der Produktionsabteilung wesentlich höher als beim Grafiker als Einzelkämpfer. Neben dem technischen Umgang mit Farbprofilen spielen dabei Absprachen zwischen allen Beteiligten eine große Rolle. Grundsätzlich gilt die Regel, dass die nachfolgende Produktionsstufe der vorhergehenden sagt, was sie haben möchte, und die liefernde Produktionsstufe klar kommuniziert, was geliefert wird.

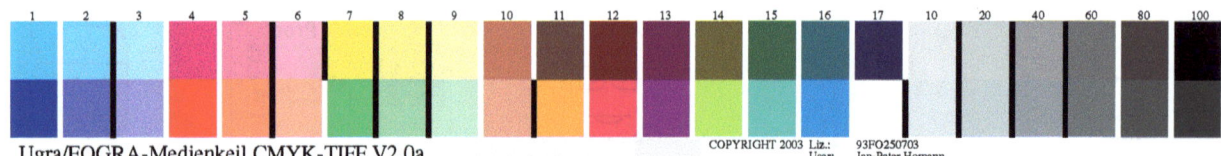

Ugra/FOGRA-Medienkeil CMYK-TIFF V2.0a

*Die ISO-Profile von www.eci.org und der Ugra/FOGRA-Medienkeil CMYK zur Proofkontrolle sind zentrale Arbeitsmittel zur Umsetzung der ISO 12647 in die Praxis, die Inhalt des folgenden Kapitels ist.*

**Eine kurze Vorschau zu den folgenden Kapiteln und dem Praxisband**
Die gerade besprochene Arbeitsteilung bei den wesentlichen Produktionsschritten wird in den folgenden Kapiteln noch genauer definiert. Es handelt sich um erprobte Arbeitsabläufe, nach denen große und kleine Firmen in ganz Deutschland arbeiten.

Mit dem internationalen Standard ISO 12647 gibt es dafür einen Rahmen, für den Branchenorganisationen wie die FOGRA, der Bundesverband Druck und Medien sowie die European Color Initiative (ECI) sehr hilfreiche Werkzeuge und Kontrollmittel entwickelt haben. Das folgende Kapitel widmet sich ausschließlich der ISO 12647 sowie den dazugehörigen Arbeitsmitteln.

# Papiere mit optischen Aufhellern im Profilablauf

Am Ende des zweiten Kapitels stand eine Warnung vor Papieren mit optischen Aufhellern, den Quälgeistern des Colormanagements. Die folgenden Beispiele zeigen nun deren Auswirkungen bei einigen grundlegenden Colormanagement-Abläufen.

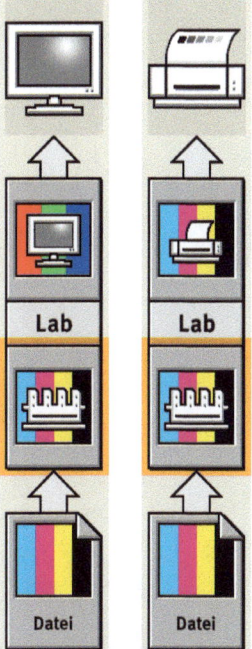
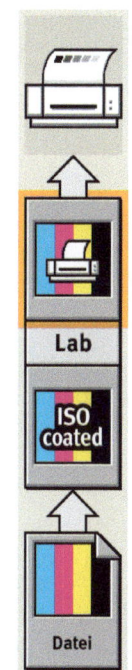

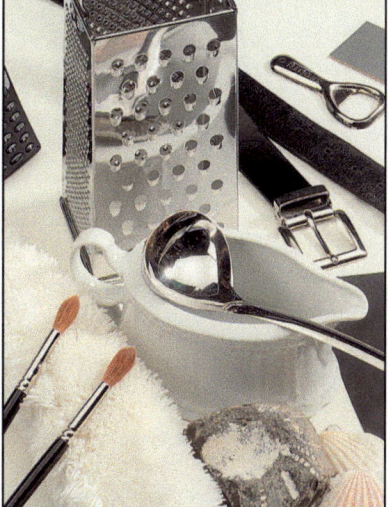
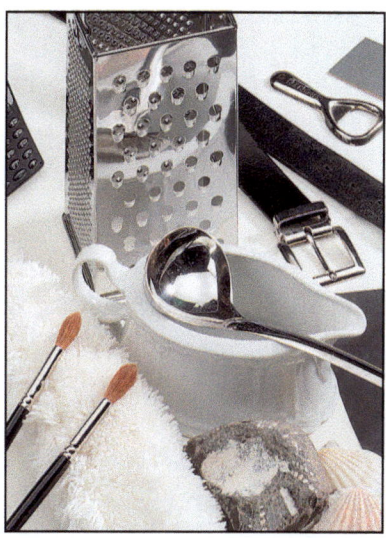

*Basiert das Profil für den Offsetdruck auf einem Referenzdruck, dessen Papier viele optische Aufheller enthielt, werden beim Colormanagement die Farben auf Proof und Monitor zu bläulich wiedergegeben.*

*Enthielt das Referenzpapier für das Profil des Proofdruckers viele optische Aufheller, ist die Farbdarstellung auf dem Proof zu gelblich. Das Proofprofil versucht, das vermeintlich zu blaue Papier mit mehr Gelb zu kompensieren.*

*Hier zum Vergleich das farblich neutrale Original*

# Die ISO 12647 für Separation, Proof und Druck

Wie im vorigen Kapitel besprochen, sind die Arbeitsabläufe bei einer Druckproduktion sehr arbeitsteilig organisiert. Damit Kommunikation und Datenübergabe zwischen allen Beteiligten effizient und sicher funktionieren, sind definierte Standards und Kontrollschritte notwendig.
Außerdem ist es hilfreich, sich mit den Grundlagen des Drucks und dem Einfluss des Papiers auf die Farbwiedergabe vertraut zu machen. Dieses Basiswissen ist die unbedingte Voraussetzung, um Scans mit Hilfe von Colormanagement optimal auf das verwendete Papier abzustimmen oder auf einem Digitalproof das spätere Druckergebnis farbverbindlich zu zeigen.

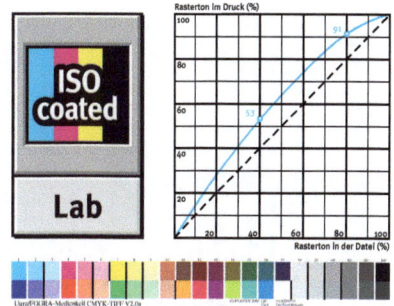

## Die Rolle von ISO-Standards

In der produzierenden Industrie spielen Standards und Normen eine große Rolle, wenn verschiedene Firmen zusammenarbeiten. Sie gewährleisten, salopp gesagt, dass die Schrauben des einen Herstellers auch zu den Muttern des anderen passen. In der Druckindustrie und im Colormanagement gibt es eine Reihe internationaler Standards, die in den letzten Jahren immer größere Bedeutung erlangen.

*Unter **www.iso.org** gibt es vielfältige Informationen zu den ISO-Standards.*

Internationale Standards werden von der International Standards Organisation – kurz ISO – erarbeitet, in deren Unterabteilungen die nationalen Gremien zu verschiedenen Bereichen aktiv sind. In Deutschland ist dies das Deutsche Institut für Normung (DIN). Sehr viele ISO-Standards werden ins Deutsche übersetzt und dann als DIN-Norm veröffentlicht. DIN-Normen und ISO-Standards können von jedermann beim Beuth-Verlag unter **www.beuth.de** in gedruckter Form oder als PDF-Datei erworben werden.

*DIN-Normen und ISO-Standards lassen sich unter **www.beuth.de** erwerben.*

Sind internationale Standards definiert und gibt es auch konkrete Produkte, die gemäß den Standards arbeiten, hat das für Anwender den Vorteil, dass kein einzelner Hersteller diese Standards willkürlich verändern kann. So gibt es beispielsweise mit der ISO 15930, auch PDF/X genannt, einen Standard mit klaren Vorgaben für den Aufbau von PDF-Dateien für den Druck. Auch wenn Adobe das PDF-Format weiterentwickelt und diese Features exklusiv in seine Anwendungsprogramme und RIPs einbaut, so kann Adobe nicht eigenmächtig den PDF/X-Standard ändern und damit seine Konkurrenten außen vor lassen.

Nachfolgend gibt es eine kurze Übersicht zu ausgewählten ISO-Standards, die für Colormanagement und die Druckproduktion relevant sind:

*Die unten abgebildeten Testcharts sind in der ISO 12642 für die Charakterisierung von Drucksystemen festgelegt. Ganz links die neuen ECI-2002-Charts im Visual- und Random-Layout. In der Mitte der Klassiker, auch unter IT 8/7.3 bekannt, und rechts daneben eine IT 8/7.3-Layoutvariante für scannende Spektralfotometer eines bestimmten Herstellers.*

### ISO 12642 für Testcharts zur Profilerstellung

In diesem Standard ist der Aufbau von Testcharts für die Erstellung von Farbprofilen festgelegt. Druckt man die in diesem Standard festgelegten Charts und vermisst sie, so kann man aus den Messwerten mit sämtlichen Programmen, die diese Charts unterstützen, Profile erstellen. Neben den Testcharts der ISO 12642 bieten die Hersteller jeweils auch eigene Charts an, die aber von den anderen Herstellern nicht unterstützt werden. Wenn man sich die Möglichkeit offen halten will, verschiedene Programme zur Profilerstellung zu vergleichen, sollten immer Testcharts der ISO 12642 gedruckt werden.

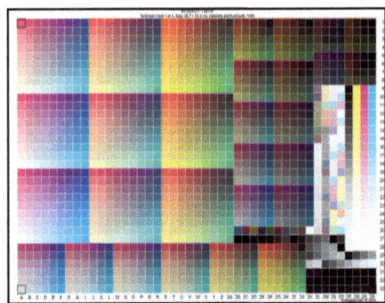

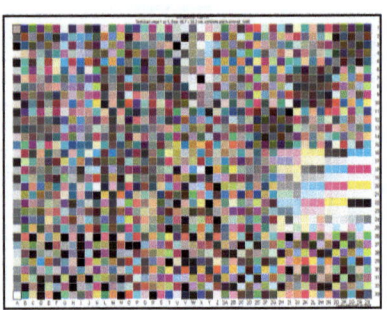
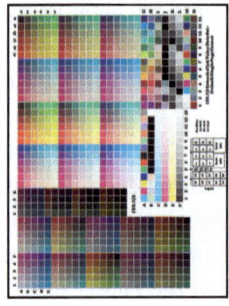
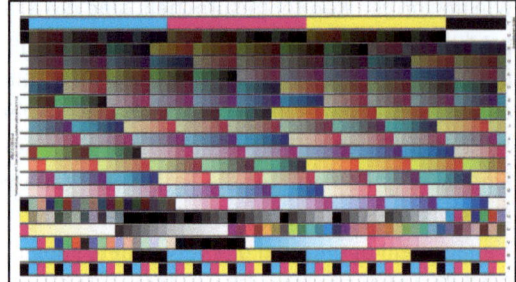

### ISO 12640 für Charakterisierungsdaten

Die ISO 12640 legt fest, in welcher Form Farbmessdaten nach der Vermessung eines ISO-12642-Testcharts abgespeichert werden. Viele Programme zur Erstellung von Farbprofilen hatten diese Daten in der Vergangenheit in eigenen Formaten gespeichert. Gemäß der ISO 12640 gespeicherte Farbmessdaten können von verschiedenen Programme zur Erstellung von Farbprofilen eingelesen werden.

### ISO 15076 / ICC für Farbprofile

Für Farbprofile galt lange Zeit ausschließlich der ICC-Standard, der gemeinsam von verschiedenen Herstellern in der grafischen Industrie definiert wurde und weiterentwickelt wird. Damit diese Weiterentwicklung besser mit anderen ISO-Standards für die grafische Industrie koordiniert werden kann, gibt es seit 2003 eine Kooperation zwischen der ISO und dem International Color Consortium ICC.

### ISO 15930 PDF/X

Diese ISO-Norm beschreibt die Anforderungen für PDF-Daten, die an Druckereien übergeben werden. Dabei wird zwischen PDF/X-1a und PDF/X-3 unterschieden. Bei Ersterem sind nur CMYK- und Schmuckfarben in der PDF-Datei für den Druck erlaubt. Bei PDF/X-3 dürfen einzelne Text-, Grafik- oder Bildobjekte beliebige Profile (also auch RGB-Profile) enthalten. Ab Kapitel 6 werden PDF/X-1a und PDF/X-3 sehr intensiv diskutiert.

### ISO 12647 für Separation, Proof und Druck

Lange Zeit gab es im Colormanagement eine Inflation der Profile für die Separation von RGB-Bildern, für den Softproof am Monitor und für den Digitalproof. Je nachdem, wo die Bilder separiert und geproft wurden, kamen unterschiedliche Ergebnisse zustande. Die ISO 12647 schafft hier Ordnung, indem sie festlegt, dass die CMYK-Separation von RGB-Bildern und deren Proof sich an vier verschiedenen Papiertypen zu orientieren hat. Wenn Druckdaten und Proofs so gefertigt werden, ist eine Druckerei auch in der Lage, danach zu drucken. Es ist also nicht notwendig, dass eine Druckerei eigene Profile ihrer Maschinen erstellt.

Lange Zeit war die ISO 12647 nur ausgewiesenen Colormanagement-Spezialisten in der Druckvorstufe bekannt. Der gemeinsamen Initiative der FOGRA, des Bundesverbands Druck und Medien sowie der European Color Initiative ECI ist es zu verdanken, dass mittlerweile für die ganze Branche sehr leistungsfähige Arbeitsmittel zur Verfügung stehen, die Colormanagement auf Basis der ISO 12647 dramatisch vereinfachen.

Ursprünglich definierte die ISO 12647 fünf verschiedene Papiertypen. Im Laufe der Jahre gab es jedoch Weiterentwicklungen im Bereich der matt gestrichenen Papiere, so dass diese mittlerweile mit den glänzend gestrichenen Papieren als Typ 1/2 zusammengefasst wurden.

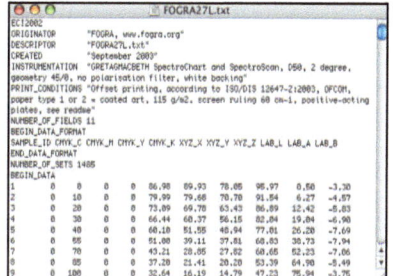

*Wenn die FOGRA oder andere Organisationen Charakterisierungsdaten öffentlich zur Verfügung stellen, so sind dies Textdateien gemäß ISO 12640.*

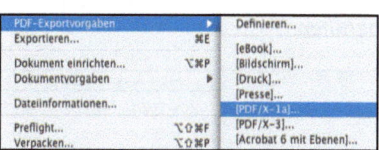

*Mit einem direkten Export als PDF/X-Datei können aus vielen Programmen einfach und schnell druckfertige PDF-Dateien erstellt werden.*

**Die ISO-Papiertypen im Überblick**

| | |
|---|---|
| 1/2 | glänzend u. matt gestrichen |
| 3 | LWC (dünnes Rollenoffsetpapier) |
| 4 | ungestrichen |
| 5 | ungestrichen gelblich |

## Die Arbeitsmittel zur ISO 12647 in der Übersicht

Die nachfolgende Darstellung gibt eine Übersicht zu den Arbeitsmitteln rund um die ISO 12647, die zur Drucklegung der 3. Auflage verfügbar sind:

### Die Referenzdrucke in der Altona Test Suite

*Das Altona-Anwendungspaket dient zur Optimierung von Produktionsabläufen in der Druckvorstufe und der Druckerei.
Es enthält u.a. Referenzdrucke, die sehr genau gemäß ISO 12647 gedruckt wurden. Man kann es unter www.altonatestsuite.de erwerben.*

*Die FOGRA stellt unter www.fogra.org kostenlos Charakterisierungsdaten zur Verfügung, die auf den Referenzdrucken der Altona Test Suite beruhen.*

### Die Charakterisierungsdaten der FOGRA

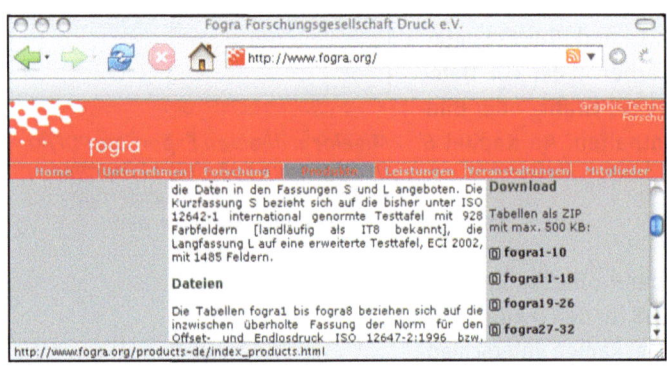

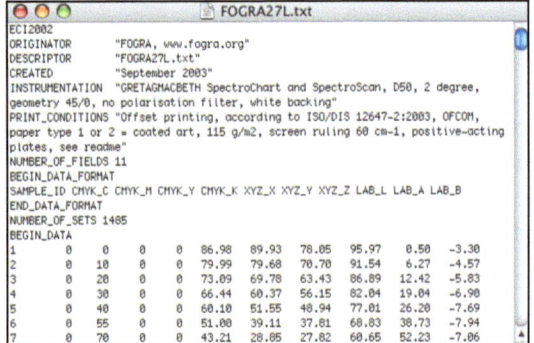

**Die ISO-Profile der ECI**

**Der Ugra/FOGRA-Medienkeil CMYK**

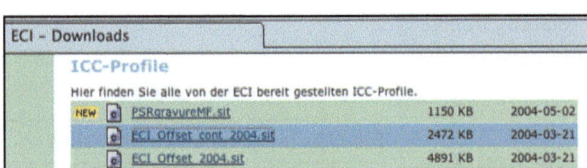

*Die ISO-Profile der ECI wurden aus den Charakterisierungsdaten der FOGRA berechnet und stehen unter www.eci.org zum kostenlosen Download zur Verfügung. Sie dienen zur Separation von RGB-Daten, zum Softproof am Monitor und zum Digitalproof. Mittlerweile stellt Adobe eigene Profilvarianten zur Verfügung, die auf den gleichen Charakterisierungsdaten beruhen.*

*Der Medienkeil CMYK dient zur Kontrolle des Digitalproofs mit einem Spektralfotometer. In immer mehr Proofsystemen ist er fest integriert, so dass der Anwender ihn nicht extra erwerben muss. Die Sollwerte für den Proof basieren auf den Charakterisierungsdaten der FOGRA und entsprechen somit auch den ISO-Profilen der ECI.*

## Die ISO-Profile der ECI im Produktionsablauf

Bei der Produktion einer Drucksache kommen die ISO-Profile der ECI in der Druckvorstufe zum Einsatz. Bevor das fertige Dokument für den Druck aufgebaut wird, ist es wichtig, mit der Druckerei zu klären, auf welchem Papiertyp gedruckt wird. Mit dem zum Papiertyp passenden ISO-Profil werden dann RGB-Bilddaten separiert. Beim Softproof am Monitor sorgt das gleiche ISO-Profil für eine korrekte Vorschau des späteren Ergebnisses. Sind die PDF-Daten für den Druck erzeugt, kommt das gleiche ISO-Profil beim Proof für die Druckerei zum Einsatz. Der Proof enthält eine Kontrollzeile, in der das ISO-Profil anzeigt, welcher Farbraum simuliert wird. Der Medienkeil CMYK ermöglicht jederzeit eine Kontrolle des Proofs.

**Fotograf**

*Der Fotograf muss sich keine Gedanken um den Farbraum des Drucks machen, aber darauf achten, das Profil seines RGB-Arbeitsfarbraums in die Bilddateien einzubetten.*

**Grafik/Repro**

*In der Vorstufe kommt das ISO-Profil zum Einsatz: bei Separation, Softproof und Digitalproof (der eine Kennzeichnung des ISO-Standards und den Medienkeil CMYK enthält).*

**Drucker**

*Die Druckerei kontrolliert die eingehenden PDF-Daten und vermisst den Medienkeil CMYK auf dem Proof. Anschließend stimmt sie ihren Druck auf den Proof ab.*

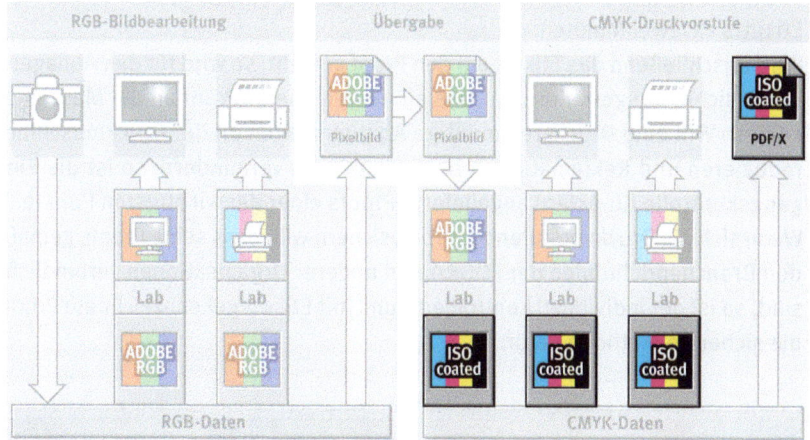

In Anwendungsprogrammen zur Qualitätskontrolle in der Produktion bzw. in Publikationen zu diesem Thema werden abwechselnd die in der Tabelle zusammengefassten Bezeichnungen des ISO-Papiertyps, die Nummer der FOGRA-Charakterisierungsdaten oder die Namen der ISO-Profile der ECI verwendet.

| ISO-Papiertyp | FOGRA-Char.-daten | ICC-Profil der ECI | ICC-Profile von Adobe |
|---|---|---|---|
| 1/2 – glänzend und matt gestrichen | FOGRA27 | ISOcoated.icc | Europe ISOcoated FOGRA27 (ab CS2), Coated FOGRA27 ISO 12647-2 (ab CS 2.3) |
| 3 – LWC (dünnes Rollenoffsetpapier) | FOGRA28 | ISOwebcoated.icc | Webcoated FOGRA28 ISO 12647-2 |
| 4 – ungestrichen | FOGRA29 | ISOuncoated.icc | Uncoated FOGRA29 ISO 12647-2 |
| 5 – ungestrichen gelblich | FOGRA30 | ISOuncoatedyelloish.icc | |

## Der Medienkeil CMYK im Produktionsablauf

Der wichtigste Schritt für ein effektives Colormanagement ist die Kommunikation zwischen Druckvorstufe und Druckerei über den Proofstandard für eine Druckproduktion. Effizientes und sicheres Arbeiten ist nur möglich, wenn ein Proof der Druckdaten in der Vorstufe und ein Proof in der Druckerei das gleiche Ergebnis zeigen. Bevor der Medienkeil zur Kontrolle des Proofs eingesetzt wird, müssen der Produktioner in der Agentur und der Kundenberater der Druckerei abgesprochen haben, mit Proofs auf Basis der ISO-Profile der ECI zu arbeiten. Ist dies der Fall, dient der Medienkeil CMYK sowohl in der Druckvorstufe als auch in der Druckerei zur Kontrolle der Proofs.

| Farbtoleranzen für den Medienkeil CMYK | Delta E Lab |
|---|---|
| Papierweiß | 3 |
| Mittlere Abweichung | 4 |
| Maximale Abweichung | 10 |
| Primärfarben | 5 |

Bei der Kontrolle wird der Medienkeil auf dem Proof mit einem Spektralfotometer vermessen. Die Messergebnisse werden dann in vier Kategorien mit den Vorgaben für den Papiertyp nach ISO 12647 verglichen. Für jede dieser Kategorien gibt es unterschiedliche Farbtoleranzen, die von der FOGRA in Absprache mit anderen Branchenorganisationen festgelegt wurden.

Zur Drucklegung lässt sich praktisch bei allen aktuellen Prooflösungen der Medienkeil CMYK automatisch mit ausgeben. In immer mehr Proofsystemen ist er fest integriert, so dass der Anwender ihn nicht extra erwerben muss.

Für die Auswertung des Medienkeils gibt es eine Reihe von Anbietern, die das Messergebnis automatisch auf einem Etikettendrucker ausgeben. Mit einem scannenden Spektralfotometer dauert der ganzen Vorgang inkl. Druck des Etiketts ca. zwei Minuten.

Wird anschließend das Etikett auf den Proof geklebt, so wird für den Auflagendruck sicher ausgeschlossen, dass ein ungeeigneter Proof an die Maschine kommt. Will eine Druckerei unnötige Abstimmzeiten an der Druckmaschine reduzieren und Reklamationen bezüglich Farbe vermindern, so ist die Eingangskontrolle für extern angelieferte Proofs einer der wichtigsten Punkte. Wenn sich ein Druckvorstufenbetrieb absichern will, dass seine Proofs gemäß den Branchenrichtlinien der FOGRA und anderer Organisationen verbindlich sind, so ist der individuell kontrollierte und mit Etikett gekennzeichnete Proof die sicherste Methode dafür.

*Den Medienkeil CMYK gibt es in verschiedenen Layoutvarianten. Bei der kleineren Variante werden die Felder einzeln eingemessen.*

*Die größere Variante kann mit scannenden Spektralfotometern in einer Bewegung eingelesen werden.*

*Die Kontrolle eines Proofs kann sowohl in der Druckvorstufe stattfinden, bevor der Proof verschickt wird, als auch in der Druckerei, die Proofs aus verschiedenen externen Quellen bekommt.*

*Druckvorstufe*      *Druckerei*

## Der Einsatz der Altona Test Suite

Das Anwendungspaket Altona Test Suite ist eines der wichtigsten Werkzeuge zur Optimierung von Produktionsabläufen in der Druckvorstufe und in Druckereien. Es besteht aus den drei Dateien Measure, Visual und Technical sowie einem Set von Referenzdrucken nach ISO 12647.

### Die Dateien Visual und Technical

Mit den Dateien Visual und Technical lassen sich sämtliche Softwares testen, in denen während der Produktion einer Drucksache PDF-Dateien platziert oder weiterverarbeitet werden. Dies sind insbesonders Grafik- und Layoutprogramme, Farbdrucker, Proofsysteme, PDF-Workflow-Systeme in Druckereien sowie RIPs von Belichtern.

*Das Altona-Anwendungspaket enthält Referenzdrucke nach ISO 12647, die auf die ECI-ISO-Profile und die Proofkontrolle mit dem Medienkeil CMYK abgestimmt sind.*

### Die Referenzdrucke der Datei Visual

Die Referenzdrucke der Datei Visual dienen zur visuellen Kontrolle von Monitoren, Proofsystemen und Druckmaschinen, wenn gemäß ISO 12647 produziert wird. Wenn in der Druckvorstufe der Monitor und das Proofsystem die gleiche Farbwiedergabe wie die Referenzdrucke zeigen, so funktioniert das Colormanagement mit den ISO-Profilen der ECI korrekt. Kann eine Druckerei die Referenzdrucke schnell und sicher nachdrucken, so wird sie auch mit dem Medienkeil CMYK kontrollierte Proofs sicher erreichen.

*Zeigen Monitor und Proofsystem die gleiche Farbwiedergabe wie die Altona-Referenzdrucke, ist das Colormanagement in der Vorstufe korrekt eingerichtet.*

*Kann die Druckerei die Altona-Referenzdrucke gut nachdrucken, so erreicht sie auch sicher Proofs, die auf die Referenzdrucke abgeglichen sind.*

### Die Datei Measure inkl. Referenzdruck

In dieser Datei sind Testcharts für die Aufnahme von Druckkennlinien und für die Erstellung von ICC-Profilen vorhanden. Große Flächen der Measure-Referenzdrucke zeigen CMYK-Volltöne mit optimaler Färbung gemäß ISO 12647.

*Von links nach rechts: Die Altona-Dateien Measure, Visual und Technical*

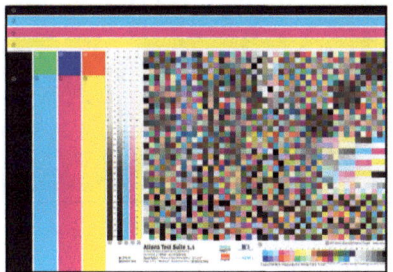

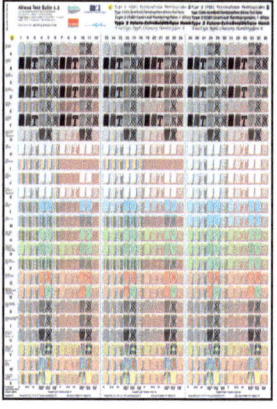

## Die Farbwiedergabe der verschiedenen ISO-Papiertypen

Jeder Papiertyp hat seine Charakteristik bezüglich der Farbwiedergabe. Dies betrifft einmal die Intensität der Farbwiedergabe sowie die Papierfärbung. Die höchste Farbintensität lässt sich auf Papiertyp 1/2 für glänzend und matt gestrichene Papiere erreichen. Auf Papiertyp 3 LWC ist die Farbintensität etwas geringer und auf den Papiertypen 4 und 5 werden Farben nochmals schwächer wiedergegeben.

Weiterhin sind für die ISO-Papiertypen unterschiedliche Papierfärbungen festgelegt. Typ 1/2 (gestrichen) und Typ 4 (ungestrichen) sind kalt-weiße Papiere. Typ 3 (LWC) und besonders Typ 5 (ungestrichen gelblich) sind wesentlich gelblicher. Die Papierfärbung hat Einfluss auf die Wiedergabe aller Farben und lässt sich durch Colormanagement nur teilweise ausgleichen. Die Abbildungen unten zeigen die Referenzdrucke aus dem Altona-Anwendungspaket. Vor dem Druck wurden die Farbfotos mittels der ECI-ISO-Profile für den jeweiligen Papiertyp angepasst. Somit zeigen diese Drucke die Möglichkeiten, aber auch die Grenzen von Colormanagement. Der Druck auf den ungestrichenen Papieren vom Typ 4 und 5 zeigt auch mit Colormanagement leicht blassere Farben.

*Die Farbdarstellung auf den Referenzdrucken des Altona-Anwendungspaketes.*

*Die fotografischen Abbildungen (bis auf das Graustufenbild) wurden mittels Colormanagement an den jeweiligen Papiertyp angepasst.*

*Papiertyp 1/2 gestrichen – ISOcoated, FOGRA27*

*Papiertyp 3 LWC – ISOwebcoated, FOGRA28*

*Papiertyp 4 ungestrichen – ISOuncoated, FOGRA29*

*Papiertyp 5 ungestrichen gelblich – ISOuncoated yelloish, FOGRA30*

# Farbschichtdicken und Volltondichten

Ein wichtiger Faktor bei der Farbwiedergabe im Offsetdruck ist die Farbschichtdicke. Wenn ein Drucker zu Beginn eines Druckauftrages die Farben einstellt, um den Druck an einen Proof anzugleichen, so erreicht er dies im Wesentlichen über die Steuerung der Farbschichtdicke.

Eine direkte Messung der Farbschichtdicke ist nur unter Laborbedingungen möglich. Eine gute Hilfsgröße ist allerdings die Dichte, die mit einem Densitometer gemessen wird. Die Dichte der reinen Druckfarben (Volltöne) wird auch Volltondichte genannt. Bei der Dichtemessung wird ein Farbfeld beleuchtet und das Verhältnis vom reflektierten Licht zur Beleuchtung ermittelt. Je mehr Licht die Farbprobe schluckt, desto höher ist ihre Dichte. Viel Farbe im Druck (hohe Farbschichtdicke) ergibt auch hohe Dichten. Auf gestrichenen Papieren kann mit höheren Farbschichtdicken bzw. Volltondichten gedruckt werden als auf ungestrichenen Papieren.

*Auf gestrichenem Papier bildet die Druckfarbe eine Schicht. Hier lassen sich hohe Schichtdicken bzw. Volltondichten erzielen.*

*In ungestrichenes Papier dringt die Druckfarbe tiefer ein.*

Da im Offsetdruck mit einer Mischung aus Farbe und Wasser gedruckt wird, unterliegt der Druckprozess unvermeidlichen Schwankungen. Diese ergeben sich aus dem Zusammenspiel von Papier, Druckfarbe, Wasser, Zusatzstoffen, Klimatisierung, Maschinenzustand usw. Dabei gibt es Schwankungen innerhalb des jeweiligen Druckauftrages und Unterschiede zwischen verschiedenen Druckaufträgen. Letztere sind größer, da sich je nach eingesetztem Papier, ein anderes Farbverhalten im Druckprozess ergibt. Auch bei absoluten High-Tech-Druckereien, die mit höchstem Aufwand ihren Druckprozess konstant halten, sind die Schwankungen weitaus größer als bei einem Proofsystem, das regelmäßig spektralfotometrisch kalibriert wird. Der Drucker an der Maschine muss diese Schwankungen ausgleichen, damit er ein Ergebnis erzielt, welches dem gelieferten Proof entspricht. Dies erreicht er, indem er die Farbschichtdicke (Volltondichte) jeder einzelnen Druckfarbe leicht variiert.

Unter anderem aus diesem Grund gibt es in der ISO 12647 keine expliziten Sollwerte für die Volltondichten der einzelnen Papiertypen. Die unten abgebildeten Beispiele illustrieren beispielhaft die verschiedenen Volltondichten, bei denen sich in der Regel eine gute Übereinstimmung zum Proof ergibt.

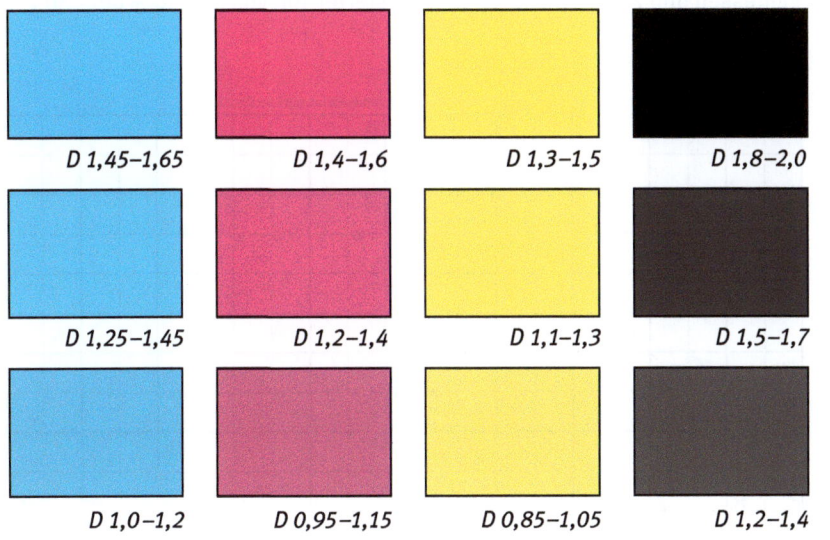

*Die Grundfarben auf gestrichenem Papier und übliche Volltondichten*

*Die Grundfarben auf ungestrichenem Papier und übliche Volltondichten*

*Die Grundfarben auf Zeitungspapier und übliche Volltondichten*

## Tonwertzunahmen der Papiertypen

Neben der Volltondichte ist die Tonwertzunahme der zweite wichtige Faktor, der die Farbwiedergabe im Druck beeinflusst. Die Tonwertzunahme gibt an, um wie viel höher die Flächendeckung auf dem Papier gegenüber der Datei ist. Ein 40%iges Raster beispielsweise deckt 40% einer Fläche mit Rasterpunkten ab und lässt 60% frei. Bei einer Tonwertzunahme von 16% belegt der Rasterton auf dem Papier dann 56% dieser Fläche und lässt 44% frei. Der Tonwert ist also dunkler geworden. Die Tonwertzunahme kann verschieden beschrieben werden. Bei der Angabe als einzelne Zahl wird international meist der Zuwachs für einen Ton von 50% angegeben. Im deutschsprachigen Raum ist es oft üblich, den Zuwachs getrennt für die Tonwerte 40% und 80% anzugeben.

Im realen Druck ist die Tonwertzunahme nicht nur abhängig vom Papier, sondern auch von der eingesetzten Druckfarbe, von der Art und Weise, wie die Druckplatte hergestellt wird, und einer Vielzahl weiterer technischer Parameter. Deshalb spricht man nicht von der Tonwertzunahme der Druckmaschine, sondern von der Tonwertzunahme des gesamten Druckprozesses, bestehend aus Maschine, Papier, Farbe und weiteren technischen Parametern.
Die Aufgabe einer Druckerei ist es, ihren Druckprozess zu kontrollieren und dafür zu sorgen, dass die Tonwertzunahmen für den Druck auf verschiedenen Papiertypen sich innerhalb der in der ISO 12647 festgelegten Grenzen bewegen. Nur wenn die Druckerei dies auch tut, kann sie einen Kontraktproof auf Basis der ECI-ISO-Profile auch sicher erreichen. Kleinere Schwankungen der Tonwertzunahmen sind beim Offsetdruck innerhalb der Grenzen allerdings nicht zu verhindern.
Richtet der Drucker einen Druckauftrag anhand eines Kontraktproofs ein, so kann er die unvermeidlichen kleineren Schwankungen in der Tonwertzunahme ausgleichen, indem er bei zu geringer Tonwertzunahme mit höherer Volltondichte (höherer Farbschichtdicke) bzw. bei zu hoher Tonwertzunahme mit geringerer Volltondichte (Farbschichtdicke) druckt.

Die Messung der Tonwertzunahmen erfolgt mit dem Densitometer. Dabei wird zuerst das Messgerät auf das Papierweiß abgeglichen, dann die Volltondichte gemessen und zum Schluss ein aufgerasterter Ton von z.B. 40% oder 80%.

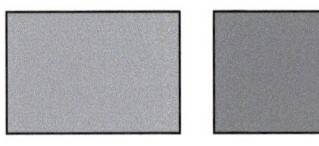

*40% Flächendeckung in der Datei (links) ergibt bei 16% Druckzuwachs 56% Flächendeckung im Druck (rechts).*

*Linke Abbildung:*
*Die gestrichelte schwarze Linie zeigt die Tonwerte in der Datei, die blaue Linie die Tonwerte eines idealen Drucks auf Papiertyp 1/2, gestrichen. Der Unterschied ist die jeweilige Tonwertzunahme.*

*Rechte Abbildung:*
*Die blaue Linie zeigt die Tonwertzunahme eines idealen Drucks auf Papiertyp 1/2, gestrichen. Der gestrichelte blaue Bereich ist der Toleranzbereich gemäß ISO 12647-2.*

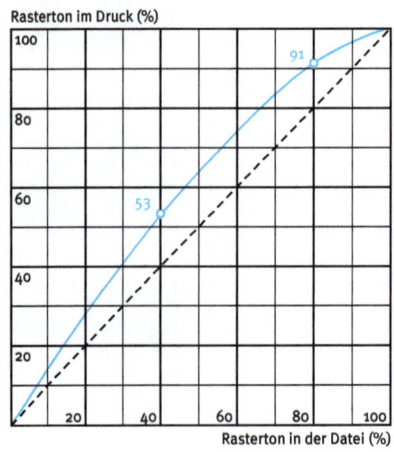
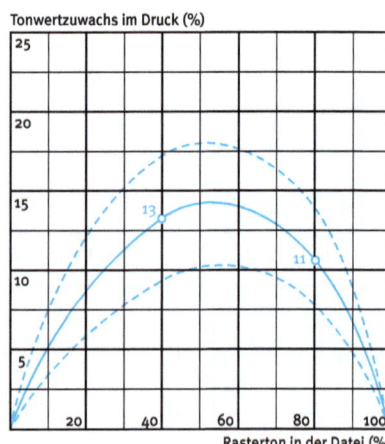

## Tonwertzunahmen der Papiertypen gemäß ISO 12647-2

Da die Tonwertzunahme von einer Vielzahl von Parametern abhängig ist, sind in der ISO 12647-2 ideale Tonwertzunahmen und Toleranzen von +/− 4% in den Mitteltönen festgelegt. Generell gilt die Regel, dass die Tonwertzunahme der Farben Cyan, Magenta und Gelb gleich sein sollten und Schwarz im Mittelton 3% über den Buntfarben liegt. Die maximale Spreizung besagt ferner, dass die Tonwertzunahmen verschiedener Farben sich nicht mehr als 5% voneinander unterscheiden dürfen.

Die ISO-Profile der ECI repräsentieren Drucke mit idealen Tonwertkurven gemäß der ISO 12647-2. Damit wird sichergestellt, dass ein Proof auf Basis der ISO-Profile sicher von der Druckerei erreicht werden kann, wenn sie ihre Tonwertzunahmen auf Einhaltung der ISO 12647 kontrolliert.

Damit eine Druckerei ihre Tonwertzunahmen in der laufenden Produktion kontrollieren kann, wird auf jedem Druckbogen ein Kontrollkeil (rechts ein Beispiel) ausgedruckt. Kommt es zu großen Abweichungen zwischen einem Proof auf Basis der ISO-Profile und dem Auflagendruck, so kann später auf dem Druckkontrollstreifen überprüft werden, ob die Volltondichten und Tonwertzunahmen innerhalb der Toleranzen der ISO 12647-2 liegen. Kleinere Abweichungen zwischen Kontraktproof und Auflagendruck sind aber in der Regel unvermeidlich.

**Die Einteilung der Auflagendruckpapiere in drei Tonwertzunahme-Klassen und die dazugehörigen ECI-ISO-Profile**

| Typ 1/2 | Typ 3 | Typ 4/5 |
|---|---|---|
| gestrichene Papiere mit einer Flächenmasse ab 70 g/m² | gestrichene Papiere mit einer Flächenmasse unter 70 g/m² | ungestrichene Papiere (inkl. pigmentierter und satinierter Papiere) |

| Tonwertzunahme CMY im Druck (in %) mit Toleranzgrenzen bei 40% u. 80% | | | Tonwert $F_R$ in der Datei |
|---|---|---|---|
| 9 – **13** – 17 | 12 – **16** – 20 | 15 – **19** – 23 | 40% |
| **14** | **17** | **20** | 50% |
| **15** | **15** | **16** | 70% |
| **14** | **13** | **14** | 75% |
| 8 – **11** – 14 | 8 – **11** – 14 | 9 – **12** – 15 | 80% |

# Die Graubalance

## Die Graubalance im Druck

*Links ist der Braunton zu sehen, der sich aus jeweils 50% Cyan, Magenta und Gelb bildet.*

*Rechts dagegen ein neutraler Grauton, aus 62% Cyan und je 50% Magenta und Gelb besteht.*

Die Graubalance im Druck bezeichnet ein ausgewogenes Verhältnis der Druckfarben Cyan, Magenta und Gelb, durch das im Zusammendruck dieser Farben ein neutraler Grauton entsteht. Beim Druck nach ISO 12647-2 ergibt sich dieses neutrale Grau nicht bei gleichen Anteilen aller Druckfarben. Nur wenn Cyan deutlich höhere Anteile als Magenta und Gelb hat, ergibt sich ein neutral erscheinendes Grau im Druck. In der ISO-Norm selbst gibt es keinen expliziten Sollwert und auch keine Toleranzen für die Graubalance. Druckt eine Druckerei bezüglich der Volltonfärbungen und Tonwertzuwächsen gemäß ISO, dann stellt sich die Graubalance von selbst ein. Weiterhin verfügt jedes ECI-ISO-Profil über eine festgelegte Graubalance, so dass sich beim Abstimmen gemäß einem Proof auf Basis der ECI-ISO-Profile eine definierte Graubalance im Druck ergibt.

## Die Graubalance im Proofdruck

Die ISO-Profile legen die Graubalance für den Proof eindeutig fest. Vor Einführung der ISO-Profile gab es eine Vielzahl verschiedener Proofstandards, die in ihrer Graubalance durchaus von den ISO-Profilen abweichen konnten. Daher kann ein Proof von älteren CMYK-Druckdaten nach ISO-Proofstandard von älteren Proofs oder Drucken abweichen.

Da die ISO-Papiertypen auf unterschiedlichen Papierfärbungen beruhen, sind die Graubalancen in den verschiedenen ISO-Profilen nicht absolut identisch. Betrachtet man den Medienkeil CMYK näher, so sieht man ganz rechts Felder, die oben aus reinem Schwarz und darunter aus Cyan, Magenta und Gelb aufgebaut sind. Wie alle anderen Felder des Medienkeils CMYK entstammen auch die CMY-Felder dem Testchart ISO 12642. Die dort vorhandenen CMY-Felder sind nicht so aufgebaut, dass Sie im Offsetdruck mit den Feldern aus reinem Schwarz eine perfekte visuelle Übereinstimmung ergeben. Wenn z.B. auf einem Proof nach ISOcoated die dunklen CMY-Felder grünlicher aussehen als die Felder aus reinem Schwarz, so ist dies korrekt.

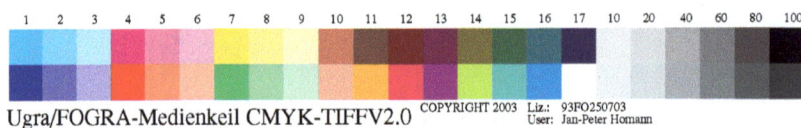

*Die CMY-Felder des Medienkeils CMYK befinden sich rechts unten. Sie ergeben, je nach ISO-Profil, keine exakte Übereinstimmung mit den darüberliegenden Feldern aus reinem Schwarz. Dies betrifft besonders die dunklen CMY-Felder, die auf einem korrekten Proof grünlich aussehen.*

## Die Graubalance in der Reproduktion

*Wenn die Separation der RGB-Bilder mit einem ECI-ISO-Profil erfolgt, ist die Graubalance der CMYK-Druckdaten bestmöglich an einen Proof mit den ECI-ISO-Profilen angepasst.*

Die Druckvorstufe muss bei der Reproduktion von Bildern das ungleiche Verhältnis der Druckfarben berücksichtigen. Neutrale Grautöne einer zu scannenden Vorlage bzw. eines RGB-Bildes sollen auch später auf dem Proof neutral erscheinen. Wird ein Proof auf Basis der ECI-ISO-Profile erzeugt, so ergibt sich eine korrekte Graubalance in der Reproduktion, wenn auch mit den ECI-ISO-Profilen separiert wird. Druckdaten, die nicht mit ECI-ISO-Profilen separiert wurden, benötigen manchmal eine Korrektur, damit sie auf einem ISO-Proof die gleiche Graubalance zeigen wie auf früheren Proofs oder Drucken.

# Die Lab-Volltonfärbung in der ISO 12647

Wenn der Drucker einen Druckjob nach einem Proof abstimmt, kontrolliert er die Volltondichten und die Tonwertzunahmen mit einem Densitometer. Während der Abstimmung des Drucks auf den Proof ist daher die densitometrische Messung das beste Kontrollwerkzeug des Druckers.

Es gibt allerdings Fälle, bei denen die farbmetrische Messung der Volltöne sinnvoller ist. Dies ist dann der Fall, wenn nicht nur die Farbschichtdicke, sondern auch der Farbort des Volltons von Bedeutung ist. So kann es z.B. durchaus der Fall sein, dass ein eher bläuliches oder ein eher grünliches Cyan bei der Messung mit einem Densitometer die gleiche Dichte zeigen, obwohl sich der Farbeindruck beider Farben voneinander unterscheidet.

Sollen die Volltöne auf einem Proof und einem trockenen Druck miteinander verglichen werden, so gilt gemäß der ISO 12647 die Regel, dass hierfür farbmetrisch gemessen wird. Eine rein densitometrische Messung auf dem Proof ermöglicht keinen eindeutigen Vergleich der Farben auf Druck und Proof.

Die farbmetrische Messung der Volltöne ist auch für Testdrucke in der Druckerei notwendig, wenn der gesamte Druckprozess optimiert wird, um den Idealvorgaben der ISO 12647 möglichst nahe zu kommen. Nur so lässt sich kontrollieren, ob die eingesetzte Druckfarbe in ihrem Farbort möglichst gut mit der ISO 12647 übereinstimmt. Im Kapitel „Druck nach ISO 12647" des Praxisbands wird der Druck von Testformen und deren Auswertung beschrieben.

### Lab-Messung der Volltöne im Rahmen von Gutachten

Für viele Drucker hat die Lab-Messung von Volltönen wissenschaftlichen Charakter, der nichts mit ihrer normalen Praxis zu tun hat. Sie sollten allerdings bedenken, dass ein Gutachter im Falle eines Streites zwischen Druckerei und Kunden sowohl den Proof als auch den Kontrollstreifen auf dem Druckbogen farbmetrisch bewertet. Will man hier als Druckerei auf der sicheren Seite sein, so ermittelt man durch Testdrucke einmal, bei welchen Volltondichten die Grundfarben im Druck die beste Übereinstimmung mit den Lab-Vorgaben in der ISO 12647 zeigen. Dies sind dann die Standarddichten, mit denen im Betrieb gearbeitet wird.

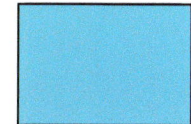

*Auch wenn sich diese beiden Cyantöne densitometrisch nicht unterscheiden, ist ihre Farbigkeit unterschiedlich. Dies wird erst mit einer farbmetrischen Messung im Lab-Farbraum sichtbar.*

| Papiertyp | 1/2 | | | 3 | | | 4 | | | 5 | | |
|---|---|---|---|---|---|---|---|---|---|---|---|---|
| **Farbwerte für schwarze Unterlagen** | | | | | | | | | | | | |
| | L* | a* | b* | L* | a* | b* | L* | a* | b* | L* | a* | b* |
| Schwarz | 16 | 0 | 0 | 20 | 0 | 0 | 31 | 1 | 1 | 31 | 1 | 2 |
| Cyan | 54 | −36 | −49 | 55 | −36 | −44 | 58 | −25 | −43 | 59 | −27 | −36 |
| Magenta | 46 | 72 | −5 | 46 | 70 | −3 | 54 | 58 | −2 | 52 | 57 | 2 |
| Gelb | 87 | −6 | 90 | 84 | −5 | 88 | 86 | −4 | 75 | 86 | −3 | 77 |
| **Farbwerte für weiße Unterlagen** | | | | | | | | | | | | |
| Schwarz | 16 | 0 | 0 | 20 | 0 | 0 | 31 | 1 | 1 | 31 | 1 | 3 |
| Cyan | 55 | −37 | −50 | 58 | −38 | −44 | 60 | −26 | −44 | 60 | −28 | −36 |
| Magenta | 48 | 74 | −3 | 49 | 75 | 0 | 56 | 61 | −1 | 54 | 60 | 4 |
| Gelb | 89 | −5 | 93 | 89 | −4 | 94 | 89 | −4 | 78 | 89 | −3 | 81 |

*Die Lab-Sollwerte der ISO 12647 gelten besonders für die Messung im Rahmen von Gutachten und bei Druckerei-internen Testdrucken zur Ermittlung optimaler Volltondichten.*

*In der Praxis darf der OK-Bogen von den Vorgaben bis zu Delta E 5 abweichen. Die schwarze Unterlage gilt für Messungen mit bedruckter Rückseite und die weiße Unterlage für einseitig bedruckte Objekte bzw. Proofs. Detaillierte Angaben zu Messungen für Gutachten liefert der Prozess-Standard Offsetdruck.*

## Richtlinien und Handbücher

Es gibt verschiedene Organisationen, die auf Basis der ISO 12647 Handbücher und Richtlinien für die Druckproduktion verfasst haben. Teilweise sind diese nur deren Mitgliedern zugänglich, während andere frei verfügbar sind.

### Handbuch ProzessStandard Offsetdruck

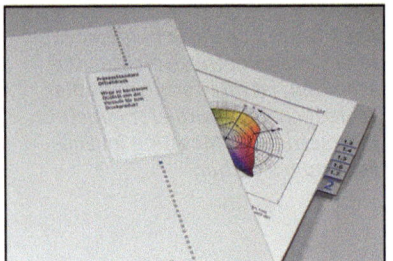

Der ProzessStandard Offsetdruck ist in Deutschland die Referenz zur Umsetzung der ISO 12647 von der Druckvorstufe bis zum Druck. Es gibt sehr umfangreiche Abschnitte, die die Qualitätskontrolle für Proof und Druck behandeln. Alle Gutachter für Druckproduktionen arbeiten auf Basis dieses Werkes. Der Vertrieb erfolgt über die Landesverbände Druck und Medien sowie für Mitglieder über die FOGRA. Zur Drucklegung dieses Buches verkaufen einige Landesverbände Druck und Medien das Werk auch an Nichtmitglieder, während andere es exklusiv ihren Mitgliedern vorbehalten.

### Dokumentation zum Altona-Testsuite-Anwendungspaket

In der Dokumentation zum Altona-Test-Suite-Anwendungspaket, das für jedermann erhältlich ist, befinden sich umfangreiche Auszüge aus dem ProzessStandard Offsetdruck. Besonders für Druckereien sind außerdem die Angaben zur Erstellung und Kontrolle der Referenzdrucke hilfreich.

### MedienStandard Druck

Der MedienStandard Druck ist aus Auszügen aus dem ProzessStandard Offsetdruck zusammengestellt, die die Druckvorstufe und den Proof betreffen. Die Landesverbände Druck und Medien stellen ihn ausschließlich Mitgliedsdruckereien zur Verfügung. Diese setzen den MedienStandard Druck dann in der Kommunikation mit ihren Kunden ein. Proofs auf Basis der ECI-Profile mit dem Medienkeil CMYK werden oft auch als Proof nach MedienStandard Druck bezeichnet.

### FOGRA-Richtlinien für den verbindlichen Prüfdruck

Etwas versteckt auf ihrer Website stellt die FOGRA kostenlos und für jedermann die Richtlinien für den verbindlichen Prüfdruck zur Verfügung. Hierbei handelt es sich im Wesentlichen um Auszüge aus dem ProzessStandard Offsetdruck.

### ISO-Produktionsrichtlinien des Fachverbands Medienproduktion

Der Produktioner ist in Werbeagenturen für die Produktionssteuerung von Drucksachen und anderen Medienprodukten zuständig. Der Fachverband Medienproduktion definiert in Deutschland das Berufsbild des Produktioners und bietet Lehrgänge zum „geprüften Produktioner" an.

*ProzessStandard Offsetdruck (oben), Altona Test Suite (Mitte) und MedienStandard Druck (unten)*

# Standards in der Reproduktion

Da das gleiche digitale CMYK-Bild auf unterschiedlichen Papieren unterschiedlich wiedergegeben wird, versucht die Druckvorstufe, diese Abweichungen bestmöglich auszugleichen. Dafür wird sowohl die spätere Tonwertzunahme schon beim Scannen berücksichtigt als auch die Farbseparation den unterschiedlichen Papieren angepasst. Bei der Separation mit den ISO-Profilen bestimmen diese alle Parameter der Separation.

Bei der Separation spielt das Verhältnis von Schwarz zu den anderen drei Farben Cyan, Magenta und Gelb eine entscheidende Rolle. Derselbe Lab-Farbton kann auf dem gleichen Papier durch unterschiedliche CMYK-Werte wiedergegeben werden.

Da sich Cyan, Magenta und Gelb in einem bestimmten Verhältnis zu neutralen Farbtönen mischen, können sie in Mischfarben teilweise durch Schwarz ersetzt werden. Durch das Ersetzen von Cyan, Magenta und Gelb sinkt die Gesamtfarbmenge der Mischfarbe.

*Bei der Separation mit den ISO-Profilen sorgen diese für einen Schwarzaufbau, der dem jeweiligen Papiertyp angepasst ist.*

*Ein Braun aus 80% Cyan, 90% Magenta und 60% Gelb ergibt eine Farbsumme von 230%.*

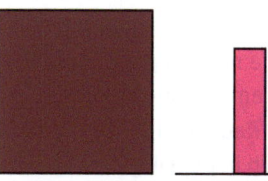

*Ein Braun aus 77% Magenta, 47% Gelb und 62% Schwarz ergibt eine Farbsumme von 186%.*

*Bei ungestrichenem Papier dringt die Druckfarbe in das Papier ein. Die Farbsumme sollte daher gering gehalten werden.*

Dieses Verfahren ist ideal für ungestrichene Papiere und den Zeitungsdruck. Da Papiere dieser Klasse die Druckfarbe stark aufsaugen, wird damit dem Zulaufen der dunklen Motivbereiche entgegengewirkt.

*Ein reines Schwarz mit 100% Farbsumme*

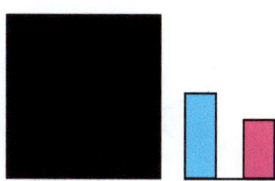

*Ein Schwarz aus 47% Cyan, 33% Magenta, 33% Gelb und 100% Schwarz ergibt eine Farbsumme von 213%.*

*Auf gestrichenem Papier bildet die Druckfarbe eine Schicht. Um einen maximalen Kontrast zu erreichen, wird hier mit hohen Farbsummen gearbeitet.*

Das entgegengesetzte Verfahren ist die zusätzliche Verwendung von Schwarz in den dunklen neutralen Motivbereichen, um eine Kontraststeigerung durch ein satteres Schwarz zu erreichen. Dieses Verfahren wird bei gut gestrichenen Papieren angewendet, die die Druckfarbe kaum aufsaugen und so einen höheren Gesamtfarbauftrag ermöglichen.

# Flächendeckung und Schwarzaufbau

Der Gesamtfarbauftrag wird auch maximale Flächendeckung genannt. Dabei werden die Flächendeckungen der einzelnen Farben für die dunkelsten Motivbereiche addiert. Der dunkelste Ton in einem CMYK-Bild für Zeitungspapier im Rollenoffsetdruck hat z. B. nur eine Flächendeckung von 230 %. Auf Kunstdruckpapier kann mit 370 % Flächendeckung gearbeitet werden, wenn die Scans von einem professionellen Scanneroperator dem Motiv entsprechend optimiert werden. Für die meisten Arbeiten in der Druckvorstufe reicht es völlig aus, einfach mit dem ISO-Profil für den jeweiligen Papiertyp zu separieren. Für sehr spezielle Aufgaben kann es allerdings sinnvoll sein, sich aus den FOGRA-Charakterisierungsdaten Varianten der ISO-Profile mit speziellen Schwarzaufbauten zu generieren. Dazu sind einige Fachbegriffe notwendig.

### Grundbegriffe rund um den Schwarzaufbau

Mit Schwarzaufbau wird die Methode bezeichnet, die aus Lab- bzw. RGB-Bildern den Schwarzauszug bei der Umwandlung nach CMYK berechnet. Lange Zeit waren die Verfahren dafür die bestgehüteten Geheimnisse der Hersteller von Trommelscannern. Mit dem Aufkommen von Standardprogrammen wie Photoshop und Colormanagement-Werkzeugen stehen heute preiswerte Arbeitsmittel für die Farbseparation am Rechner zur Verfügung. Leider bieten aber auch diese Standardwerkzeuge oft noch verschiedene Einsatzmöglichkeiten und verwenden für ähnliche Vorgänge unterschiedliche Begriffe. Die nachfolgend benutzten Fachbegriffe finden Sie daher nicht bei allen Programmen gleichlautend wieder. Weiterhin haben sich im deutschsprachigen Raum einige englische Begriffe in der Praxis durchgesetzt, die in diesem Buch in der Originalbezeichnung verwendet werden.

### Die Begriffe zum Schwarzaufbau im Überblick

### Langes und kurzes Schwarz

Die Länge des Schwarz gibt an, in welchen Helligkeitsbereichen eines Motivs das Schwarz die Farben Cyan, Magenta und Gelb ersetzt bzw. ergänzt. Ein kurzes Schwarz greift nur in die dunklen Bereiche eines Motivs, während ein langes Schwarz sich über die gesamte Helligkeitsachse erstreckt.

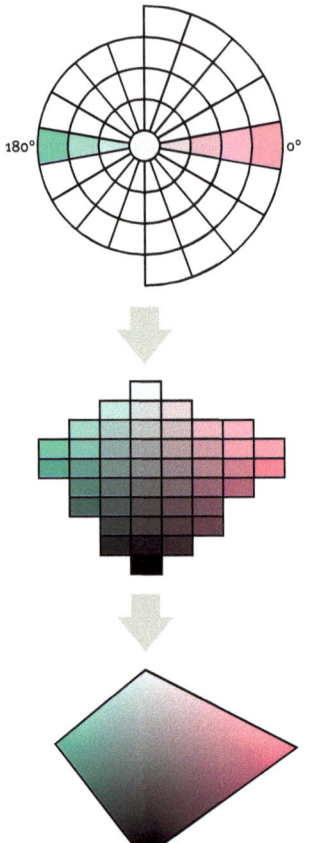

*Zu Ihrer besseren Orientierung haben wir hier noch einmal die Schritte dargestellt, die zu den Schnitten durch den LCH-Farbraum von 0° nach 180° führen.*
*Der Unterschied zu den Grafiken weiter vorne besteht lediglich in der aufgehobenen Segmentierung.*

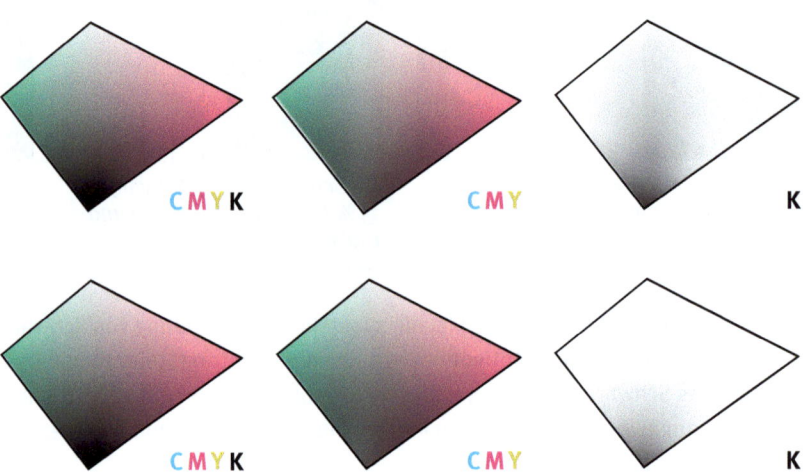

*Die Abbildung rechts zeigt den Schnitt durch den LCH-Farbraum mit unterschiedlichem Schwarzaufbau:*

*Die obere Reihe demonstriert ein langes Schwarz, die untere dagegen ein kurzes.*

*Links ist der Zusammendruck zu sehen, in der Mitte die Buntfarben und rechts das Schwarz.*

**Breites und schmales Schwarz**
Die Breite des Schwarz beschreibt, wie stark das Schwarz in den gesättigten Bereichen die Farben Cyan, Magenta und Gelb ersetzt. Ein schmales Schwarz ersetzt nur in den neutralen Bereichen eines Motivs die CMY-Farbwerte durch Schwarz. Ein breites Schwarz wirkt auch in den gesättigteren Farben. Mit einem breiten Schwarz lässt sich eine maximale Reduzierung des Gesamtfarbauftrages z. B. für den Zeitungsdruck erreichen. Es besteht allerdings die Gefahr, dass die Farben „ausgrauen", was besonders in Hauttönen negativ auffallen kann.

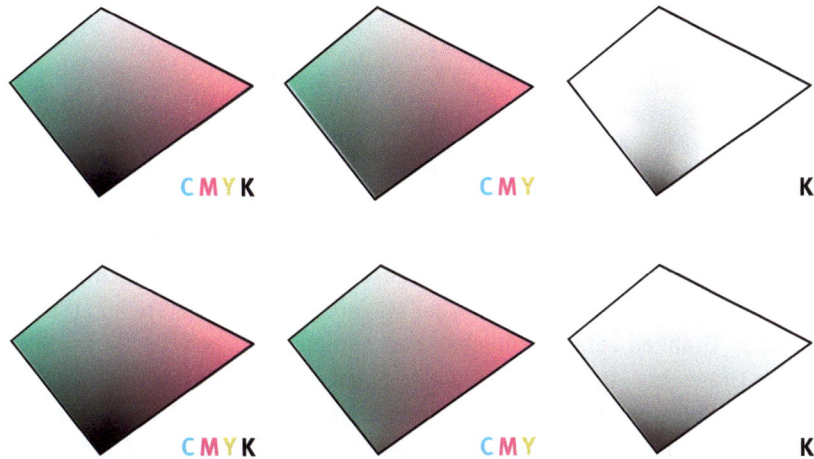

*Die obere Reihe dieser Abbildung wurde mit einem schmalen Schwarz gedruckt, die untere dagegen mit einem breiten.*

*Links ist der Zusammendruck zu sehen, in der Mitte nur die Buntfarben und rechts der Schwarzauszug.*

In der Praxis arbeiten viele Reproprofis gerne mit einem langen schmalen Schwarz. Das bringt in der Reproduktion und im Druck eine Reihe von Vorteilen, weshalb auch die ISO-Profile ein langes schmales Schwarz verwenden.

**Sichere Graubalance im Druck**
Auch wenn die Volltondichten für Cyan, Magenta und Gelb im Auflagendruck leicht schwanken, stehen mit einem langen Schwarz die neutralen Töne im Druck sehr sicher, da sie hauptsächlich über Schwarz aufgebaut werden.

**Kein Ausgrauen von Hauttönen**
Durch das schmale Schwarz wird ein Ausgrauen der Hauttöne verhindert.

**Verwendung in allen Papierklassen**
Da die höchste Flächendeckung in den neutralen dunklen Bereichen eines Motivs liegt, kann ein langes schmales Schwarz mit unterschiedlichen maximalen Flächendeckungen realisiert werden, um es auf die verschiedenen Papierklassen abzustimmen. Für sehr niedrige Flächendeckungen unter 280% kann die Breite des Schwarz vergrößert werden.

## Das Verhältnis von Schwarz zu Cyan, Magenta und Gelb

Neben der Länge und Breite des Schwarz spielt das Verhältnis von Schwarz zu den drei anderen Farbauszügen eine wichtige Rolle bei der Optimierung des Schwarzaufbaus für verschiedene Papiersorten.

*Die obere Reihe zeigt ein breites langes Schwarz. In den neutralen und ungesättigten Farbtönen ersetzt das Schwarz die CMY-Farbanteile.*

*Da Schwarz in der Druckreihenfolge über Cyan, Magenta und Gelb gedruckt wird, heißt diese Art Schwarzaufbau auch Unterfarbenentfernung.*

*Die untere Reihe zeigt ein kurzes schmales Schwarz, das nur in den Tiefen zusätzlich zu den CMY-Farbanteilen wirkt. Dieser Schwarzaufbau wird Unterfarbenzugabe genannt.*

In vielen Programmen zur Steuerung des Schwarzaufbaus finden sich Diagramme, die den Aufbau der Grauachse aus der Druckfarbe Schwarz im Verhältnis zu den Druckfarben Cyan, Magenta und Gelb darstellen. Die folgenden Grafiken veranschaulichen den unterschiedlichen Schwarzaufbau einer Grauachse: Der obere Balken zeigt jeweils den Zusammendruck, der mittlere Balken nur Schwarz und der untere Balken nur die Farben CMY. Auf den Diagrammen sind die Tonwertkurven für den Schwarzauszug und die anderen drei Farbauszüge zu sehen.

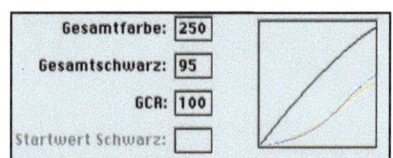 

Die obere Grafik zeigt ein Schwarz, das sich über die komplette Grauachse aufbaut. Dies wird im Diagramm links durch die steil ansteigende Kurve für Schwarz ausgedrückt. Die Kurven für die Farben CMY sind wesentlich flacher. Die Tonwerte im Balken für CMY sind im Zusammendruck ebenfalls deutlich heller als der Schwarzauszug.

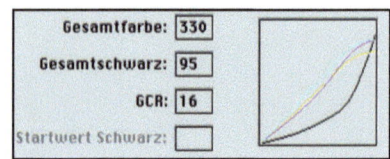 

Diese Grafik zeigt ein Schwarz, das sich erst allmählich aufbaut, während die CMY-Farbwerte sehr viel steiler ansteigen. Der Farbbalken der CMY-Farbauszüge ist daher in den hellen Tönen und den Mitteltönen dunkler als der Schwarzauszug.

# UCR und GCR

## Maximales Schwarz
Dieses gibt an, wie hoch die maximale Flächendeckung im Schwarzauszug ist. Da der Schwarzaufbau für eine kontrastreiche Darstellung von Motiven wichtig ist, sollte das maximale Schwarz in der Regel bei ca. 95 % liegen.

## UCA (Under Color Addition oder Unterfarbenzugabe)
Dieser traditionelle Reprobegriff bezeichnet die Zugabe von Cyan, Magenta und Gelb in den neutralen und dunklen Bereichen eines Motivs. So wird ein gesättigteres und damit kontrastreicheres Schwarz erreicht.

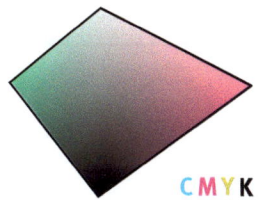 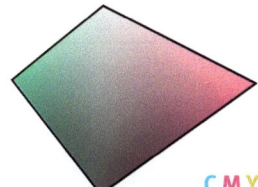 

CMYK · CMY · K

*Schwarzaufbau mit UCR bei einer max. Flächendeckung von 330 %. Da die Flächendeckung deutlich über 300 % liegt, findet in den mittleren Tonwerten nur eine leichte Unterfarbenentfernung statt und in den dunklen Tonwerten eine leichte Unterfarbenzugabe.*

## UCR (Under Color Removal oder Unterfarbenentfernung)
UCR ist ein Begriff aus der traditionellen Reprotechnik, der ein schmales Schwarz bezeichnet. Die Länge des Schwarz wird von Programmen meist automatisch berechnet. Bei niedrig eingestellter Flächendeckung ersetzt UCR nur in den neutralen Farbbereichen Cyan, Magenta und Gelb durch Schwarz. Stellt der Anwender ein UCR mit einer hohen Flächendeckung von deutlich über 300 % ein, generieren die meisten Programme in den dunklen Motivbereichen automatisch eine Unterfarbenzugabe.

## Skelettschwarz
Dieser deutsche Begriff wird für ein kurzes schmales Schwarz mit hoher Flächendeckung und Unterfarbenzugabe verwendet. Das Schwarz bildet ein „Skelett" in den dunklen und neutralen Bereichen des Motivs, um einen maximalen Kontrast zu erreichen. In Programmen mit englischen Bezeichnungen entspricht dies meist UCR mit hoher Flächendeckung.

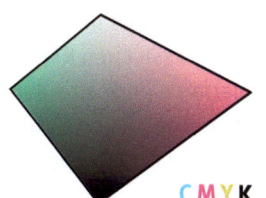 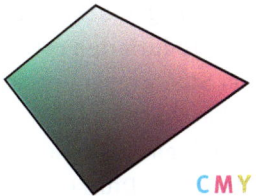 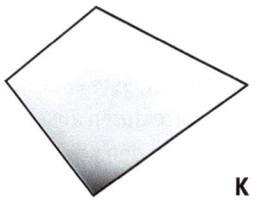

CMYK · CMY · K

*Die nebenstehende Abbildung zeigt den Aufbau eines Druckes mit Skelettschwarz.*

## UCR und GCR / Berücksichtigung des Papiertons

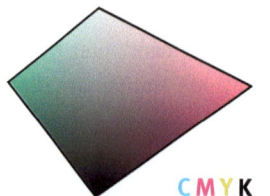 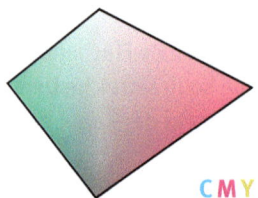 

C M Y K  C M Y  K

*Die Bildreihe zeigt ein starkes GCR bei einer Flächendeckung von 240%. In den neutralen und ungesättigten Farben findet eine weitgehende Unterfarbenentfernung statt. Diese Einstellung ist typisch für den Zeitungsdruck.*

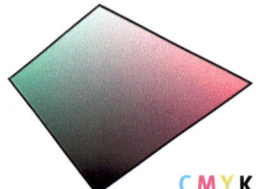 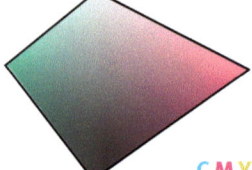 

C M Y K  C M Y  K

*In diesem Beispiel ergibt sich bei einem schwachen GCR und einer hohen Flächendeckung (360%) ein Skelettschwarz.*

### GCR (Grey Component Replacement)

GCR, ebenfalls ein Begriff aus der traditionellen Reprotechnik, ist im Unterschied zu UCR ein breiteres Schwarz und ersetzt daher auch in den gesättigteren Farben Farbanteile aus Cyan, Magenta und Gelb durch Schwarz. Die meisten Separationsprogramme verfügen über eine globale Einstellung für ein starkes oder schwaches GCR. Ein starkes GCR ist ein langes und breites Schwarz. Mit einem starken GCR und einer geringen Flächendeckung wird die höchstmögliche Reduzierung der Farbmenge im Druck erreicht. Diese Kombination wird daher gerne bei ungestrichenen Papieren und besonders im Zeitungsdruck angewendet. Ein starkes GCR kann allerdings auch zum Ausgrauen von Hauttönen führen, wenn der Drucker mehr Schwarz fährt als im Separationsprogramm vorgesehen. Ein schwaches GCR ist meist ein kurzes, relativ schmales Schwarz (siehe Abbildung oben).

*Ein individuelles Druckprofil enthält sämtliche Informationen über das Farbverhalten einer Papiersorte.*

*Dadurch wird auch bei gelblichen Papieren oder Recyclingpapieren die Separation automatisch auf den Papierton optimiert.*

### Berücksichtigung des Papiertons

Wenn auf Papieren mit Eigenfarbe gedruckt wird, beeinflusst dies natürlich auch den Farbeindruck von reproduzierten Fotos. In der klassischen Reproduktion musste ein erfahrener Scanneroperator die Papierfarbe im Scan durch Farbkorrekturen ausgleichen. Die Separation über ein entsprechendes ICC-Profil verringert den Korrekturaufwand sehr stark und ermöglicht ferner während der Korrektur eine Vorschau des späteren Druckergebnisses.

*Das obere Bildpaar ist mit einem langen breiten Schwarz (GCR) aufgebaut. In das rechte Bild gab der Drucker mehr Schwarz als vorgesehen. Die Verschwärzlichung findet aufgrund von GCR im gesamten Motiv statt.*

*Dieses Bildpaar ist mit einem langen schmalen Schwarz (UCR) aufgebaut. Beim Druck mit mehr Schwarz (rechts) findet die Verschwärzlichung hier aufgrund von UCR hauptsächlich in den neutralen Farbtönen statt.*

*Diese Bilder zeigen einen RGB-Scan, der mit individuellen Profilen für ein sehr bläuliches Papier (links) und ein sehr gelbliches Papier (rechts) separiert wurde.*

## UCR und GCR in verschiedenen Programmen

In den Programmen zur Berechnung von ICC-Profilen gibt es, je nach Hersteller, verschiedene Begriffe, Dialogboxen und Berechnungsverfahren, wenn es um das Thema UCR und GCR geht. Hier ein paar Beispiele aus den in Deutschland am weitesten verbreiteten Programmen PrintOpen und ProfileMaker.

*Links für ein kurzes schmales Schwarz mit max. 360% Flächendeckung*

*Rechts für ein starkes GCR mit max. 260% Flächendeckung*

**Prinect Profile Editor / PrintOpen von Heidelberg:**

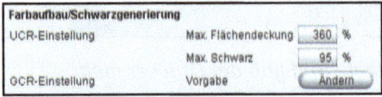

*In PrintOpen muss sich der Anwender entweder für eine UCR- oder eine GCR-Einstellung entscheiden.*

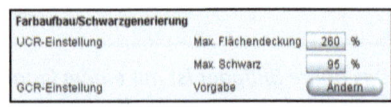

*links:*
*Bei UCR sind Breite und die Länge des Schwarz getrennt einstellbar. Die Stärke des CMY-Ersetzens durch Schwarz ist fest vorgegeben.*

*rechts:*
*Unter der Bezeichnung GCR ist in PrintOpen ein Schwarz mit maximaler Breite und Länge fest vorgegeben. Der Anwender kann steuern, wie stark die CMY-Farbanteile durch Schwarz ersetzt werden.*

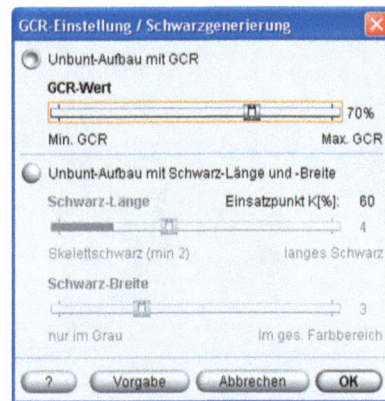

**ProfileMaker Pro von X-Rite / GretagMacbeth:**

*Im ProfileMaker lassen sich Schwarzlänge, Schwarzbreite und Stärke des CMY-Ersetzens durch Schwarz getrennt einstellen.*

*Für die klassische GCR-Einstellung sollte man mit Schwarz sehr früh beginnen, in die volle Breite gehen und unter „Separation" ein stärkeres Ersetzen von CMY durch Schwarz auswählen.*

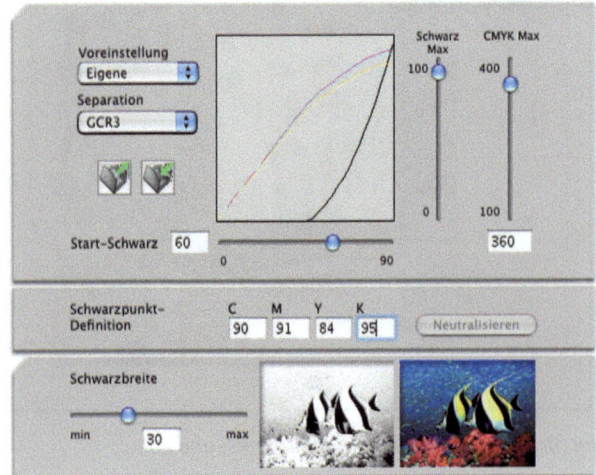
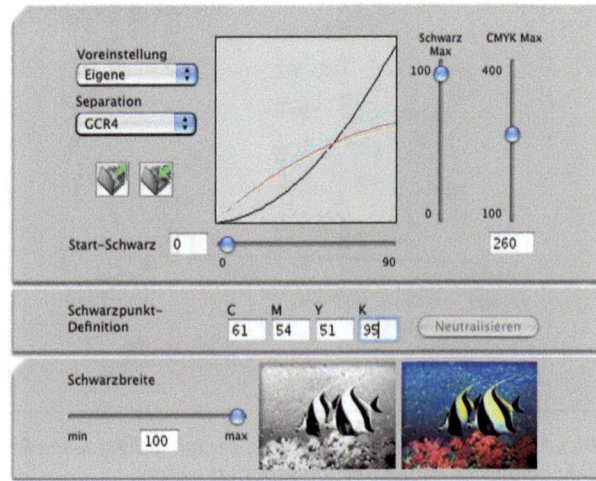

## Der Schwarzaufbau der ECI-ISO-Profile

Die Abbildungen auf dieser Seite zeigen die Einstellungen zum Schwarzaufbau der ECI-ISO-Profile, die jeweils über die Software PrintOpen 4 von Heidelberg generiert wurden. Zur Drucklegung ist die Version 5 des Programms aktuell, welche mittlerweile in „Prinect Profile Toolbox" umbenannt wurde. Sämtliche Profile wurden mit einem langen und schmalen Schwarz berechnet. Das Verhältnis von Schwarz zu CMY ist über die Profile sehr ähnlich, wobei je nach Papiertyp die maximale Flächendeckung angepasst wurde.

Die beiden Screenshots zeigen die grundsätzlichen Einstellungen in der Software. In den Diagrammen darunter ist die Separation neutraler Farben von Weiß bis Tiefschwarz dargestellt. Die kleinen Unterschiede der Buntfarben zueinander begründen sich im Wesentlichen aus den Charakterisierungsdaten FOGRA27–29, die die Testdrucke aus der Altona Test Suite repräsentieren.

 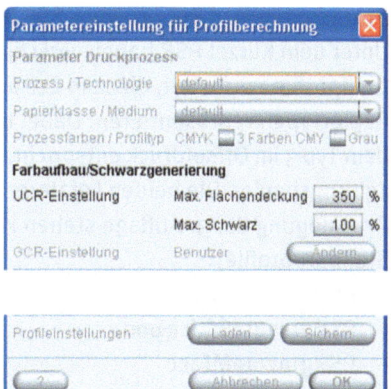

*Einstellungen zum Schwarzaufbau der ECI-ISO-Profile in PrintOpen*

***ISOcoated/FOGRA27:*** *Separation der Grauachse mit einer maximalen Flächendeckung von 350%*

***ISOwebcoated/FOGRA28:*** *Die Einstellungen für den Schwarzaufbau stimmen weitgehend mit ISOcoated überein. Nur die maximale Flächendeckung wurde auf 300% reduziert.*

***ISOuncoated/FOGRA29:*** *Hierfür und für ISOuncoated yelloish gelten die gleichen Einstellungen wie für ISOcoated, aber mit einer maximalen Flächendeckung von 320%.*

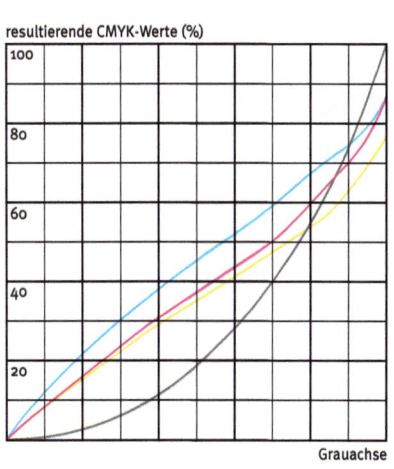 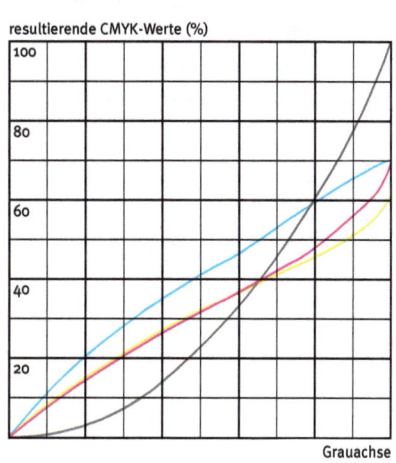 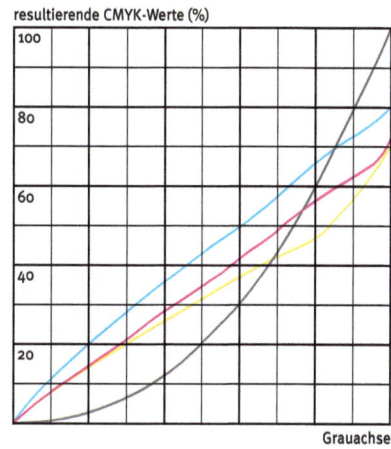

## Standardprofile für Tief-, Endlos- und Zeitungsdruck

Neben den ECI-ISO-Profilen für den Offsetdruck nach ISO 12647-2 gibt es mittlerweile auch für andere Druckverfahren Standardprofile und Vorgaben für den Medienkeil CMYK. Hat man einmal das Arbeitsprinzip mit den ECI-ISO-Profilen für den Offsetdruck verstanden, so sind auch Separation und Proof für den Tief-, Endlos- oder Zeitungsdruck kein Geheimnis von Reprospezialisten mehr. Die zur Verfügung stehenden Charakterisierungsdaten und Standardprofile orientieren sich an Unterabschnitten der ISO 12647.

### Qualitätsinitiative Zeitungsdruck QUIZ nach ISO 12647-3

Die Organisation IFRA richtet mit vielen Zeitungsdruckereien und -verlagen regelmäßig die QUIZ aus, die Qualitätsinitiative Zeitungsdruck. Dort werden Testformen nach ISO 12647-3 gedruckt und Charakterisierungsdaten erzeugt. Die besten Ergebnisse werden gemittelt und den Anwendern auf der Website **www.ifra.com** als ICC-Profil zur Verfügung gestellt. Zur Drucklegung der 3. Auflage stehen noch keine Referenzdrucke zur Verfügung.

### ProzessStandard Rotogravure PSR nach ISO 12647-4

Unter dem Kürzel PSR haben verschiedene Tiefdruckereien gemeinsam Standardprofile erarbeitet, die zum Zeitpunkt der Drucklegung drei verschiedene Papiertypen repräsentieren. Dabei handelt es sich um LWC-Papier, welches dem Typ 3 im Offsetdruck entspricht, sowie um SC-Papier und aufgebessertes Zeitungspapier. Die beiden Letzteren sind dünne, ungestrichene Papiere. Zur Drucklegung der 3. Auflage stehen keine Referenzdrucke zur Verfügung. Die Standardprofile
- PSRgravureLWC.icc,
- PSRgravureSC.icc und
- PSRgravureMF.icc

können von der Website **www.eci.org** heruntergeladen werden.

### Endlosdruck nach ISO 12647-2

Der Endlosdruck, engl. continuous forms, ist eine spezielle Variante des Offsetdrucks, die hauptsächlich für Formulare eingesetzt wird. Die Tonwertzuwächse sind etwas höher als beim Bogen- und Rollenoffset, der durch ECI-ISO-Profile repräsentiert wird. Referenzdrucke sind in der Altona Test Suite enthalten. Die Standardprofile
- ISOcofcoated.icc und
- ISOcofuncoated.icc

stehen unter **www.eci.org** zum Download bereit.

*Unter www.eci.org stehen neben den ECI-ISO-Profilen für den Offsetdruck auch Profile für Tiefdruck und Endlosdruck zum Download bereit.*

*Für den Zeitungsdruck gibt es einen Link zu den QUIZ-Profilen der IFRA.*

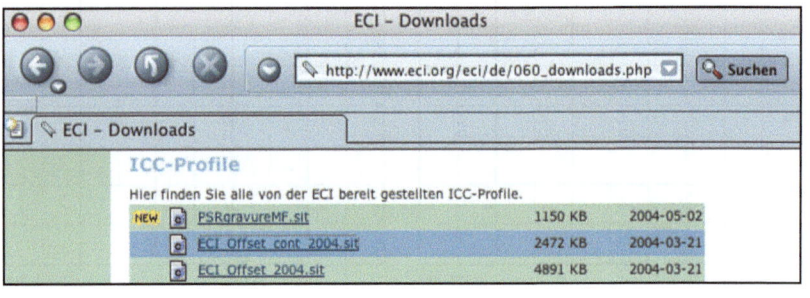

## Update für ISOcoated: FOGRA39

Zur Fertigstellung dieses Buches kündigt sich ein Update für das ISOcoated-Profil an: Die FOGRA27-Charakterisierungsdaten bekommen einen Nachfolger mit der Bezeichnung FOGRA39. Dazu gibt es erstmalig zwei Profilvarianten: ISOcoated_v2_ECI.icc und ISOcoated_v2_ECI_300.icc mit einer maximalen Flächendeckung von 300%. Gegenüber den FOGRA27-Charakterisierungsdaten sind die Änderungen sehr moderat. Die Unterschiede sind deutlich kleiner als die üblichen Schwankungen im Offsetdruck.

Nach zwei Jahren Erfahrungen und vielen Kontrollmessungen hat sich gezeigt, dass die FOGRA39-Charakterisierungsdaten dem durchschnittlichen Druck nach ISO 12647-2:2004 in einigen Details noch besser entsprechen als die FOGRA27-Charakterisierungsdaten. Dies betrifft das Cyan, welches in den FOGRA27-Daten gegenüber dem durchschnittlichen Cyan im Druck eine Spur grünlicher ist, sowie den Zusammendruck von Cyan, Magenta und Gelb in den ganz dunklen Farbbereichen. Ein rein messtechnisch auf die ISO-Vorgaben abgestimmter Druck zeigt in den Tiefen meist eine leicht rötliche Farbwiedergabe gegenüber einem ISOcoated/FOGRA27-Proof.

Für den Drucker an der Maschine ist es einfach, diesen Unterschied durch eine ganz leichte Rücknahme von Cyan und eine ebenso leichte Erhöhung von Magenta wieder auszugleichen, um eine bestmögliche Übereinstimmung mit dem ISOcoated/FOGRA27-Proof zu erreichen. Bei dem Update von FOGRA27 auf FOGRA39 handelt es sich also um eine Detailoptimierung einer praxisbewährten Arbeitsweise.

*Proof nach FOGRA27/ISOcoated*

*Proof nach FOGRA39*

## Neues aus den USA: GRACoL, SWOP und G7

Zur Drucklegung der 3. Auflage ist der amerikanische Markt bezüglich Standards für Separation, Proof und Druck gerade stark in Bewegung. In einigen Punkten gibt es sehr ähnliche Entwicklungen wie in Deutschland und Europa, in anderen Punkte zeichnen sich deutlich andere Tendenzen ab.

### Die Organisationen GRACoL, SWOP und Idealliance

Das bekannteste Kürzel aus den USA ist SWOP für Standard Web Offset Printing. SWOP ist eine Organisation aus Industrieunternehmen, die sich um Spezifikationen für Daten, Proof und Druckkontrolle für den Rollenoffsetdruck kümmert. GRACoL steht für General Requirement for Applications in Commercial offset Lithography. Dies sind im Wesentlichen Vorgaben und Spezifikation für Daten, Proofs und Druckkontrolle im Bogenoffsetdruck. Die Idealliance ist eine Dachorganisation, unter der u.a. die Weiterentwicklung von SWOP und GRACoL koordiniert wird.

### Standard-Charakterisierungsdaten für Bogen- und Rollenoffsetdruck

Lange Zeit gab es in den USA für verschiedene Papiertypen keine Standard-Charakterisierungsdaten. Lediglich für den Rollenoffsetdruck auf gelbliches Papier gab es die TR001-Charakterisierungsdaten, auf denen das SWOP-Profil beruht, welches z.B. seit 2000 mit Adobe-Applikationen ausgeliefert wird. Seit Oktober 2006 gibt es in den USA drei verschiedene Sets von Standard-Charakterisierungsdaten: eins für gestrichene Papiere, die vorwiegend im Bogenoffsetdruck eingesetzt werden, und zwei für Papiersorten, die vorwiegend der Rollenoffsetdruck nutzt. Im Unterschied zu den alten TR001-Daten stehen die neuen Charakterisierungsdaten zum kostenlosen Download unter **www.gracol.org** zur Verfügung. Die nachfolgende Tabelle zeigt eine Gegenüberstellung der Charakterisierungsdaten und Profile von FOGRA/ECI mit den amerikanischen Daten.

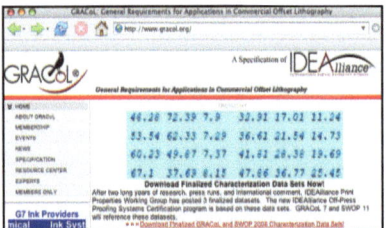

*Unter www.gracol.org stehen die amerikanischen Charakterisierungsdaten kostenfrei zum Download zur Verfügung.*

*Die Tabelle zeigt die Charakterisierungsdaten der FOGRA und ihre amerikanischen Pendants.*

| Papiertyp nach ISO 12647-2 | FOGRA-Char.-daten | ECI-Profile | GRACoL-/ SWOP-Char.-daten |
|---|---|---|---|
| Typ 1/2 gestrichen | FOGRA27 FOGRA39 | ISOcoated | GRACoL2006_coated1 |
| Typ 3 LWC | FOGRA28 | ISOwebcoated | SWOP2006_coated3 |
| | | | SWOP2006_coated5 |

Die in den USA gebräuchliche Einteilung der Papiertypen verwendet, historisch bedingt, andere Begriffe, als die in Deutschland üblichen. Es sind die Begriffe grade #1, grade #2, grade #3 etc., wobei kleinere Nummern auf eine höhere Papierqualität hinweisen. Grade #1 mit den dazugehörigen Charakterisierungsdaten GRACoL2006_coated1 entspricht den gestrichenen Papieren in Deutschland. Grade-#3-Papiere entsprechen den LWC-Papieren im Rollenoffsetdruck, wobei das Papierweiß deutlich kühler als in der ISO 12647-2 und etwas kühler als in den FOGRA28-Daten ist (welche gerade noch der ISO 12647-2 entsprechen). Die meisten weltweit eingesetzten LWC-Papiere im Rollenoffsetdruck liegen bezüglich des Papierweiß in einem Bereich von den kühlen SWOP2006_coated3-Daten bis zu den gelblichen FOGRA28-Daten.

Grade-#5-Papiere haben keine genaue Entsprechung in der ISO 12647-2. Es handelt sich um recht gelbe Rollenoffsetpapiere mit einem sehr einfachen Strich. Der erzielbare Farbraum ist kleiner als bei SWOP2006_coated3 oder FOGRA28.

### Proofstandards in den USA

Mit der Einführung der neuen Charakterisierungsdaten in den USA werden auch die Vorgaben für die Zertifizierung digitaler Proofsysteme gemäß GRACoL und SWOP angepasst. Seit November 2006 müssen zertifizierte Digitalproofs Farben ausschließlich auf Basis der neuen Charakterisierungsdaten wiedergeben. Ein verbindlicher Kontrollkeil inkl. definierter Toleranzen existiert allerdings zur Drucklegung der 3. Auflage noch nicht.

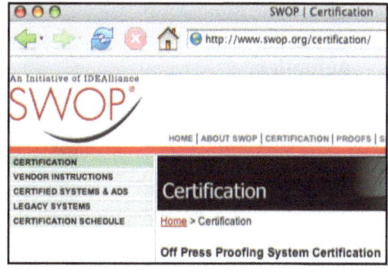

### Kalibration von CtP-Anlagen nach der G7-Methode

CtP (Computer to Plate) steht für die digitale Belichtung von Druckplatten. Die Kalibration einer CtP-Anlage beinhaltet die Erstellung von Korrekturkurven bei der Belichtung, um ein definiertes Ergebnis im Druck zu erreichen. Die in GRACoL und SWOP empfohlene G7-Methodik für die CtP-Kalibration unterscheidet sich sehr deutlich von der in Deutschland bevorzugten Vorgehensweise. Während in Deutschland das Erzielen von Tonwertzunahmen gemäß ISO 12647-2 das wichtigste Ziel ist, geht es in den USA darum, für die Schwarz- und CMY-Gradation im Druck die gleichen Werte wie im Proof zu erreichen. Details kann man auf www.gracol.org nachlesen.

*Informationen zur Zertifizierung von Proofsystemen auf Basis der neuen Charakterisierungsdaten für GRACoL und SWOP finden Sie auf der Website www.swop.org.*

Da die Proofstandards für GRACoLcoated und SWOPcoated weitestgehend den Druck nach ISO 12647-2 simulieren, kommen, trotz sehr unterschiedlicher Methoden in der CtP-Kalibration, für den Proof und Druck letztendlich sehr ähnliche Resultate heraus. Die GRACoL2006_coated1-Daten beruhen sogar auf den FOGRA39-Daten mit einer kleinen Anpassung bezüglich der Gradation für amerikanische Verhältnisse.

### Verfolgen der weiteren Entwicklungen

Die Spezifikationen und Tools rund um GRACoL und SWOP befinden sich zur Drucklegung der 3. Auflage in einer Phase ständiger Betaversionen, Updates und Weiterentwicklungen. Wie die endgültigen Spezifikationen für GRACoL und SWOP aussehen werden, ist derzeit noch nicht absehbar.

*Die linke Abbildung zeigt einen Proof nach FOGRA39, die rechte einen für GRACoL2006_coated1, jeweils von den gleichen Daten.*

## Optische Aufheller in der Produktion nach ISO 12647

In der ISO 12647-2 und den dazu entwickelten Produktionsmitteln wird zur Drucklegung der 3. Auflage das Thema optische Aufheller völlig ausgeblendet. Für die Druckproduktion hat dieses Thema in vielen Punkten aber eine starke Relevanz.

### Grenzen der Proofbewertung mit dem Medienkeil CMYK

Zeigt die Auswertung des Medienkeils CMYK korrekte Werte an, so hat der Anwender mit den richtigen Profilen für das Proofmedium und den zu simulierenden ISO-Standard gearbeitet.

Die Proofkontrolle mit dem Medienkeil garantiert aber nicht die visuelle Übereinstimmung messtechnisch korrekter Proofs auf verschiedenen Medien. Verfügt das Proofmedium über deutlich mehr optische Aufheller als der zu simulierende ISO-Standard, so wird ein messtechnisch korrektes Proofergebnis visuell zu gelblich, z.B. wenn zum Proofen ein typisches Fotopapier für Tintenstrahldrucker eingesetzt wird.

Aber auch der umgekehrte Fall tritt gelegentlich auf: Befinden sich im Proofmedium deutlich weniger optische Aufheller als beim zu simulierenden ISO-Standard, so wird ein messtechnisch korrekter Proof zu bläulich. Dies tritt z.B. ein, wenn man versucht, auf einem Proofmedium ohne optische Aufheller mit einem b*-Wert von 1 oder höher den Farbraum ISOcoated zu simulieren. Optimal wäre es, für jeden ISO-Standard ein Proofmedium einzusetzen, dessen Papierweiß die gleichen Lab-Werte wie der zu simulierende ISO-Standard hat.

### Mit einem Proofmedium verschiedene ISO-Standards simulieren

Die Charakterisierungsdaten FOGRA27–30 und die dazugehörigen ECI-ISO-Profile repräsentieren Papiere mit unterschiedlich hohen Anteilen an optischen Aufhellern. FOGRA27 und 29 bzw. ISOcoated und ISOuncoated haben einen moderaten Anteil an optischen Aufhellern, während FOGRA28/ISOwebcoated weitgehend frei davon ist.

Um effektiv zu proofen, ist es hilfreich, sämtliche ISO-Standards auf einem semimatten Proofmedium auszugeben. Wird das System regelmäßig für das verwendete Medium kalibriert, sorgen die Profile für eine korrekte Simulation der verschiedenen Standards. Damit unter diesen Rahmenbedingungen messtechnische korrekte Proofs auch gut den Referenzdrucken der Altona Test Suite entsprechen, sollten zwei Voraussetzungen gegeben sein:

1. Das Papierweiß des verwendeten Proofmediums sollte im b*-Wert zwischen −3 und −1 und im L*-Wert über 96 liegen. Dies sind ideale Voraussetzungen, um sowohl ISOcoated mit seinem bläulichen als auch ISOwebcoated mit seinem gelblichen Papierton darzustellen.
2. Jede Kombination aus einem ISO-Profil und dem Profil für das verwendete Proofmedium muss noch nach visuellen Gesichtspunkten optimiert werden. Idealerweise übernimmt dies bereits der Hersteller einer Prooflösung. Verfügt diese über eine hochwertige Kalibration, so kann der Anwender auf die optimierten Profilkombinationen des Herstellers zurückgreifen.

*Proofs auf Medien mit einem unterschiedlichen Anteil an optischen Aufhellern haben deutliche visuelle Unterschiede, auch wenn sie laut Medienkeil korrekt sind.*

*Sollen auf einem Proofmedium verschiedene ISO-Standards simuliert werden, muss man jede Profilkombination einzeln optimieren.*

## Problembereich Farblaserdrucke und Farbkopierer

Vergleicht man die b*-Werte typischer Papiere für Farblaserdrucker und Kopierer mit den ISO-Standards für den Offsetdruck, so sind Erstere praktisch durchgängig bläulicher. Auch hier gilt: Will man auf solchen Papieren bei korrekter Anwendung von Farbprofilen auch ein visuell gutes Ergebnis erzielen, so ist es immer notwendig, die Kombination aus dem ISO-Profil und dem Profil des Farbdruckes/Papiers zu optimieren.

## Ungestrichene Papiere für den Offsetdruck

Fast alle gängigen ungestrichenen Papiere für den Offsetdruck enthalten große Mengen optischer Aufheller. Die Charakterisierungsdaten FOGRA29 und das dazugehörige Profil ISOuncoated basieren jedoch auf einem selten verwendeten Papier mit deutlich weniger Aufhellern – was für die Simulation dieses Standards deutlich von Vorteil ist. Selbst erstellte Profile für ungestrichene Papiere erfordern manuelle Nacharbeiten, ansonsten würden sie am Monitor und auf dem Proof zu einem deutlichen Blaustich führen.

*Die Grafik zeigt den Farbort der ECI-ISO-Profile im Vergleich zu typischen Papieren im Colormanagement-Umfeld.*

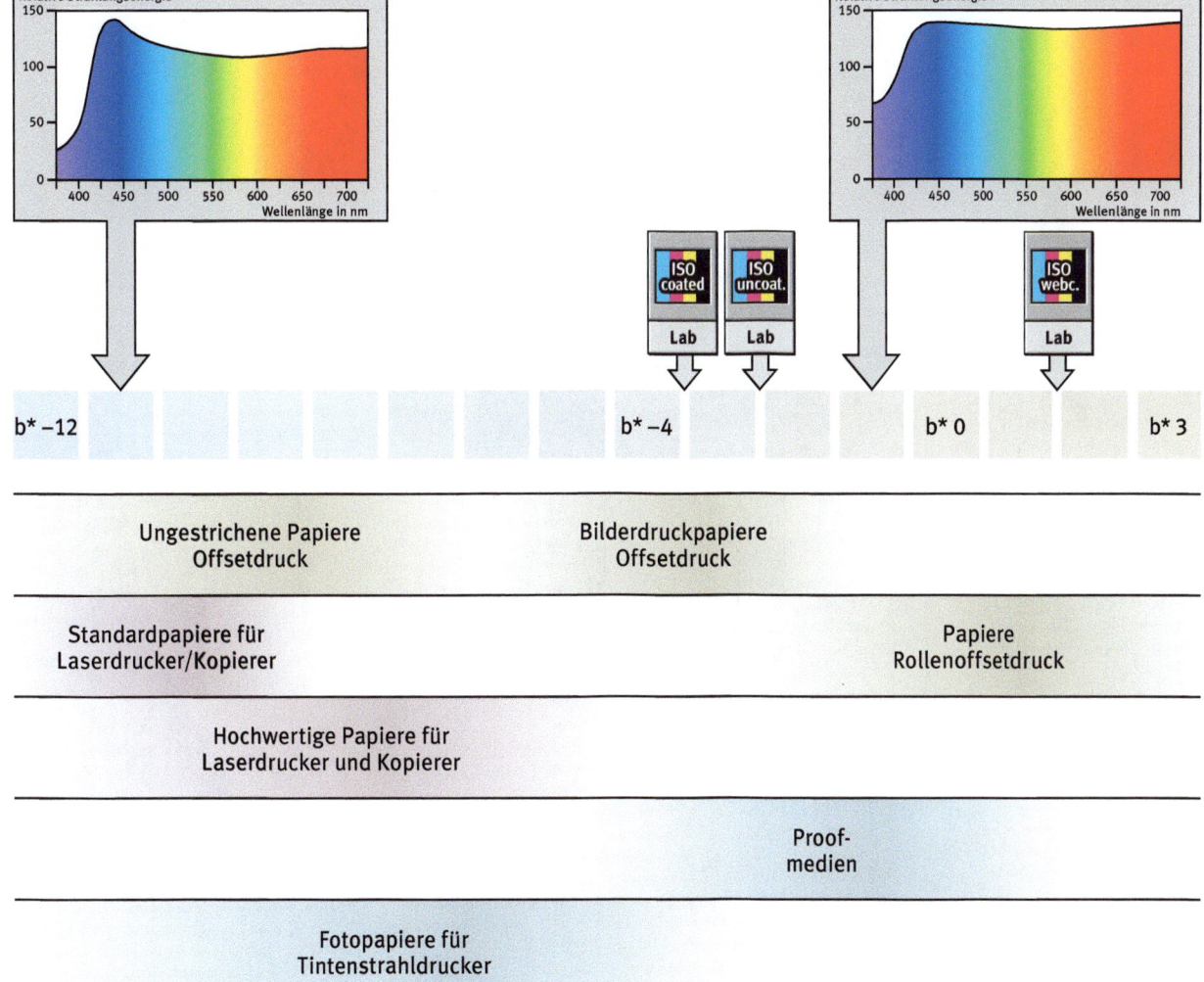

# ICC-Stärken nutzen und ICC-Probleme vermeiden

Colormanagement mit ICC-Profilen kann in vielen Punkten sehr hilfreich sein – und in anderen Bereichen sehr viel Ärger machen. Dieses Kapitel geht tiefer in die technischen Details und zeigt Wege, die ICC-Stärken zu nutzen und ICC-Probleme möglichst sicher zu vermeiden.

## Früher: Harte Fakten bei der Datenübergabe

In den Zeiten vor Colormanagement war die Übergabe von Druckvorlagen und deren Freigabe noch mit harten Fakten verbunden:

### Das Dia, welches vom Kunden freigegeben wurde
Der Fotograf übergab dem Kunden bzw. der Reprofirma ein Dia. Wenn der Kunde die Farben so akzeptiert hatte, betraf es den Fotografen nicht, wenn die Reproduktion oder der Druck nicht dem Kundenwunsch entsprach.

### Der Analogproof, den der Kunde freigab
Bei der Lieferung von Druckvorlagen war es noch bis weit in die 90er Jahre üblich, den Druckereien Filme und einen Analogproof davon zu übergeben. Für die Eingangskontrolle der Druckerei hatte dies eine Reihe von Vorteilen: Man konnte recht sicher sein, dass die Rasterpunkte der Filme auch so auf der Druckplatte ankamen – zur Kontrolle reichten ein Leuchttisch und ein geschultes Auge. Beim mitgelieferten Analogproof konnte die Druckerei davon ausgehen, dass Proof und Filme übereinstimmten.

**Auftraggeber**

Freigabe des Dias  Freigabe des Analogproofs  Druckfreigabe

**Fotograf**  **Grafik/Repro**  **Drucker**

## Heute: Unsicherheit und unklare Verantwortungen

Heutzutage ist der gesamte Produktionsprozess deutlich virtueller und die Verantwortung für eine farblich korrekte Wiedergabe wesentlich unklarer. Das fängt damit an, wie digitale Fotos dem Auftraggeber präsentiert und an den Grafiker bzw. die Reprofirma weitergegeben werden: Bei der Übergabe reiner RGB-Daten stellt sich die Frage, welche Farbdarstellung verbindlich ist – die am Monitor des Fotografen, die Monitordarstellung beim Auftraggeber oder die in der Reprofirma? Liefert der Fotograf einen farbigen Ausdruck seiner Bilddaten mit, so ist noch lange nicht sichergestellt, dass diese beim Öffnen in der Reprofirma auch die gleichen Farben zeigen.

Sind die Druckdaten fertiggestellt, sollte der Auftraggeber diese mittels eines Digitalproofs freigeben. Aber nicht alle als Proof deklarierten Ausdrucke taugen auch tatsächlich als solche.

Schließlich kann es noch passieren, dass in den Daten für die Druckerei einzelne Bilder, Grafiken oder Textabschnitte individuelle Profile enthalten. Sollen diese Profile nun angewendet oder ignoriert werden? Wer trägt schlussendlich die Verantwortung für die Farbigkeit des Druckergebnisses?

Ohne Colormanagement ist überhaupt keine durchgängige Farbsicherheit in der Produktionskette möglich. Das Vorhandensein von ICC-Profilen führt allerdings nicht von allein zu sicheren und vorhersagbaren Farbergebnissen. Verglichen mit der Übergabe von Dias, Filmen und Analogproofs ist eine volldigitale Arbeitsweise zur Drucklegung der 3. Auflage noch wesentlich unsicherer.

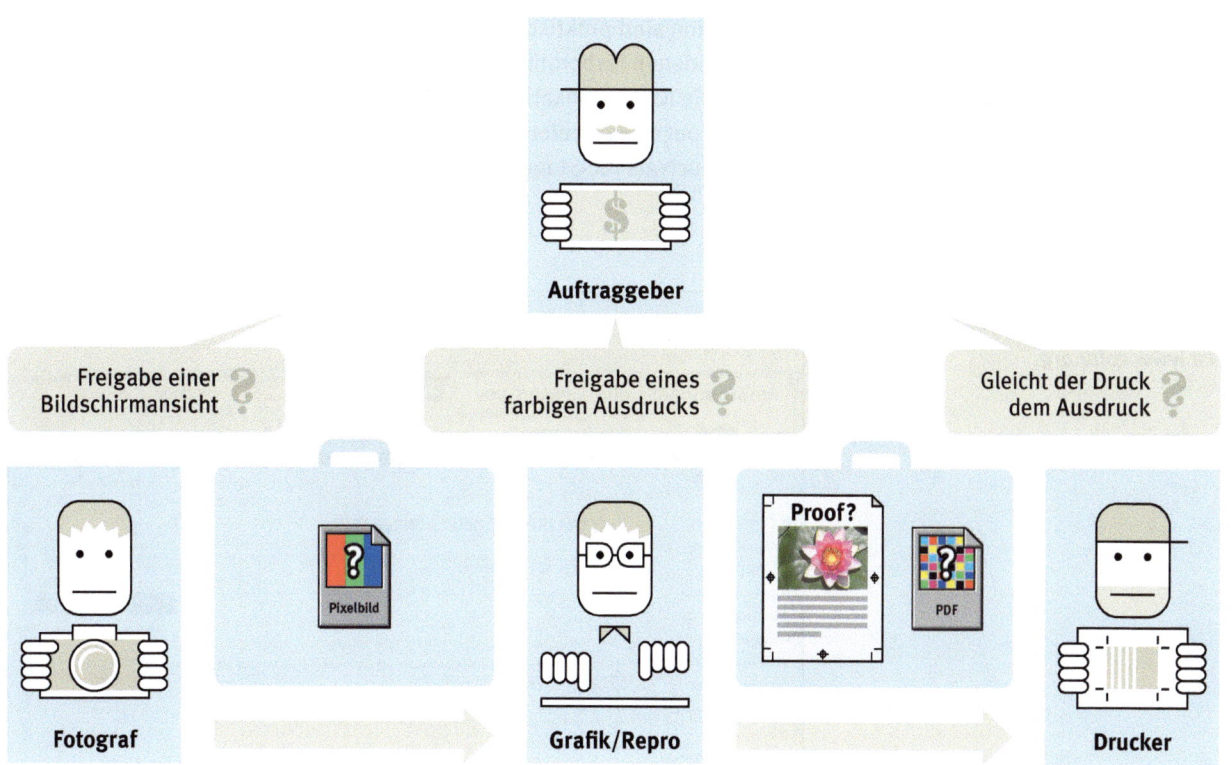

## Problemursache ICC-Standard

Die Colormanagement-Technologie hat ein janusköpfiges Gesicht. Einerseits ist Colormanagement die Voraussetzung, um von der Eingabe über die Bearbeitung bis zur Ausgabe mit preiswerten Standardprogrammen eine Farbqualität zu erreichen, die vor 20 Jahren völlig unvorstellbar war. Andererseits kann Colormanagement an verschiedenen Stellen der Produktionskette zu ungewollten Farbtransformationen führen, die schlimmstenfalls einen kompletten Nachdruck erforderlich machen. Die Gründe für diese Probleme liegen im Wesentlichen nicht(!) darin, dass die Anwendungsprogramme Colormanagement ungenügend unterstützen. Auch das vielleicht mangelhafte Colormanagement-Wissen der Anwender spielt nur eine zweitrangige Rolle. Die Hauptursache für die Gleichzeitigkeit des Erfolges und der massiv vorhandenen Probleme mit Colormanagement liegt in den ICC-Spezifikationen.

Diese erläutern sehr detailliert, wie Farbprofile aufgebaut sein müssen, und formulieren einige grobe Grundsätze, wie diese zur Anwendung kommen. Die ICC-Spezifikationen beschreiben allerdings keine detaillierten Arbeitsabläufe beim farbigen Publizieren oder was ICC-kompatible Anwendungsprogramme können müssen, damit solche Arbeitsabläufe sicher funktionieren. Außerdem fehlen in den ICC-Spezifikationen Verweise auf Verfahren und Kontrollschritte zur Qualitätssicherung bei der Produktion mit ICC-Profilen. Die bewusste Nutzung der Vorteile des Colormanagements mit ICC-Profilen muss daher immer um Strategien ergänzt werden, die ICC-basierte Fehlfunktionen vermeiden. An vielen Stellen des Buches wird dieses Thema im Detail diskutiert.

Doch zurück zu den ICC-Spezifikationen: Geschrieben und gepflegt werden diese vom International Color Consortium, abgekürzt ICC. In dieser Industrieorganisation sind praktisch sämtliche Firmen vertreten, die Produkte entwickeln, mit denen Farbprofile erzeugt oder in der täglichen Produktion genutzt werden. Die ICC-Spezifikationen, die man sich als PDF-Datei kostenlos von der ICC-Homepage **www.color.org** herunterladen kann, werden in der Umgangssprache auch als ICC-Standard bezeichnet.

*Die offizielle Website zu den ICC-Spezifikationen ist **www.color.org**.*

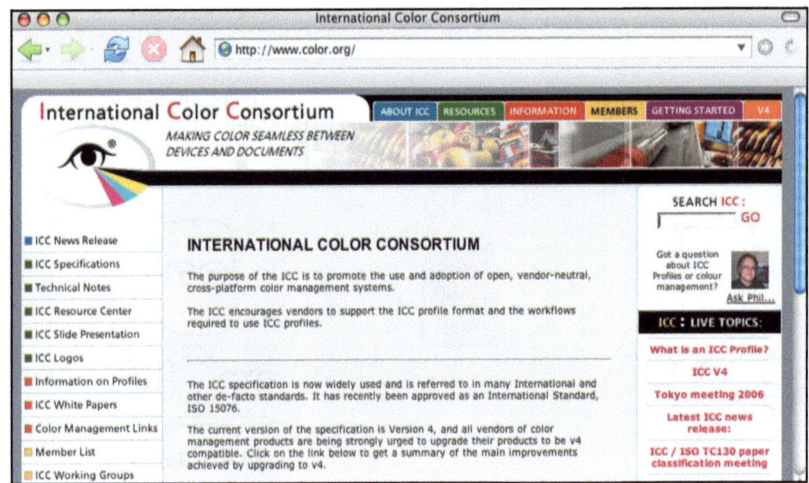

## Ein kurzer Rückblick zum Werdegang des ICC-Standards

Die Idee, Farbräume verschiedener Medien in einem unabhängigen Farbraum farbmetrisch zu beschreiben, ist sehr viel älter als das Schlagwort Colormanagement. So betreiben die großen Hersteller von Fotomaterialien, allen voran Kodak, seit Jahrzehnten Forschung auf diesem Gebiet. Die Farbfernsehnormen PAL und NTSC sind seit ihrer Entstehung farbmetrisch definiert, und für Offsetdruckfarben gab es in Deutschland den Vorläufer der ISO 2846-1, die DIN 16539. Auch die großen Reprofirmen begannen in den 80er Jahren, bei ihren Trommelscannern, EBV- und Digitalproofsystemen mit farbmetrisch festgelegten Referenzen zu arbeiten. Anfang der 90er Jahre kamen dann die ersten Systeme für standardisierte Farbtransformationen mit Personalcomputern auf den Markt.

Allen PC-Systemen gemeinsam war ihre Inkompatibilität zu den jeweils anderen Systemen: Wer als Anwender seine Geräte mit System A kalibriert hatte, konnte seine kalibrierten Daten nicht mit einem Anwender austauschen, der System B verwendete. In der auf Zusammenarbeit ausgelegten Publishing-Branche war dieser Zustand für die Anwender mehr als ärgerlich. 1992 wurde deshalb unter der Federführung des deutschen Forschungsinstitutes FOGRA das International Color Consortium gegründet.

Von Anfang an dabei waren Hersteller von Betriebssystemen (Apple, SUN, und Silicon Graphics), AGFA und Kodak mit ihrem traditionellen Farbwissen und die PostScript-Erfinder von Adobe. Die großen Reprofirmen Crosfield, Linotype-Hell, Scitex und Screen hielten sich zu diesem Zeitpunkt noch heraus. Ebenfalls bedeckt hielt sich Microsoft, um dann später, unter dem Druck der Konkurrenz, doch dem ICC beizutreten. 1993 wurden die offiziellen Spezifikationen für den ICC-Standard veröffentlicht. Die vier großen Reprofirmen zeigten nach wie vor kein Interesse – eine Öffnung in Richtung ICC hätte für sie bedeutet, dass ihr jahrzehntelanges Know-how in Farbtransformationen plötzlich jedem kleinen Softwareentwickler mit dem Betriebssystem gratis zur Verfügung stände. Jeder taiwanesische Scannerhersteller könnte ihnen Konkurrenz machen, ohne zuvor jahrelange Forschung und Entwicklung zu betreiben. Die Zurückhaltung der Reprobranche ist daher nur allzu gut verständlich. Microsoft, SUN und Silicon Graphics kündigten an, die Implementation des ICC-kompatiblen Colormanagements von Kodak zu lizenzieren. Apple arbeitete nach außen hin weiterhin selbstständig.

Im März 1995 gab es dann einen überraschenden Wendepunkt: Apple und Linotype-Hell kündigten zusammen die ICC-konforme Implementation der Farbtechnologie von Linotype-Hell als ColorSync 2.0 an. Dieser Schritt war für eine große Reprofirma sehr erstaunlich. Jedoch hatte Linotype-Hell, wissend um die Problematik, dass ihr Farbwissen nun der Konkurrenz überall auf der Welt zur Verfügung steht, auch vorgesorgt: Anstatt zu warten, bis die cleveren Taiwanesen diese Technologie in ihre Scanner einbauten, ließ Linotype-Hell seine eigenen Flachbettscanner in Taiwan bauen und passte die dazugehörige Software LinoColor auf ColorSync 2.0 an. LinoColor war damit die erste Reprosoftware, die eine einheitliche Bedienung vom Flachbettscanner bis zum High-End-Trommelscanner ermöglichte. Linotype-Hell war zum Zeitpunkt der Drucklegung der ersten Auflage dieses Buches die einzige der vier großen Reprofirmen, die sich konsequent der Desktop-Welt öffnete. Aber auch dies ist nach der Übernahme von Linotype-Hell durch Heidelberger Druckmaschinen mittlerweile Geschichte: Gerade hatte sich Heidelberg mit seinen Flachbettscannern bei den Grafikern und Fotografen einen Namen gemacht, da wurde dieser Bereich von heute auf morgen abgewickelt. Heidelberg verbaute sich damit die einzigartige Chance, als weltweit einziger Hersteller das Thema Farbe von der Eingabe und Kreation über die Druckvorstufe bis zum Druck zu besetzen.

Nach diesem kurzen Intermezzo von Heidelberg gibt es innerhalb des ICC keinen anderen Hersteller mehr, der das Thema Colormanagement mit Sicht auf die Produktionsabläufe über die gesamte Produktionskette abdeckt – alle vertretenen Firmen unterstützen mit ihren Produkten jeweils nur einen Teilabschnitt. Die Umsetzung von Colormanagement gemäß dem ICC-Standard funktioniert deshalb dort gut, wo sie sich auf genau definierte Teilschritte beschränken lässt. Die Probleme tauchen auf, wo in der Produktionskette Daten übergeben werden und Anwender diese Daten mit den Programmen verschiedener Hersteller bearbeiten.

Implementiert man als Softwareanbieter Colormanagement gemäß der ICC-Vorgaben, so können Anwender damit Dinge tun, die auf der nächsten Seite unter „Die Erfolge des ICC-Standards" beschrieben werden. Riesige Löcher klaffen allerdings in den ICC-Spezifikationen, wenn es um Definitionen geht, wie Produktionsabläufe mit ICC-Profilen aussehen und wie das Zusammenspiel von ICC-Profilen mit verschiedenen Anwendungsprogrammen, Betriebssystemen, Druckertreibern, Farbdruckern und Belichtern funktionieren soll. Nach den „Erfolgen des ICC-Standards" gibt es daher im Buch drei Abschnitte zu den Sollbruchstellen in ICC-Workflows.

## Die Erfolge des ICC-Standards

Der Einsatz von ICC-Profilen ist sehr erfolgreich, wenn es um klar umrissene Aufgabenstellungen geht, die über die ICC-Spezifikationen gut abgedeckt sind. Dies sind insbesondere folgende Punkte:

### 1. Farbtreues Scannen
5 Jahre vor der Drucklegung der ersten Auflage dieses Buches kosteten hochwertige Farbscanner für die Erstellung von Druckvorlagen umgerechnet noch mehrere 100.000 Euro. Heute erreicht die Farbtreue auf Scannern in der Preisspanne von 600 bis 3.000 Euro dank ICC-Profilen die Güte dieser „Repro-Dinosaurier". Die Detailauflösung in den dunklen Motivbereichen ist dank ständig verbesserten CCD-Zeilen inzwischen ebenfalls auf hohem Niveau.

### 2. Separation von RGB-Bildern auf hohem Niveau
Die hochwertige Wandlung von RGB-Bildern nach CMYK für den Offsetdruck war vor 10 Jahren nur mit Spezialequipment und einer mehrjährigen Ausbildung als Druckvorlagenhersteller möglich. Mit einem durchgängigen Colormanagement-Workflow ist dies für Grafiker und Fotografen heute ein einfacher Knopfdruck.

### 3. Softproof von RGB- und CMYK-Bildern
Die korrekte Farbdarstellung auf Monitoren für RGB- und CMYK-Bilder ist heutzutage dank des ICC-Standards kein Problem mehr. Die mit einem Farbmessgerät zur Monitorprofilierung erreichbare Qualität hat ein Niveau erreicht, welches vor 10 Jahren nur mit immens teuren Speziallösungen möglich war.

### 4. Digitalproof von CMYK-Dokumenten
Auch die Erstellung hochwertiger Proofs ist heutzutage mit preiswerten Tintenstrahldruckern auf einem Niveau möglich, welches vor 10 Jahren unvorstellbar war. Colormanagement mit ICC-Profilen hat hier eine Qualitäts- und Kostenrevolution verursacht.

### 5. Programmübergreifende Farbstandards
Da der ICC-Standard herstellerübergreifend definiert und frei verfügbar ist, ermöglicht er programmübergreifende Farbstandards. Erst dadurch kann das gleiche CMYK-Profil für die Separation von RGB-Daten, für den Softproof am Monitor und für die Drucksimulation beim Digitalproof eingesetzt werden.

Der ICC-Standard ist damit der wesentliche Motor für den Preisverfall des Equipments zur Herstellung farbiger Druckvorlagen. Noch vor 10 bis 15 Jahren hätte die Gründung einer Firma zur Herstellung von Druckvorlagen eine Investition von weit über 300.000 Euro bedeutet. Heute ist man mit einem Bruchteil des Geldes dabei. Die Lernkurve, um mit diesem Equipment in einer guten Qualität zu produzieren, ist wesentlich kürzer als früher. Druckvorstufe ist auch für Grafiker und Fotografen kein Geheimnis mehr, wenn sie sich weiterbilden.

Neben diesen großen Erfolgen gibt es allerdings auch noch einige Hausaufgaben, die das ICC zu erledigen hat.

## Fehlende ICC-Definitionen zu Abläufen und Testdateien

Schaut man sich den Aufbau anderer Standards für die Verarbeitung komplexer digitaler Daten an, so gibt es dazu festgelegte Arbeitsabläufe sowie klar definierte Testdateien und -prozeduren. Programmierer von Software, die auf diesen Standards aufsetzt, können so testen, ob ihr Programm die Vorgaben des Standards korrekt umsetzt.

### Keine detailliert beschriebenen Produktionsabläufe seitens des ICC

Überträgt man diesen Ansatz auf das Colormanagement, so müsste das ICC detaillierte und klare Abläufe definieren, wie in einzelnen Arbeitsschritten ICC-Profile zur Anwendung kommen. Dies beträfe Abläufe im Sinne der Produktion, wie z.B. Bilderfassung, Bildbearbeitung, Grafik und Layout, Farbtransformationen kompletter Dokumente und den Proof.

### Keine Mindestanforderungen und Testprozeduren für Anwendungsprogramme, Betriebssysteme und Druckertreiber seitens des ICC

Definierte Arbeitsabläufe sind die Voraussetzung, um Mindestanforderungen für Bildbearbeitungs-, Grafik- und Layoutprogramme, Druckertreiber und das Betriebssystem zu beschreiben. Wichtig wäre dabei besonders die Definition klarer Schnittstellen, z.B. wie Betriebssystem, Anwendungsprogramm und Druckertreiber bezüglich Colormanagement transparent zusammenarbeiten. Sind diese Mindestanforderungen beschrieben, so können Testdateien und -prozeduren festgelegt werden, um z.B. einzelne Anwendungsprogramme, Funktionen des Betriebssystems oder Druckertreiber allein und im Zusammenspiel zu testen.

### Keine Vorgaben und Tests für die Freigabe von Profilen seitens des ICC

Erst wenn die einzelnen Komponenten auf Funktionalität getestet wurden, könnte ein kompletter Colormanagement-Ablauf inkl. der eingesetzten Profile optimiert werden. Erst wenn sich auch komplexe Testdokumente mittels der zu testenden Profile sauber umsetzen ließen, sollten ICC-Profile für die Produktion freigegeben werden.

### Resümee: Das ICC hat einen großen Berg von Hausaufgaben

Hinsichtlich der Vorgaben für die Funktionalität und das Zusammenspiel von Anwendungsprogrammen, Betriebssystemen, Druckertreibern etc. steht in den ICC-Spezifikationen oder ergänzenden Dokumenten praktisch nichts – von dazugehörigen Testdateien ganz zu schweigen. Da all dies nicht existiert, implementieren die Programmierer von Betriebssystemen, Anwendungsprogrammen, Druckertreibern und anderen Applikationen Colormanagement ganz wie es ihnen gefällt, was für die Anwender oft eine einzige Katastrophe ist: Wie diese Programme intern funktionieren und zusammenspielen, lässt sich oft nur durch umfangreiche eigene Tests oder den Austausch per Mailinglisten und Internetforen ergründen.
Nur das ICC selbst kann hier mit definierten Abläufen, Testdateien und -prozeduren für Klarheit sorgen. Dafür gibt es aber zum Zeitpunkt der Drucklegung der 3. Auflage dieses Buches keine Anzeichen. Und da es all dies nicht gibt, ist es auch sehr schwer zu erkennen, in welchen Bereichen die ICC-Spezifikationen selbst die Ursache von Problemen sind.

## Keine ICC-Vorgaben für den Proof von RGB-Daten

Durch den Wegfall von Dias entsteht bei der digitalen Bildübergabe vom Fotografen an den Auftraggeber und die Druckvorstufe ein massives Problem in der Qualitätssicherung. Mit der Verfügbarkeit der ICC-Spezifikationen Anfang der 90er Jahre wurde ebenfalls propagiert, an Druckereien RGB-Daten zu liefern, damit die Druckerei Separation und Proof übernimmt. Für beide Fälle fehlt allerdings seitens des ICC eine Vorgabe für einen zentralen Baustein im Arbeitsablauf: **ein Proof von RGB-Daten, der unabhängig davon funktioniert, wie später in der Druckerei separiert und geprooft wird.**

Dieser RGB-Proof hätte zwei Funktionen. Zuerst kann der Fotograf seinem Kunden einen verbindlichen Farbdruck präsentieren. Wenn später in der Repro oder im Druck andere Farben herauskommen als auf diesem Proof, so wäre es definitiv nicht das Problem des Fotografen. Wird angestrebt, dass an die Druckerei RGB-Daten geliefert werden, so muss der Proof der RGB-Daten ebenfalls unabhängig vom Profil sein, mit dem die Druckerei separiert und prooft. Nur dann macht es überhaupt Sinn, RGB-Daten an Druckereien weiterzugeben. Leider sind wir von Vorgaben für solch einen universellen Proof von RGB-Daten noch weit entfernt.

**Von RGB-Daten zum Proof im Farbraum ISOcoated**
Für Fotografen ist ein Farbdruck zur Freigabe ihrer RGB-Daten ein zentrales Arbeitsmittel in der Kommunikation mit Kunden, Grafikern und Reprofirmen. In diesem Buch wird daher ein Weg beschrieben, den führende Fotostudios in der Praxis anwenden: die RGB-Daten mit einer klar definierten Methode in den Farbraum ISOcoated zu wandeln und dann einen Proof mit Medienkeil zu erzeugen. Der Kunde erhält die RGB-Daten mit einem Proof für den ISOcoated-Farbraum sowie auf Wunsch auch CMYK-Daten für ISOcoated.

*Will ein Fotograf die Farbigkeit seiner Fotos verbindlich auf einem Ausdruck präsentieren, gibt es derzeit nur die Möglichkeit, einen Digitalproof zu erstellen. Als Farbraum bietet sich dafür ISOcoated an.*

***Gemischtfarbige Dateien und PDFs***
*Je nach Einsatzzweck einer Datei ist es üblich, diese durchgängig in einem Farbraum aufzubauen.*
*Sowohl der ICC-Standard als auch aktuelle Anwendungsprogramme und das PDF-Format erlauben aber auch gemischtfarbige Dokumente.*

## Der Mythos gemischtfarbiger Dokumente

Einer der Gründungsmythen des ICC sind funktionierende Arbeitsabläufe mit gemischtfarbigen Dokumenten. Auf dem Papier ist das Konzept bestechend einfach: Jedes Bild, jede Grafik und jeder Textabschnitt eines Dokuments könnte in einem beliebigen Farbraum vorliegen, solange dieser über ein ICC-Profil definiert ist. Für die Ausgabe würden die ganzen Einzelteile des Dokuments in einen Zielfarbraum umgerechnet, der ebenfalls über ein ICC-Profil definiert ist. Auf diese Art und Weise könnte das Dokument automatisiert für verschiedene Druckprozesse oder andere Ausgabeverfahren optimiert werden. Die Idee ist, wie gesagt, bestechend einfach. Leider hat das ICC während seines gesamten Bestehens noch keine systematischen Tests durchgeführt, ob die ICC-Spezifikationen dazu taugen, dies auch in der Praxis zu realisieren.

### ICC-Sollbruchstellen: Graustufenbilder und technische Töne
Völlig unzureichend sind die ICC-Spezifikationen bezüglich der Umsetzung von Graustufenbildern und technischen Tönen in Bildern und Vektorgrafiken. Will man komplette Dokumente auf verschiedene Zielfarbräume umsetzen, so kommt es hier vorhersehbar zu Problemen. Ebenfalls ist in den ICC-Spezifikationen nur ansatzweise definiert, unter welchen Voraussetzungen CMYK-Bilder auf einen anderen CMYK-Standard sauber umgerechnet werden können.

### Programmierer lieben gemischtfarbige Dokumente
Während der Ansatz gemischtfarbiger Dokumente bei Anwendern eher auf Skepsis gestoßen ist, hat er bei Programmierern große Zustimmung gefunden. Die Idee, dass in einem Dokument jedes Bild, jede Grafik und jeder Textabschnitt über ein eigenes Profil verfügen kann, ist inzwischen sowohl in aktuellen Grafik- und Layoutprogrammen als auch in den Standards PDF und PostScript für Druckdaten umgesetzt.

### Der Abgrund der digitalen Farbhölle
Macht man sich allerdings als Anwender die Mühe zu testen, ob es möglich ist, gemischtfarbige Dokumente auf beliebige Ausgabefarbräume umzusetzen, so tut sich der Abgrund der digitalen Farbhölle auf: In der Praxis kann man komplexe gemischtfarbige Dokumente und PDF-Dateien praktisch nie per Knopfdruck in beliebige Farbräume wandeln. Ein zweiter Effekt ist jedoch wesentlich gefährlicher: Durch den Einbau dieser Funktionen in sämtliche Datenformate und Programme zum Erzeugen und Verarbeiten von Druckdaten kommt es immer häufiger vor, dass Farbtransformationen ungewollt an einzelnen Bildern, Grafiken oder Textobjekten ausgelöst werden.

Die bewusste Nutzung von Farbprofilen in Grafik- und Layoutprogrammen und bei der PDF-Erzeugung gleicht daher mittlerweile einem gefährlichen Balanceakt. Aktiviertes Colormanagement für den Softproof kann in einigen Situationen zur Umrechnung von Bildern, Grafiken oder Textobjekten führen. Dies kann sowohl im DTP-Programm selbst, bei der PDF-Erzeugung oder bei der Verarbeitung von PDF-Daten in der Druckerei geschehen. Manchmal kann man dies auf dem Proof noch rechtzeitig sehen, manchmal auch nicht ...

## Konsequenzen für die folgenden Abschnitte

Die hier im Buch beschriebenen Arbeitsabläufe konzentrieren sich darauf, die Stärken der ICC-Technologie zu nutzen und potentielle Probleme möglichst sicher zu vermeiden. Dabei hat die Produktionssicherheit klaren Vorrang vor einer möglichst breiten Nutzung aller Colormanagement-Funktionen in Anwendungsprogrammen. Technologische Erklärungen, wie der ICC-Standard funktioniert und wo im Detail noch Probleme liegen, richten sich weitgehend an den Produktionsschritten aus, die im jeweiligen Abschnitt dargestellt sind.

### Zur Rolle des RGB-Arbeitsfarbraums

Bevor es aber mehr in die Details der ICC-Spezifikationen geht, ist es notwendig, sich intensiver mit der Rolle des RGB-Arbeitsfarbraums zu befassen. Dies ist besonders dann wichtig, wenn RGB-Daten sowohl für ICC-basiertes Colormanagement als auch im Internet oder in Office-Programmen genutzt werden sollen. Weiterhin ist es sinnvoll, die Vorgaben zur Kalibrierung des Monitors an den hauptsächlich genutzten RGB-Arbeitsfarbraum anzupassen.

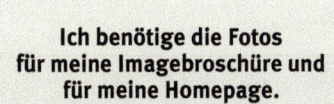

*Der Austausch und die Freigabe von RGB-Daten zwischen Fotografen, Auftraggebern und der Druckvorstufe ist ein heikles Feld. Dies gilt besonders dann, wenn die RGB-Daten sowohl als Basis für Druckproduktionen als auch in Office-Programmen oder Internetseiten verwendet werden sollen.*

## Die Rolle des RGB-Arbeitsfarbraums

Wie schon im Kapitel 3 erklärt, ist der RGB-Arbeitsfarbraum eine Basis für das Bearbeiten von RGB-Bildern und -Dokumenten sowie für den Austausch mit anderen Anwendern. Beide Anwendungsbereiche stellen bestimmte Anforderungen an den RGB-Arbeitsfarbraum.

### Bearbeiten von Bildern

Bei der Bildbearbeitung ist es notwendig, dass gleiche RGB-Werte ein neutrales Grau ergeben. Nur dann kann man sich auch an Zahlenwerten orientieren und gezielt Farbkorrekturen vornehmen. Weiterhin muss der RGB-Arbeitsfarbraum den Farbraum einer möglichen späteren Anwendung abdecken. Wählt man einen RGB-Arbeitsfarbraum, der bestimmte Farbbereiche der späteren Anwendung nicht abdeckt, so schränkt man für einige Motive eventuell die Farbsättigung unnötigerweise ein.

### Austausch mit anderen Anwendern

Für den Austausch mit anderen Anwendern sollte das Profil des RGB-Arbeitsfarbraums eine möglichst kleine Dateigröße haben, damit sich die Größe der Bilddatei durch das Einbetten nur unwesentlich ändert. Weiterhin ist es von Vorteil, wenn sich Anwender, die digitale Bilddaten austauschen, möglichst auf einen einzigen RGB-Arbeitsfarbraum einigen.

### Keine Vorgaben oder Empfehlungen des ICC für RGB-Arbeitsfarbräume

Viele Anwender betten bei RGB-Bildern Profile inzwischen generell ein und wenden sie auch beim Öffnen an. Trotzdem zirkulieren auch viele RGB-Daten ohne Profil, vorwiegend für Office- und Internetanwendungen.

In den ICC-Spezifikationen gibt es keine Empfehlungen für RGB-Arbeitsfarbräume oder gar Vorgaben, welcher Farbraum genutzt werden soll, falls kein Profil eingebettet ist. Dementsprechend gibt es einen Wildwuchs von Empfehlungen verschiedener Organisationen und unterschiedlichste Voreinstellungen in Anwendungsprogrammen. Daraus ergeben sich gemeine Fallen, in die auch viele Colormanagement-Profis tappen, wie die nächsten Abschnitte zeigen.

*Ein vollständiger Colormanagement-Ablauf erfordert einen durchgängigen RGB-Arbeitsfarbraum – vom Export der Kameradaten über die Darstellung auf dem Monitor und die Ausgabe auf dem Drucker bis zum Einbetten des Arbeitsfarbraum-Profils in die fertige Datei.*

*DQ-Tool des Photoindustrie-Verbandes, rechts das Testbild für die Hauttöne*

sRGB

**Fehlertoleranz**

Es kann immer einmal vorkommen, dass in einem Colormanagement-Workflow vergessen wird, den RGB-Arbeitsfarbraum in die Dateien einzubetten, oder dass der Empfänger den eingebetteten Arbeitsfarbraum nicht ausliest. In beiden Fällen kommt es beim Öffnen der Dateien zu einer Farbverschiebung. Je unterschiedlicher die Arbeitsfarbräume von Sender und Empfänger der Daten sind, desto größer ist die dabei auftretende Farbverschiebung. Arbeiten Sender und Empfänger zufällig im gleichen oder in einem sehr ähnlichen Arbeitsfarbraum, ist der Effekt weniger dramatisch.

Um solche Probleme von vornherein zu vermeiden, ist es beim Umgang mit RGB-Daten zwingend notwendig, ICC-Profile beim Speichern in die Bilddaten einzubetten. Und die Anwendungsprogramme müssen so konfiguriert sein, dass sie eingebettete Profile in RGB-Bildern automatisch auslesen.
Im Bereich der Office- und Internetanwendungen sind allerdings viele Anwendungsprogramme und Browser nicht in der Lage, eingebettete Profile korrekt zu berücksichtigen.

**sRGB, AdobeRGB, ECI-RGB**

Gemäß den Empfehlungen von Branchenorganisationen sowie den Voreinstellungen von Anwendungsprogrammen sind die meistverbreiteten RGB-Arbeitsfarbräume sRGB, AdobeRGB und ECI-RGB. Auf die speziellen Eigenheiten dieser Farbräume wird später noch genauer eingegangen. Gemeinsames Kennzeichen dieser Farbräume ist allerdings, dass sie sich vom jeweils anderen sehr deutlich unterscheiden.

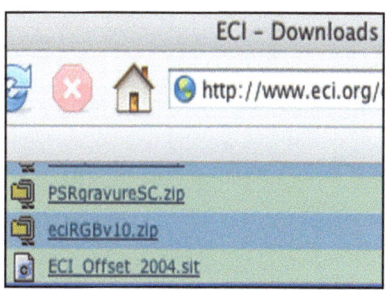

*Werden RGB-Bilder ohne eingebettete Profile weitergegeben, so können sich deutliche Farbverschiebungen ergeben, wenn Sender und Empfänger in ihren Anwendungsprogrammen unterschiedliche RGB-Arbeitsfarbräume eingestellt haben. Links die Darstellung beim Sender, der in sRGB arbeitet. Rechts die Darstellung bei einem Empfänger der AdobeRGB oder ECI-RGB eingestellt hat.*

*Unter **www.eci.org** kann das Profil ECI-RGB heruntergeladen werden, welches sich in Deutschland speziell im Bereich der Reprofirmen etabliert hat.*

*AdobeRGB*                                              *ECI-RGB*

## ICC-basierte Workflows und die sRGB-Welt

Im Colormanagement gibt es mit ICC-basierten Workflows und der sRGB-Welt zwei große unterschiedliche Philosophien und Strategien. Um erfolgreiches Colormanagement zu betreiben ist es unabdingbar, sich in beiden Bereichen auszukennen.

### Die einfache aber unflexible sRGB-Welt

Der sRGB-Ansatz zielt darauf ab, Colormanagement möglichst einfach und fehlertolerant zu machen. Zu diesem Zweck wird für den Austausch und die Archivierung RGB-Daten nur sRGB als Arbeitsfarbraum erlaubt. Alle Geräte, die RGB-Daten erzeugen – wie z.B. Scanner oder digitale Kameras – müssen sRGB-Daten liefern. Sämtliche Geräte, die RGB-Daten ausgeben – wie z.B. Monitore, Farbdrucker oder der Fotoservice um die Ecke – müssen sRGB-Daten korrekt in ihren jeweiligen Ausgabe-Farbraum umsetzen. Für die Anwender ist dies eine ungeheure Erleichterung im Colormanagement. Sie brauchen sich nicht um die Farbeinstellungen in ihren Programmen zu kümmern, solange sie Geräte einsetzen, die sRGB-Farben erzeugen und ausgeben.

sRGB ist ein offener Standard für den keinerlei Lizenzgebühren fällig sind. Das dazugehörige Profil ist unter **www.srgb.com** frei im Internet erhältlich und im internationalen Standard IEC 61699 für Multimedia-Anwendungen beschrieben. Für das Internet schreibt das W3C-Konsortium sRGB als Standard-Arbeitsfarbraum vor und im Bereich der Consumer-Fotografie ist sRGB sowohl bei digitalen Kameras, als auch bei der Ausgabe im Fotolabor sehr verbreitet. Microsoft hat sRGB im Windows-Betriebssystem eingebaut und in den Zertifizierungsprozess für Eingabegeräte und Drucker verankert. Wenn ein Hersteller von Kameras, Scannern oder Druckern mit einem Windows-Logo werben will, muss er für dieses Gerät inkl. seiner Treiber nachweisen, dass es Daten im sRGB-Farbraum liefert oder korrekt ausgibt. sRGB hat sich daher im Bereich der Office-Anwendungen, im Internet und in der digitalen Consumer-Fotografie auf breiter Front durchgesetzt.

*Von HP gibt es die Website **www.srgb.com** mit weiterführenden Informationen zum sRGB Farbraum.*

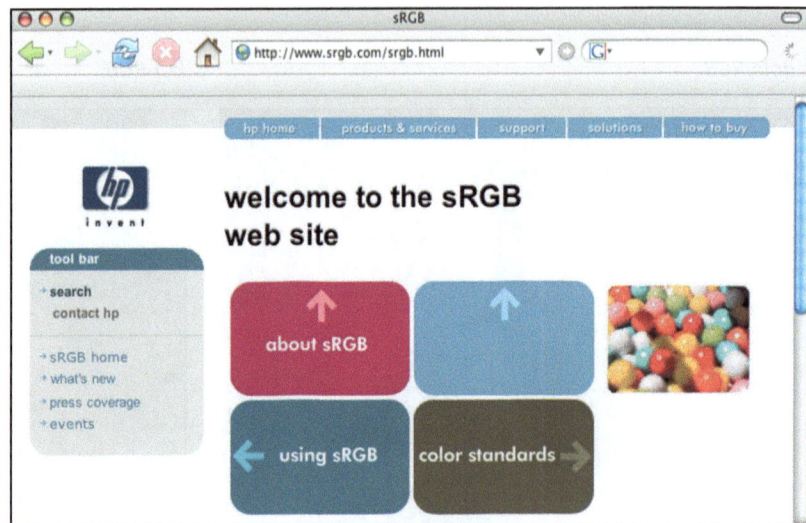

So bestechend der sRGB-Ansatz aufgrund seiner Einfachheit ist – er hat auch seine Schattenseiten. Im Bereich der Cyan- und Grüntöne fehlen in sRGB Farben, die im Offsetdruck auf gestrichenem Papier noch reproduziert werden können. Für 95% der normalen Anwendungen im grafischen Gewerbe ist dies jedoch nicht von Belang. Deshalb kann sRGB in der Regel auch für Druckproduktionen als Arbeitsfarbraum genutzt werden. Wer als Grafiker einen möglichst einfachen Colormanagement-Workflow für Druck-, Internet- und Office-Anwendungen aufbauen will, kann ohne Probleme sRGB als Arbeitsfarbraum verwenden.

Wer als Fotograf oder in der Druckvorstufe das Bestmögliche aus seinen Bilddaten herausholen möchte, sollte dagegen sRGB nicht als Arbeitsfarbraum einsetzen. Er muss sich dann jedoch bewusst sein, dass er seine RGB-Daten explizit nach sRGB konvertieren muss, wenn diese auch für Office- oder Internet-Anwendungen genutzt werden sollen. Tut er dies für solche Anwendungsbereiche nicht, dann liefert er keine korrekten Daten.

Die leichte Schwäche im Cyan-/Grünbereich ist allerdings nicht die einzige der sRGB-Philosophie. Um es dem Anwender möglichst einfach zu machen, kann in den meisten sRGB-basierten Anwendungen keine Optimierung von Farbtransformationen vorgenommen werden. Ist man mit der sRGB-Umsetzung eines Druckers unzufrieden, so lässt sich daran kaum etwas ändern. Weiterhin wäre es in einigen Fällen hilfreich, wenn sich an zentraler Stelle statt sRGB ein anderer RGB-Arbeitsfarbraum einstellen ließe, damit die verschiedenen Eingabe- und Ausgabelösungen alternativ auch mit diesem Farbraum arbeiten könnten.

Die Einfachheit der sRGB-Philosophie bedingt also auf der anderen Seite Unflexibilität und fehlende Möglichkeiten zur Optimierung.

*sRGB*

*ECI-RGB*

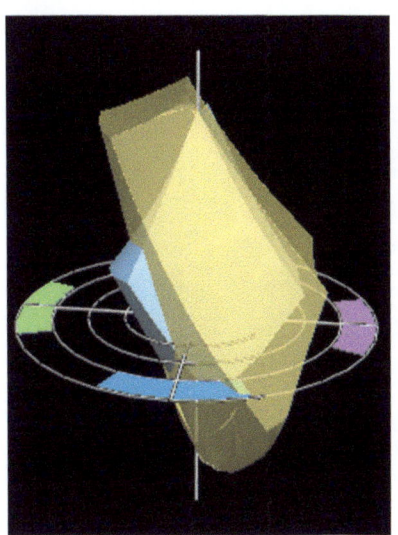
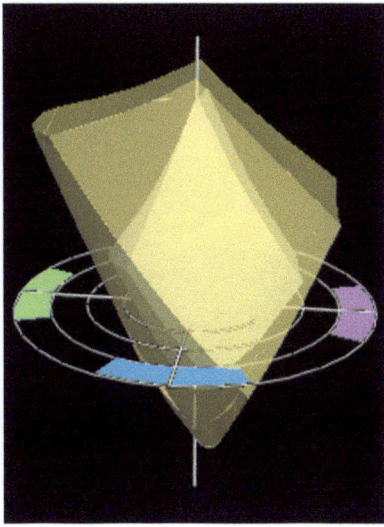

*Die abgebildeten Screenshots aus dem Programm ProfileEditor von GretagMacbeth/X-Rite zeigen die Farbräume sRGB und ECI-RGB (gelb) im Vergleich zu ISOcoated (blau).*

*Im linken Bild umschließt der sRGB-Farbraum im Grün-Cyan-Bereich den ISOcoated-Farbraum nicht komplett, während dieser in ECI-RGB vollständig enthalten ist (rechts).*

## Photogamut als RGB-Arbeitsfarbraum

Ein idealer RGB-Arbeitsfarbraum für medienneutrales Arbeiten sollte einerseits die verschiedenen Ausgabefarbräume im Druck komplett umfassen, aber andererseits auch fehlertolerant sein, wenn Bilder und Dokumente in der sRGB-Welt zum Einsatz kommen. Auf den ersten Blick mag das widersprüchlich klingen. Bearbeitet man Bilder in einem großen Arbeitsfarbraum, dann ändern sich normalerweise recht stark die Farben, wenn solch einem Bild fälschlich das sRGB-Profil zugewiesen wird. Auf Seite 70 wurde dargestellt, was passiert, wenn man Bildern im Farbraum ECI-RGB das sRGB-Profil zuweist, und wie es umgekehrt aussieht.

Dies muss aber nicht zwangsläufig so sein. Es ist heutzutage ohne Probleme möglich, RGB-Arbeitsfarbräume zu konstruieren, die sich für einen Großteil der Farben (z.B. Hauttöne) genau wie sRGB verhalten und trotzdem in der Lage sind, auch gesättigtere Farben darzustellen. Ein Beispiel für solch einen Farbraum ist Photogamut von **www.photogamut.org**. Dieser Farbraum wurde so konstruiert, dass er in ICC-basierten Produktionsumgebungen als RGB-Arbeitsfarbraum genutzt werden kann und sich keine unangenehmen Farbverschiebungen ergeben, wenn eingebettete Profile in sRGB-basierten Umgebungen nicht zum Tragen kommen. Ein gewollter Nebeneffekt ist weiterhin die gute Übereinstimmung mit Fotoprintern in Fotolabors für den Massenmarkt, die auf sRGB-Daten abgestimmt sind. Einige Reprofirmen nutzen Photogamut auch, um Bilder aus digitalen Consumer-Kameras für den Offsetdruck aufzubereiten. Dabei wird den Bildern erst das Photogamut-Profil zugewiesen und dann eine Profilkonvertierung in den Offsetdruck vorgenommen.

Die Abbildungen auf der gegenüberliegenden Seite zeigen jeweils identische RGB-Daten, denen die Profile Photogamut, sRGB und ECI-RGB zugewiesen wurden.

*Unter **www.photogamut.org** kann das Photogamut-Profil heruntergeladen werden.*

*Die abgebildeten Screenshots aus dem Programm ProfileEditor von GretagMacbeth/X-Rite zeigen die Farbräume ECI-RGB und Photogamut im Vergleich zu ISOcoated.*

*Beide Male ist der ISOcoated-Farbraum komplett umschlossen. Die Form von Photogamut entspricht allerdings eher der von ISOcoated.*

*ECI-RGB*  *Photogamut*

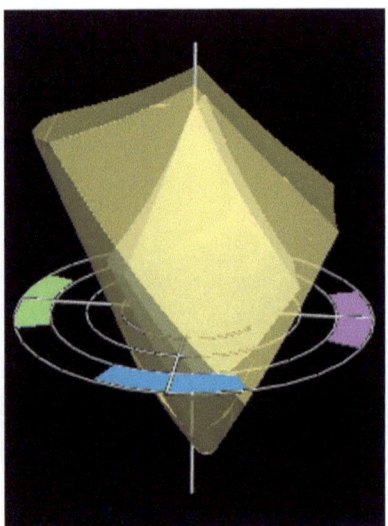 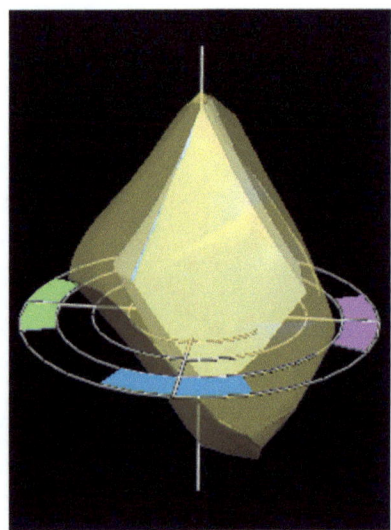

Die gleichen RGB-Bilddaten mit verschiedenen zugewiesenen RGB-Profilen.

Für den Bereich der Hauttöne und der Gradation zeigen Photogamut und sRGB praktisch identische Ergebnisse. ECI-RGB stellt sämtliche Farbbereiche durchgehend gesättigter und in den Mitteltönen heller dar.

*Photogamut*

*sRGB*

*ECI-RGB*

## Das Dilemma der ECI-RGB-Farbeinstellungen

In der deutschsprachigen Colormanagement-Szene haben sich die führenden Reprofirmen darauf verständigt, ECI-RGB als Arbeitsfarbraum für den Austausch von RGB-Bildern zu nutzen. Gleichzeitig ist verabredet worden, dass die Erzeuger von Bilddaten das ECI-RGB-Profil einbetten und der Empfänger eingebettete Profile auch berücksichtigt. Viele Reprofirmen arbeiten damit seit Jahren sehr erfolgreich und in praktisch sämtlichen deutschsprachigen Fachbüchern, Branchenempfehlungen und Fachartikeln zu Colormanagement findet man die Empfehlung, ECI-RGB als RGB-Arbeitsfarbraum in den Anwendungsprogrammen einzustellen. Für Reprofirmen, die von der Bilderfassung über die Separation bis zu den fertigen Druckdaten alles abdecken, ist dies eine sehr sinnvolle Vorgehensweise. Es gibt aber auch eine Reihe von Fällen, bei denen ECI-RGB in den Farbeinstellungen zu einer Verschlimmbesserung der Bilddaten führt.

*Oben: Originalbild im sRGB-Farbraum ohne eingebettetes Profil*

*So sieht die Darstellung des Bildes in einem Programm aus, in dem als RGB-Arbeitsfarbraum ECI-RGB eingestellt ist. Wird das Bild so in CMYK umgewandelt, setzt sich der Darstellungsfehler bis in den Proof oder sogar in den Druck fort (Bildquelle: DQ-Tool des Photoindustrieverbandes).*

### Die Rolle des Standardprofils in den RGB-Farbeinstellungen

In sämtlichen Programmen, die die Wahl eines Profils für den RGB-Farbraum erlauben, legt dieses Profil fest, welcher Farbraum unprofilierten RGB-Daten zugewiesen wird. In der täglichen Praxis sind RGB-Daten, die kein Profil enthalten, allerdings durchgängig keine ECI-RGB-Daten. Der einzige Farbraum, der für unprofilierte RGB-Daten in internationalen Standards vorgesehen ist, ist sRGB. Da viele unprofilierte RGB-Daten aus Consumer-Digitalkameras, Internetanwendungen oder Office-Programmen stammen, ist sRGB auch in der Praxis die beste Voreinstellung für unprofilierte RGB-Daten. Für Anwendungsprogramme, in denen RGB-Daten geöffnet oder platziert werden, macht es wenig Sinn, ECI-RGB als Farbraum für unprofilierte RGB-Daten einzustellen. Sinnvoller ist es, hierfür sRGB zu wählen und gleichzeitig dafür zu sorgen, dass eingebettete Profile in RGB-Daten korrekt berücksichtigt werden.

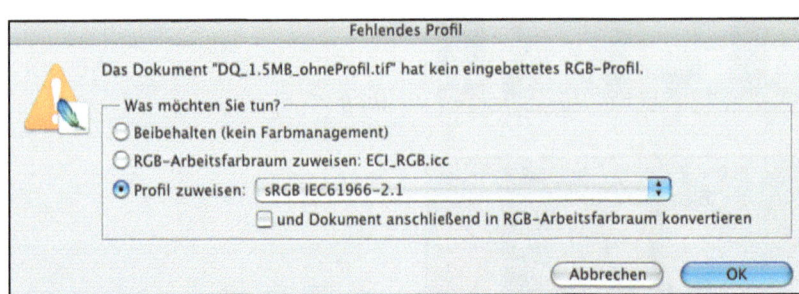

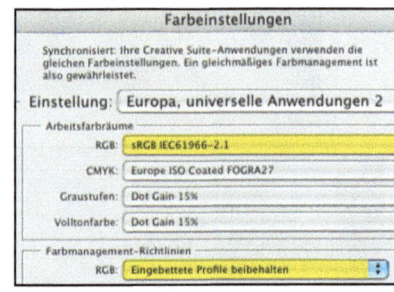

*Arbeitet man mit ECI-RGB als Arbeitsfarbraum, sollte RGB-Bildern ohne eingebettetes Profil beim Öffnen das sRGB-Profil zugewiesen werden.*

*Das rechte Bild zeigt eine Programmeinstellung, die dies automatisch tut und bei ECI-RGB-Daten das eingebettete Profil automatisch übernimmt. Das fälschliche Zuweisen des ECI-RGB-Profils wird so vermieden.*

### Profildialoge beim Öffnen von Bildern

Einige Programme (z.B. Photoshop) bieten beim Öffnen die Möglichkeit, Dialoge zum Umgang mit Profilen anzuzeigen. Für Anwender, die mit ECI-RGB als RGB-Arbeitsfarbraum arbeiten, ist es zwingend notwendig, diese Option zu aktivieren. Beim Öffnen eines RGB-Bildes ohne Profil besteht so die Möglichkeit, das sRGB-Profil zuzuweisen. Dies ist die zweite Möglichkeit, ein fälschliches Zuweisen von ECI-RGB zu vermeiden. Nicht jedes Programm bietet allerdings in allen Situationen solche Dialoge – beispielsweise haben weder QuarkXPress noch InDesign entsprechende Warndialoge beim Platzieren von RGB-Bildern im Layout.

# Zusammenfassung für verschiedene Anwender

### Auftraggeber
Wenn Sie im Haus ein Bildarchiv mit RGB-Daten aufbauen, so sollten High-End-RGB-Daten und RGB-Daten für Internet- und Office-Anwendungen klar voneinander getrennt werden, damit hier keine Verwechslungen stattfinden. Sie sollten den von Ihnen beauftragten Fotografen und Reprofirmen eindeutig vorgeben, dass diese mit eingebetteten Profilen arbeiten.

### Fotograf
Klären Sie beim Kundengespräch, ob Ihre Fotos auch für Internet- und Office-Anwendungen benötigt werden. Wenn ja, bieten Sie Ihrem Auftraggeber an, dass Sie zwei RGB-Versionen liefern: High-End-Daten (hochaufgelöst, evtl. 16 Bit Farbtiefe, in AdobeRGB oder ECI-RGB) und Daten für Internet-/Office-Anwendungen (niedriger aufgelöst, 8 Bit Farbtiefe, in sRGB). Betten Sie stets die Profile des jeweiligen RGB-Arbeitsfarbraums in die Dateien ein. Bei der Auslieferung sollten Sie eine kurze Beschreibung zu den verwendeten Farbräumen beilegen.

### Grafiker
Achten Sie in den Anwendungsprogrammen darauf, ob sRGB für unprofilierte RGB-Daten eingestellt ist. Dies sollte die Regel sein. Wenn nicht, müssen die Profildialoge beim Öffnen zwingend aktiviert sein. Liefern Sie RGB-Daten für Internet- und Office-Anwendungen immer in sRGB mit eingebettetem Profil aus.

### Repro
Nur wenn ausschließlich High-End-Bildbearbeitung durchgeführt wird, sollte ECI-RGB als Arbeitsfarbraum gewählt werden. Profildialoge müssen zwingend aktiviert sein. Wenn unprofilierte RGB-Daten geöffnet werden, sollte diesen der Farbraum sRGB zugewiesen werden. Wenn Ihre Kunden RGB-Daten mit einem **anderen** eingebetteten Profil als ECI-RGB liefern, sollte dieses Profil für die weiteren Bearbeitungsschritte beibehalten werden – eine Konvertierung nach ECI-RGB hat keine Vorteile, kann aber bei kritischen Bildern zu Abrissen führen. Wenn Kunden RGB-Daten für Office- oder Internet-Anwendungen benötigen, müssen Sie diese in sRGB wandeln. Kommunizieren Sie Ihren Kunden deutlich die Unterschiede zwischen ECI-RGB und sRGB.

Beachten Sie diese Grundregeln, so lassen sich die häufigsten Fehler vermeiden, wenn Sie als Anwender mit Bilddaten arbeiten, deren Quellen oder Einsatzgebiete sowohl in der High-End-ICC-Welt als auch in der sRGB-basierten Internet- und Office-Umgebung liegen. Die nächsten Seiten gehen auf das Thema Monitorprofilierung ein, da diese in einigen Bereichen auch auf den gewählten RGB-Arbeitsfarbraum abgestimmt werden sollte.

## Monitoreinstellung für Farbtemperatur und Leuchtdichte

Um eine gute Übereinstimmung zwischen der Monitordarstellung und dem Proof im Normlichtkasten neben dem Monitor zu erreichen, ist es wichtig, den Monitor auf den richtigen Weißpunkt einzustellen.

Das Weiß des Monitors kann ins Warme oder Kalte tendieren. Für die Farbbeurteilung ist es notwendig, sich sowohl für den Monitor als auch für Normlichtkästen zur Abmusterung von Proofs und Vorlagen auf ein einheitliches Weiß zu einigen. Für die grafische Industrie ist dies ein Weiß von D50 bzw. 5000 Kelvin.

Diese Maßzahl wird übrigens von einer Referenzlichtquelle abgeleitet, die je nach Temperatur in Kelvin ein warmes oder kaltes Licht produziert. Neben D50 (5000 Kelvin) ist noch D65 (6500 Kelvin) gebräuchlich. Dieses etwas kältere Weiß ist für den Bereich der Fernsehproduktion sowie für reine Office- und Internetanwendungen empfohlen.

Der wichtigste Anspruch, der an farbkalibrierte Monitore gestellt wird, ist aber die übereinstimmende Darstellung mit Referenzdrucken oder Proofs in einem Normlichtkasten neben dem Monitor. Hierbei tritt das Phänomen auf, dass ein messtechnisch genau auf D50 kalibrierter Monitor manchmal visuell zu gelblich aussieht. Dies hängt in erheblichem Maß von der Leuchtdichte des Monitorweiß und vom Umgebungslicht ab. Die in der Maßeinheit Candela angegebene Leuchtdichte beschreibt, wie hell ein reines Weiß auf dem Monitor dargestellt wird. Röhrenmonitore können, je nach Fabrikat und Alter, maximal 70 bis 110 Candela erreichen. TFT-Monitore können, je nach Fabrikat, als Maximum durchaus 180 Candela und mehr erreichen. Je heller das Umgebungslicht und je geringer die Leuchtdichte des Monitors ist, desto stärker ist der visuell wahrgenommene Gelbstich bei einer Farbtemperatur von 5000 Kelvin für den Monitor.

Viele Profis in der Druckvorstufe kalibrieren daher ihre Monitore auf D55 bzw. 5500 Kelvin, um eine bestmögliche Übereinstimmung mit dem Normlichtkasten zu bekommen. Bei Leuchtdichten von ca. 90 Candela erzeugt dieser kleine

*Die optimale Farbtemperatur für einen Monitor ist die, bei der es die beste Übereinstimmung zum Proof in einem dimmbaren Normlichtkasten neben dem Arbeitsplatz gibt. Bei TFT-Monitoren liegt sie meist bei 5000–5500 Kelvin, bei Röhrenmonitoren meist bei 5500–6000 Kelvin.*

Trick fast immer das visuell bessere Ergebnis. Röhrenmonitore, die aufgrund ihres Alters nur noch 80 Candela oder weniger wiedergeben können, sollten für die Bildverarbeitung ausgemustert werden. Eine akzeptable Übereinstimmung mit einem Referenzproof wird bei solchen Monitoren oft erst bei 6000 Kelvin erreicht. Stellt man TFT-Monitore auf 120 bis 140 Candela Leuchtdichte ein, so stimmt die visuelle Wahrnehmung bei 5000 Kelvin wiederum meist besser mit der Theorie und den Standards überein.

Kalibriert man einen Monitor zum ersten Mal, so gibt es den Moment der Umstimmung: Hat man lange an einem Monitor mit einem Weiß von 6500 bis 9500 Kelvin gearbeitet, so ist man im ersten Moment bei einer Kalibrierung auf 5000 oder 5500 Kelvin irritiert, wie gelblich der Monitor plötzlich ist. Arbeitet man dann aber ca. 30 Min an dem Monitor und stellt in probeweise auf 9300 Kelvin um, tritt das Gegenteil ein – der Monitor wirkt auf einmal unnatürlich kalt und bläulich. Der Effekt ist besonders stark, wenn man nicht über einen Normlichtkasten neben dem Monitor verfügt, um die Farbwiedergabe auf dem Monitor mit einer Referenz zu vergleichen.

### 6500 Kelvin für reine Internet-Anwendungen

Die einzige Ausnahme von der Regel von 5000–5500 Kelvin gilt für Monitore, bei denen Farben ausschließlich für Internetanwendungen beurteilt werden. In diesem Fall sollte der Monitor auf 6500 Kelvin eingestellt werden. Die Farbwiedergabe ist dann gegenüber Monitoren mit 5000–5500 Kelvin insgesamt etwas kühler.

### D65 in AdobeRGB und sRGB

Schaut man sich die Definition der RGB-Profile AdobeRGB und sRGB an, so findet man dort einen Verweis auf D65 bzw. 6500 Kelvin. Dies bedeutet nicht, dass der Monitor bei Verwendung dieser Farbräume auch auf 6500 Kelvin eingestellt werden muss. Die optimale Farbtemperatur des Monitors ist abhängig vom späteren Einsatzzweck und nicht vom verwendeten RGB-Arbeitsfarbraum. Fotografen und Grafiker, die mit AdobeRGB arbeiten, sollten ihren Monitor daher auf 5000–5500 Kelvin einstellen.

*Für die optimale Einstellung der Farbtemperatur und der Leuchtdichte ist ein Monitormessgerät unabdingbar. Erst wenn innerhalb einer Firma alle Monitore mit der gleichen Farbtemperatur und Leuchtdichte betrieben werden, sind die Voraussetzungen für eine gleiche Farbwiedergabe geschaffen.*

## Das Gamma für Monitor und RGB-Arbeitsfarbraum

Das Gamma oder die Gamma-Kurve beschreibt den Helligkeitsverlauf von dunkel nach hell auf dem Monitor oder innerhalb eines RGB-Arbeitsfarbraums. Je größer das Gamma, desto dunkler sind die mittleren Töne im Computer. Üblich im grafischen Gewerbe sind sowohl ein Gamma von 1,8, welches sich in den Urzeiten des Macintosh für Schwarzweiß-Monitore und den Apple Laserwriter eingebürgert hatte, und ein Gamma von 2,2, das aus dem Bereich der Fernsehnormen stammt und für Windows, Office-Programme und Internetbrowser vorgeschrieben ist.

Stöbert man in Archiven von Mailinglisten zum Thema Colormanagement, so gibt es seit vielen Jahren regelmäßig heiße Diskussionen, welches Gamma denn nun das beste wäre.

Die Frage nach dem richtigen Gamma stellt sich dabei sowohl für den Sollwert der Monitorkalibrierung als auch für die Wahl des RGB-Arbeitsfarbraums. Idealerweise sollten der RGB-Arbeitsfarbraum und die Monitorkalibrierung auf dem gleichen Gamma beruhen. In der Colormanagement-Praxis ist dies allerdings wesentlich unwichtiger, als die meisten Anwender annehmen. Solange der Monitor über ein hochwertiges Farbprofil verfügt und ein Anwendungsprogramm wie Photoshop ICC-Profile unterstützt, ist es nur für absolute High-End-Ansprüche relevant, welches Gamma der RGB-Arbeitsfarbraum und welches der Monitor hat. Die Unterschiede werden durch das Colormanagement aufgehoben.

Anders sieht es aus, wenn RGB-Bilder aus Programmen mit einem Colormanagement-Workflow in Office-Programme oder Internetanwendungen übernommen werden sollen. Eine korrekte Farbdarstellung in Office-Programmen und Internetbrowsern geht zur Drucklegung der 3. Auflage immer noch davon aus, dass sowohl der RGB-Arbeitsfarbraum der Bilder als auch der Monitor selbst auf ein Gamma von 2,2 eingestellt sind.

*Die untere Bildreihe simuliert die Darstellungsunterschiede, wenn man das gleiche Bild ohne Colormanagement auf Monitoren mit unterschiedlichen Gamma-Einstellungen wiedergeben würde.*

*Gamma 1,4*

*Gamma 1,8*

Weiterhin können viele Treiber von digitalen Kameras ausschließlich Bilder in Farbräumen mit einem Gamma von 2,2 liefern. Dies sind z.B. die Farbräume sRGB oder AdobeRGB. Für eine farbrichtige Übernahme solcher Kamerabilder in Photoshop sollte dort der gleiche RGB-Arbeitsfarbraum eingestellt sein. Anwender, die mit RGB-Bildern möglichst unkompliziert sowohl in Photoshop als auch in Office-Programmen und Internet-Browsern arbeiten wollen, sollten ihren Monitor auf ein Gamma von 2,2 kalibrieren. Preiswerte Monitore werden in der Regel von Haus aus so konstruiert, dass sie mit einem Gamma von 2,2 optimal arbeiten.

Ein Gamma von 1,8 für den Monitor empfiehlt sich nur bei repro-orientierten Arbeitsumgebungen, bei denen Lieferanten und Empfänger von RGB-Bilddaten grundsätzlich mit einem Gamma von 1,8 arbeiten und eine ordentliche Farbdarstellung in Office-Programmen bzw. Internetbrowsern nicht von Bedeutung ist. Der dazu passende RGB-Arbeitsfarbraum ist ECI-RGB. Für eine hohe Qualität der Monitordarstellung sollte ein über Hardware kalibrierbarer Monitor verwendet werden, bei dem das Farbmessgerät und der Monitor direkt miteinander kommunizieren.

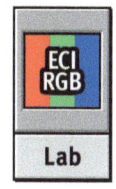

### Das lineare Gamma L*

Das lineare Gamma, auch L* oder L-Star genannt, ist ein neuer Ansatz im Colormanagement. Hierbei gibt es nicht nur eine Maßzahl, die die Helligkeit der mittleren Tonwerte beschreibt. Stattdessen sorgt ein lineares Gamma dafür, dass gleiche Abstände von RGB-Grauwerten auch im L-Wert des Lab-Farbraums gleiche Abstände bringen. Konsequenterweise gehört dazu auch ein RGB-Arbeitsfarbraum mit linearem Gamma. Beides zusammen führt zu einer optimalen Nutzung der Helligkeitsabstufungen im RGB-Arbeitsfarbraum und auf dem Monitor. Anwender des linearen Gammas finden sich daher meist im Bereich der High-End-Fotografie und Postproduction.

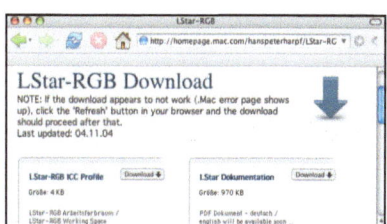

*Unter www.lstar-rgb.com findet man mehr Infos zu Arbeitsfarbräumen und Monitorkalibrierung mit linearem Gamma.*

*Gamma 2,2*

*Gamma 2,6*

## Zusammenfassung RGB-Arbeitsfarbraum und Monitor

**Auftraggeber**

### Auftraggeber
Ihr Monitor sollte auf ein Gamma von 2,2 eingestellt sein und möglichst über ein individuell erstelltes Monitorprofil verfügen. Falls Sie als Auftraggeber auch DTP-Programme nutzen, sollte in den RGB-Einstellungen für unprofilierte Daten „sRGB" ausgewählt sein, weiterhin sollten eingebettete Profile in RGB-Daten immer beibehalten werden. Wenn Sie ein Bildarchiv mit RGB-Daten aufbauen, so sollte für jedes Bild klar ersichtlich sein, ob es sich um High-End-Daten in einem Arbeitsfarbraum wie AdobeRGB oder ECI-RGB handelt oder um sRGB-Daten für Office- und Internet-Anwendungen.

**Fotograf**

### Allround-Fotograf
Ihr Monitor sollte auf ein Gamma von 2,2 eingestellt sein, und als RGB-Arbeitsfarbraum sollten Sie „AdobeRGB" wählen. Bei der Auslieferung von Bilddaten sollten Sie diesen Arbeitsfarbraum in Ihre Bilddateien einbetten. Wenn die Kunden keine Grafiker oder Reprofirmen sind, empfiehlt es sich, zusätzlich zu AdobeRGB-Daten noch einen Office- oder Internetordner mit gering aufgelösten Daten zu verschicken, die Sie von AdobeRGB nach sRGB gewandelt haben.

**Grafik**

### Grafiker
Ihr Monitor sollte auf ein Gamma von 2,2 eingestellt sein und unbedingt über ein individuell erstelltes Monitorprofil verfügen. In DTP-Programmen sollte in den RGB-Einstellungen für unprofilierte Daten „sRGB" eingestellt sein. Weiterhin sollten eingebettete Profile in RGB-Daten immer beibehalten werden. Wenn Sie selbst Bilder erfassen, dann empfiehlt sich AdobeRGB als Arbeitsfarbraum. Beim Layout für Internet- und Office-Anwendungen sollten Sie immer überprüfen, ob die RGB-Daten auch im sRGB-Farbraum vorliegen.

**High-End-Fotografie**

**Repro**

### High-End-Fotografie, Postproduction, Reprofirmen
Das Monitorgamma sollte dem Gamma des RGB-Arbeitsfarbraums entsprechen. Wird mit ECI-RGB gearbeitet, dann folgt daraus ein Gamma von 1,8. Wird mit L*-RGB gearbeitet, dann muss auch der Monitor entsprechend eingestellt werden. Bei der Auslieferung von RGB-Daten für Office- und Internet-Anwendungen ist immer darauf zu achten, dass die die Daten vorher nach sRGB konvertiert werden.

Nach diesem kleinen Ausflug in die Welt der RGB-Arbeitsfarbräume und der Monitoreinstellungen geht es in den nächsten Abschnitten um weitere Details, die den ICC-Standard betreffen. Insbesondere um die verschiedenen Optionen bei der Umrechnung von Daten eines Quellfarbraums in einen Zielfarbraum.

# Aufbau eines ICC-Profils

Wichtigster Bestandteil eines ICC-konformen Colormanagement-Systems sind die Farbprofile. Diese enthalten u.a. verschiedene Rendering Intents, die – je nach Anwendungszweck – mit den Rendering Intents anderer Profile verknüpft werden können.

## Was ist ein Rendering Intent?

Vereinfacht dargestellt, sind die Rendering Intents große Tabellen, die alle RGB- oder CMYK-Farbwerte eines Farbprofils in den Lab-Farbraum übersetzen. Bei 8 Bit Farbtiefe pro RGB-Farbwert hätte so eine Tabelle allerdings 16,7 Millionen Einträge. Da dies zu unhandlich wäre, wird in der Tabelle nur eine Auswahl von Farbwerten gespeichert. Die dazwischen liegenden Werte werden aus den Nachbarwerten interpoliert. Weil die Tabelle für die Werte von R, G und B bzw. L, a und b jeweils eine eigene Dimension besitzt, werden Tabellen dieser Art in der englischen Fachsprache auch als *3d-Lookup-Table* bezeichnet.

## Besonderheiten der Rendering Intents für CMYK-Farben

Bei der Umsetzung zwischen CMYK und Lab gibt es theoretisch bei 4 x 8 Bit Farbtiefe 43 Milliarden mögliche Kombinationen aus den Farben Cyan, Magenta, Gelb und Schwarz. Um hier mit einer reduzierten Anzahl von Kombinationen zu arbeiten, hat ein ICC-Profil von vornherein einen festgelegten Schwarzaufbau. Dieser Farbaufbau lässt sich nachträglich nicht mehr ändern. Programme zur Erstellung von ICC-Profilen haben daher meist ein internes Basisformat, aus dem sich unterschiedliche Schwarzaufbauten generieren lassen.

*Das Farbfeld im Profilsymbol steht für die Farbumrechnungstabellen, auch **Rendering Intents** genannt, die jetzt genauer unter die Lupe genommen werden.*

*Ausschnitt des Rendering Intents eines Farbprofils. In Wirklichkeit beträgt die Zahl der eingetragenen Farbwerte zwischen 27 und etwa 32.000, je nach Genauigkeit des Profils.*

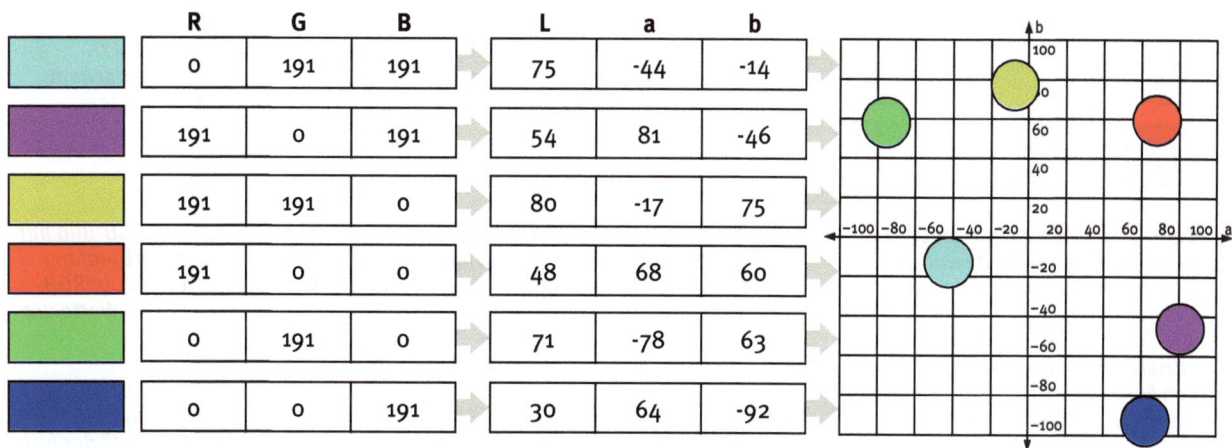

*RGB: Größerer Farbumfang darstellbar*

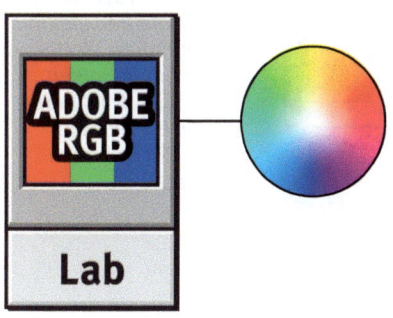

Ein Monitor mit seiner additiven Farbmischung aus den Komponenten Rot, Grün und Blau ist in der Lage, Farben gesättigter wiederzugeben, als es der Druck mit subtraktiver Mischung aus Cyan, Magenta und Gelb vermag.

Der Umfang der aus RGB mischbaren LCH-/Lab-Farben ist also **größer** und wird im Druck **reduziert**. Die Umrechnung zwischen beiden Farbsystemen geschieht über **Rendering Intents**. Es gibt zwei Möglichkeiten, die auf der nächsten Seite näher erläutert werden.

*CMYK: Weniger darstellbare Farben*

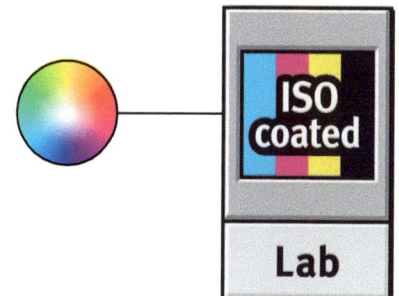

## Der farbmetrische Rendering Intent

Ein Rendering Intent setzt beliebige Farben von einem Farbsystem ins andere um. Die Bezeichnung „farbmetrisch" steht für eine Umsetzung, die jeden beliebigen Eingangsfarbwert im Zielfarbraum visuell gleich abbildet, vorausgesetzt, der Zielfarbraum ist dafür groß genug. Will man beispielsweise CMYK-Farbwerte für den Offsetdruck auf einem Monitor darstellen, so werden diese über das Offsetprofil nach Lab umgesetzt. Diese Lab-Werte werden dann über den farbmetrischen Rendering Intent des Monitorprofils in Monitorfarben umgewandelt. Dies funktioniert ohne Probleme, da der Farbumfang des Monitors größer ist als der des Offsetdrucks. Gleiches gilt für den Digitalproof von Offset-Farbwerten: Die Daten werden durch das Offsetprofil nach Lab übersetzt und dann vom farbmetrischen Rendering Intent des Proofprofils umgerechnet. Schwieriger wird es, wenn z. B. Monitorfarben für den Druck umgesetzt werden sollen. Alle Monitorfarben, die nicht gedruckt werden können, werden von einem farbmetrischen Rendering Intent einfach auf die nächste druckbare Farbe heruntergerechnet (geclippt). Der größere Monitorfarbraum wird also an der Grenze des druckbaren Bereichs „abgeschnitten".

Jedes Profil enthält zwei Varianten von farbmetrischen Rendering Intents: „Absolut" simuliert mittels Farbauftrag auf einem helleren Proofmedium den Weißton eines dunkleren Papiers im Druck. „Relativ" kann keine Papiersimulation mittels Farbauftrag durchführen.

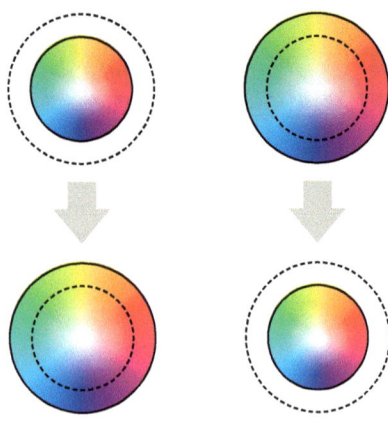

*Der farbmetrische Rendering Intent überträgt alle darstellbaren Farbwerte 1 : 1 in den Zielfarbraum und „schneidet" alle nicht darstellbaren Werte ab.*

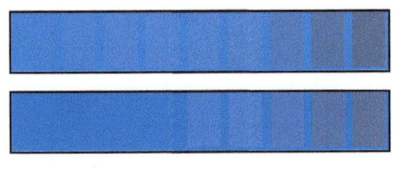

*Bei den abgebildeten blauen Leisten sind die Hintergrundfarbe und die linken drei Kästen zu gesättigt, um im Druck dargestellt zu werden. Der farbmetrische Rendering Intent reduziert sie auf den sattesten druckbaren Farbton, während die anderen Kästen 1 : 1 übersetzt werden.*

*Oben ist die Simulation der Monitordarstellung, darunter die Reihe nach der Anpassung auf CMYK abgebildet.*

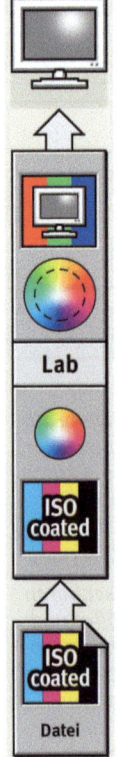

**CMYK nach RGB mit farbmetrischem Rendering Intent**

*Die in Lab umgerechneten Daten durchlaufen das Monitorprofil mit farbmetrischem Rendering Intent, der die Farben 1 : 1 übersetzt. Es gibt keine Probleme, da der kleinere CMYK-Farbraum im RGB-Farbraum enthalten ist.*

*Die CMYK-Daten durchlaufen das Offsetprofil. Der kleine Farbkreis symbolisiert den reduzierten Farbraum des Offsetdrucks.*

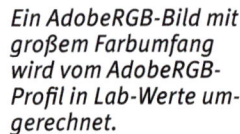

**RGB nach CMYK mit farbmetrischem Rendering Intent**

*Ein AdobeRGB-Bild mit großem Farbumfang wird vom AdobeRGB-Profil in Lab-Werte umgerechnet.*

*Bei der Reduzierung des Farbumfanges „beschneidet" der farbmetrische Rendering Intent des Offsetprofils alle nicht druckbaren Farben auf den maximal darstellbaren Wert (siehe blaue Balken links). Alle druckbaren Farben werden 1 : 1 in den Zielfarbraum übersetzt.*

## Der perzeptive Rendering Intent

Für die Umsetzung eines großen Farbraums in einen kleineren beinhalten ICC-Profile noch eine weitere Tabelle: den perzeptiven Rendering Intent, der oft auch als fotografischer Rendering Intent bezeichnet wird. Dieser übersetzt die am meisten gesättigten Farben des Monitorbildes in die druckbaren Farben größtmöglicher Sättigung. Dadurch wird ein Monitorbild als Motiv bestmöglich in den kleineren Druckfarbraum umgesetzt. Diese am Bild orientierte Farbumsetzung hat allerdings einen Nachteil: Nicht alle Monitorfarben, die 1:1 druckbar wären, werden auch so wiedergegeben. Der kleinere Bereich gesättigter Druckfarben muss die vielen gesättigten Monitorfarben darstellen. Dafür müssen einige druckbare Monitorfarben ungesättigter wiedergegeben werden, damit der Farbabstand im Motiv erhalten bleibt. Der Farbraum wird also insgesamt komprimiert.

Die Tabelle des perzeptiven Rendering Intents ist in den meisten Programmen maßgebend für die Umsetzung der Monitorfarben in den CMYK-Farbbereich. Während des Betriebes kann diese Tabelle nicht geändert werden. Egal, wie das eingehende Bild aufgebaut ist, es läuft immer durch exakt dieselbe Tabelle mit immer der gleichen Farbkompression. In den meisten Anwendungen erzielt man damit sehr gute Ergebnisse. In einigen wenigen Fällen kommt es jedoch zu Problemen, die ab Seite 136 dieses Kapitels genauer erläutert werden.

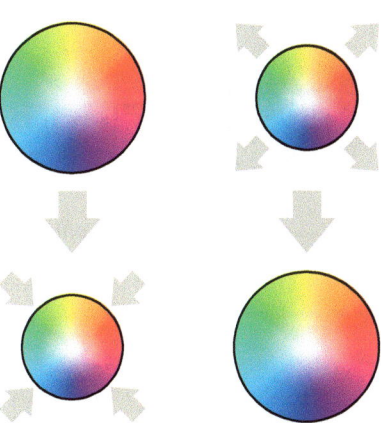

*Der perzeptive Rendering Intent komprimiert den gesamten Farbraum, damit der Farbabstand erhalten bleibt. Eine umgekehrte Anwendung ist meist nur mit Einschränkungen möglich.*

**RGB nach CMYK mit perzeptivem Rendering Intent**

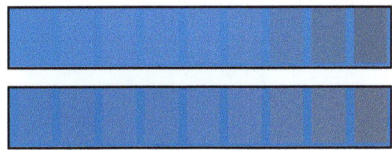

*Ein AdobeRGB-Bild mit großem Farbumfang wird vom AdobeRGB-Profil in Lab-Werte umgerechnet.*

*Bei der Reduzierung des Farbumfanges durch den perzeptiven Rendering Intent des Offsetprofils komprimiert dieser den gesamten Farbraum auf einen druckbaren Farbumfang. Bei der Kompression werden alle Farben verändert.*

*Derselbe blaue Balken wie auf der gegenüberliegenden Seite: Der perzeptive Rendering Intent komprimiert den gesamten Farbraum, so dass die Farbabstände im Bild erhalten bleiben.*

*Oben ist wieder die Simulation der Monitordarstellung abgebildet, unten die Reihe nach der Anpassung auf CMYK.*

## Rendering Intents und ihr Einsatz bei der Separation

Jedes ICC-Profil enthält also drei verschiedene Arten von Umrechnungstabellen: den absolut farbmetrischen, den relativ farbmetrischen und den perzeptiven Rendering Intent. Bei der Verrechnung zweier Profile werden die entsprechenden Rendering Intents *beider* Profile genutzt. Es werden also beide absoluten, relativen oder perzeptiven Tabellen miteinander verrechnet.

Die Wahl der richtigen Rendering Intents spielt eine große Rolle, wenn man Anwendungsprogramme für eine durchgängige Farbwiedergabe konfigurieren will. Vor diesem Ziel liegt allerdings oft ein steiniger Weg, denn viele Programme haben für bestimmte Aufgaben die Rendering Intents fest voreingestellt und beschreiben nicht, *welche* Intents angewendet werden. Viele Hersteller lassen sich auch eigene Bezeichnungen für die Intents einfallen.

Wegen der Bedeutung der Rendering Intents bei der Farbtransformation mit Profilen verweisen in allen nachfolgenden Grafiken die Kürzel A, R und P zwischen den Profilsymbolen auf die jeweils genutzten Rendering Intents.

**A** steht hierbei für „absolut farbmetrisch" oder auch „absolut colorimetric". Die Hauptanwendungszwecke sind Digitalproof und Softproof am Monitor mit Simulation des späteren Papierfarbtons. **R** bedeutet „relativ farbmetrisch" bzw. „relative colorimetric". Die Hauptanwendungszwecke sind Digitalproof und Softproof am Monitor ohne Simulation der Papierfarbe. Will man beim Proof bestmögliche Farbwerte im Medienkeil erreichen, muss grundsätzlich der absolut farbmetrische Rendering Intent genutzt werden. **P** steht für „perzeptiv". Es existieren auch die Bezeichnungen „Wahrnehmung", „fotografisch" oder „perceptual". Der Hauptanwendungszweck ist die Separation von RGB-Bilddaten für den Druck.

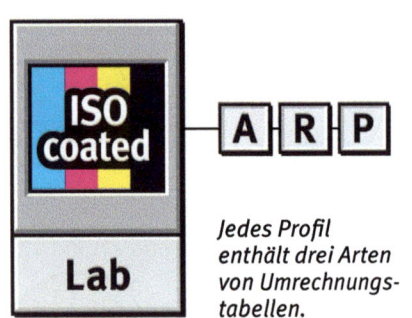

*Jedes Profil enthält drei Arten von Umrechnungstabellen.*

*Mit dem Buchstabenfeld in der Lab-Verbindung zwischen den Profilsymbolen wird angezeigt, welches Tabellenpaar bei der Umrechnung zum Einsatz kommt.*

*Diese Abbildung zeigt die Separation einer RGB-Datei für den Zeitungsdruck. Mit dem **perzeptiven Rendering Intent** werden alle Bestandteile des Bildes visuell richtig auf den kleinen Farbumfang des Zeitungsdrucks komprimiert.*

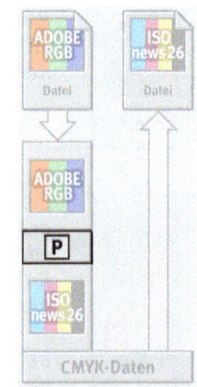

*Die gleiche RGB-Datei, umgesetzt mit dem **absolut farbmetrischen Rendering Intent**. Es kommt zu Zeichnungsverlusten, auch Clipping genannt, da die hellen, dunklen und gesättigten Töne der Vorlage auf dem Zeitungspapier nicht 1 : 1 wiedergegeben werden können.*

## Rendering Intents bei Soft- und Digitalproof

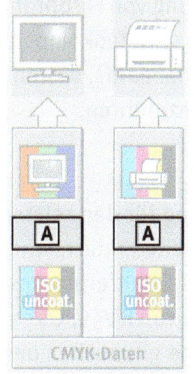

*Die Abbildung zeigt die Simulation eines Druckergebnisses auf ungestrichenem Papier, welches etwas dunkler und bläulicher ist als das Proofmedium. Durch die Nutzung des **absolut farbmetrischen Rendering Intents** wird der Farbton des Papiers auf dem Monitor oder Proofdrucker simuliert.*

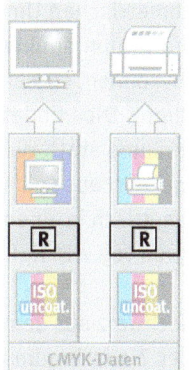

*Verwendet man stattdessen den **relativ farbmetrischen Rendering Intent**, wird der Papierton nicht simuliert – es wird das Weiß des Proofmediums (also des Bildschirms bzw. des Proofmaterials) gezeigt. Besteht nur ein geringer Unterschied zum Papierton, fällt dies jedoch kaum ins Gewicht.*

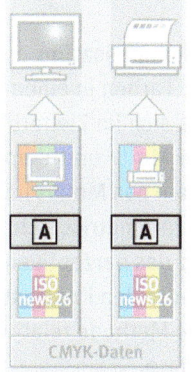
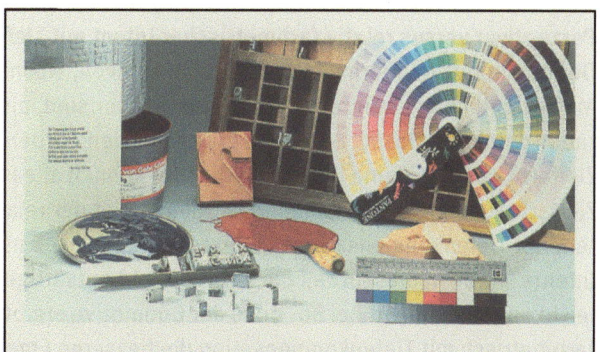

*Diese Abbildung zeigt die Drucksimulation für Zeitungspapier auf einem Monitor oder Proofdrucker. Durch die Nutzung des **absolut farbmetrischen Rendering Intents** wird der Papierton des Zeitungspapiers dargestellt.*

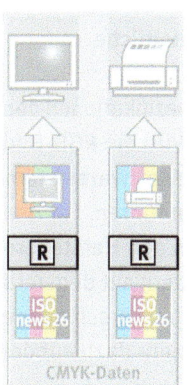
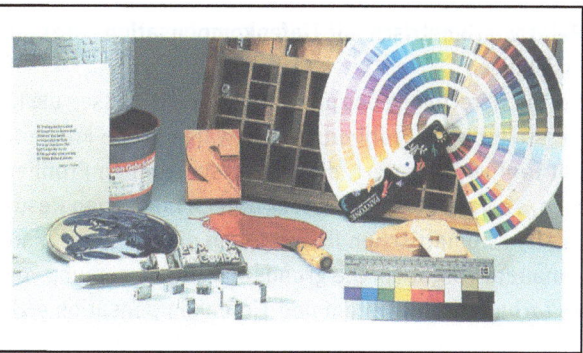

Bei Verwendung des **relativ farbmetrischen Rendering Intents** erfolgt keine Darstellung des Papiertons der Zeitung. Stattdessen wird das Weiß des Monitors oder des Proofmaterials gezeigt. Der Papierton der Zeitung und alle hellen Farben werden zu hell wiedergegeben, da der Unterschied zum Weiß des Mediums zu groß ist.

*Relativ farbmetrischer Rendering Intent mit Tiefenkompensation*

## Die Tiefenkompensation

In Adobe-Programmen gibt es in Menüpunkten zur Anwendung von Farbprofilen neben der Wahl des Rendering Intents noch die Checkbox „Tiefenkompensation". Diese ist zur Drucklegung nicht Bestandteil des ICC-Standards, obwohl es innerhalb des ICC seit 2005 Vorbereitungen gibt, dies einzuführen.

### Was macht die Tiefenkompensation?

Die Tiefenkompensation ist im Wesentlichen eine Ergänzung für den relativ farbmetrischen Rendering Intent. Wie auf der vorherigen Seite erklärt, wird bei der relativ farbmetrischen Umsetzung reines Weiß des Quellfarbraums in reines Weiß des Zielfarbraums umgesetzt. Ein RGB-Weiß von R 255, G 255, B 255 ergibt ein CMYK-Weiß von C 0, M 0, Y 0, K 0. Das Gleiche gilt auch in der umgekehrten Richtung.

Bei den ganz dunklen Tönen ergibt sich mit der relativ farbmetrischen Umwandlung allerdings ein anderes Verhalten: Sind im Quellfarbraum dunkle Töne vorhanden, die im Zielfarbraum nicht dargestellt werden können, so werden diese bei der relativ farbmetrischen Umwandlung geklippt. Dies findet besonders bei der Umsetzung von RGB-Daten in Druckfarbräume statt, die kein sehr dunkles Schwarz erzeugen können. Setzt man umgekehrt aus solch einem Druckfarbraum tiefschwarze CMYK-Werte relativ farbmetrisch in einen RGB-Arbeitsfarbraum um, dann erhält man ein RGB-Dunkelgrau von z.B. R 18, G 19, B 17 statt R 0, G 0, B 0.

Die Tiefenkompensation sorgt dafür, dass das dunkelste Tiefschwarz aus dem Quellfarbraum immer auf das entsprechende Tiefschwarz des Zielfarbraums umgesetzt wird. Quelle und Ziel können dabei sowohl als RGB- als auch als CMYK-Farbraum vorliegen.

### Perzeptiver versus relativ farbmetrischer Intent mit Tiefenkompensation

Der perzeptive Rendering Intent ist dann sinnvoll, wenn die Farben in einem Motiv deutlich gesättigter oder kontrastreicher sind, als es sich im Zielfarbraum darstellen lässt. Bestehen zwischen den Farben im Motiv und dem Zielfarbraum nur kleine Unterschiede oder können alle Farben des Motivs im Zielfarbraum 1:1 wiedergegeben werden, so ist der relativ farbmetrische Intent mit Tiefenkompensation die bessere Wahl – der Einsatz des perzeptiven Intents würde in diesem Fall die Motive leicht entsättigen oder den Kontrast leicht zurücknehmen. Bei 80–90 % der Bildmotive ergibt die Methode relativ farbmetrisch mit Tiefenkompensation die besseren Ergebnisse.

### Relativ farbmetrisch mit Tiefenkompensation sorgt für einheitliche Ergebnisse

Bei der Berechnung des perzeptiven Intents lassen die ICC-Spezifikationen den Herstellern von Profilierungssoftwares große Freiheiten. Wird ein RGB-Bild mit Profilen separiert, die aus verschiedenen Profilierungssoftwares stammen, so kann dies zu sichtbar unterschiedlichen Resultaten führen. Für den relativ farbmetrischen Intent geben die ICC-Spezifikationen den Herstellern genauere Vorgaben. Die grundsätzliche Umsetzung von Bildern mit dem relativ farbmetrischen Intent und Tiefenkompensation erzielt über verschiedene Profilierungssoftwares hinweg einheitlichere Ergebnisse. Mehr dazu auf der nächsten Doppelseite.

## Separation und Monitordarstellung mit Tiefenkompensation

Speziell in Applikationen von Adobe wird die Tiefenkompensation in zwei Hauptbereichen eingesetzt. In den mitgelieferten Farbeinstellungen ist sie voreingestellt, wenn es um einen Moduswechsel von RGB nach CMYK geht. Außerdem ist sie für die Darstellung am Monitor voreingestellt.

Das hat zur Folge, dass in Adobe-Applikationen ohne spezielle Konfigurationen CMYK-Farbräume mit unterschiedlichem Kontrastumfang immer auf den Kontrastumfang des Monitors „aufgeblasen" werden. Das ganz rechte Beispiel in der Bildreihe zeigt im Vergleich zur mittleren Darstellung, wie sich das z.B. für die Darstellung von ISOuncoated-Bildern am Monitor auswirkt.

*Ausschnitte aus dem DQ-Tool des Photoindustrie-Verbandes*

*Dieses Beispiel zeigt den Einsatz des relativ farbmetrischen Intents bei der Umwandlung von AdobeRGB nach ISOuncoated. Da AdobeRGB einen höheren Kontrastumfang als ISOuncoated hat, gehen in den Tiefen Details verloren.*

*Kommt bei der Separation die Tiefenkompensation zum Einsatz, so bleibt die Zeichnung in den dunklen Bereichen erhalten. Die dargestellten Farben und Kontraste simulieren Proof und Druck im ISOuncoated-Farbraum.*

*Kommt die Tiefenkompensation für die Darstellung am Monitor zum Einsatz, so wirkt die Darstellung wesentlich kontrastreicher, als es später auf dem Proof oder im Druck der Fall ist.*

**Die Tiefenkompensation komprimiert und expandiert dynamisch**
Normale Rendering Intents in ICC-Profilen sind statische, vorberechnete Tabellen. Die Tiefenkompensation analysiert für Quelle und Ziel die Unterschiede in der maximal erzielbaren Tiefe und berechnet daraus dynamisch eine Kompression oder Expansion bei der Farbumrechnung. Dabei bezieht sie sich nicht nur auf die dunklen Bereiche eines Bildes (wie der Name vermuten ließe), sondern auf die Umsetzung sämtlicher Farbbereiche im Bild. Dies führt oft zu einer besser angepassten Farbkompression vom Quell- zum Zielfarbraum als bei der Nutzung der statischen Tabellen des perzeptiven Rendering Intents.

## Perzeptive Wandlung im Vergleich

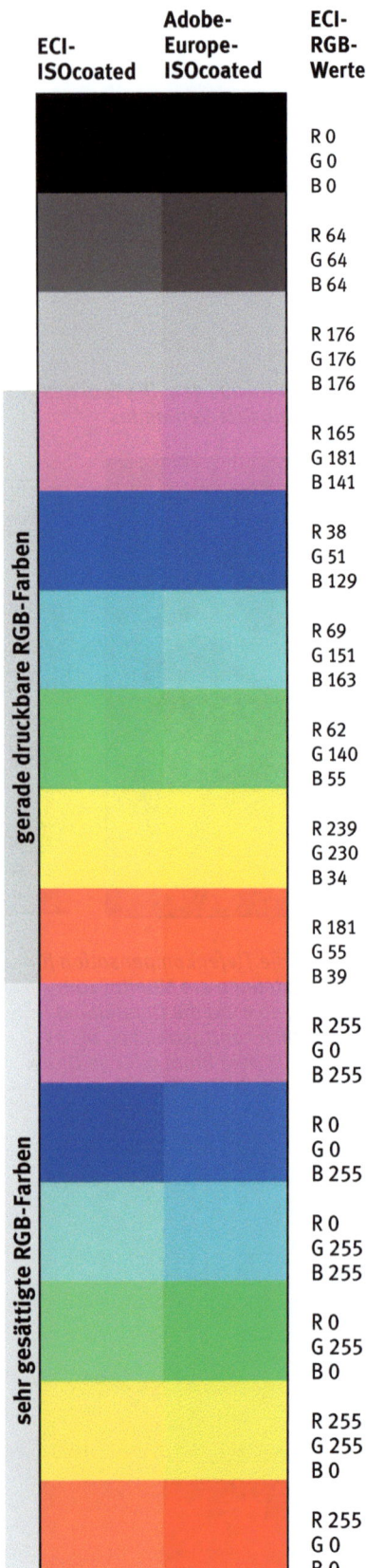

Die Abbildungen zeigen die perzeptive Umsetzung von RGB-Daten mit den Profilvarianten „ISOcoated.icc" von der ECI und „EuropeISOcoatedFOGRA27.icc" von Adobe. Die bunten Farbbalken bestehen aus neutralen ECI-RGB-Farben, solchen, die gerade noch im Farbraum ISOcoated 1:1 gedruckt werden können, und den Eckfarben von ECI-RGB. Bei einem Vergleich fällt auf, dass sich die Unterschiede auf sämtliche Farbbereiche beziehen. Bezüglich der Gradation der Mitteltöne separiert das ECI-ISOcoated-Profil sichtbar heller als die Adobe-Variante. Dies wird sowohl in den grauen Tönen des Farbbalkens als auch im Foto unten sichtbar. Im Umgang mit sehr gesättigten RGB-Farben zeigen beide Profile abweichende Umsetzungen. Das ECI-Profil erzeugt hier, bis aufs Blau, hellere CMYK-Farbwerte als das Adobe-Profil. Bei den gerade noch druckbaren Farben ändert sich die Charakteristik. Hier erzeugt das ECI-Profil teilweise dunklere CMYK-Töne.

Für den Anwender bleibt festzuhalten, das die perzeptive Umsetzung von RGB-Daten mit Profilen verschiedener Hersteller für den gleichen Druckstandard zu sichtbar unterschiedlichen Ergebnissen führen kann. Dies betrifft nicht nur sehr gesättigte RGB-Farben, sondern auch weniger gesättigte Töne bis hin zur Gradation neutraler Farben. Das Ergebnis einer Wandlung von RGB nach CMYK ist damit in wesentlichen Bereichen von der verwendeten Profilierungssoftware abhängig.

**Probleme bei der medienneutralen Produktion mit RGB-Daten**

Für Produktionsabläufe, bei denen RGB-Bilddaten automatisiert auf verschiedene CMYK-Zielfarbräume umgerechnet werden, bedeutet dies eine massive Einschränkung. Eine Automatisierung ist praktisch nur dann erreichbar, wenn für sämtliche CMYK-Zielfarbräume die verwendeten Profile mit der gleichen Software generiert wurden. Tauschen Anwender RGB-Daten aus und arbeiten mit unterschiedlichen Profilierungssoftwares, so ist bei hohen Qualitätsansprüchen keine automatisierte Umsetzung möglich. Die gleiche Einschränkung gilt auch, wenn verschiedene Druckdienstleister Reprofirmen ihre Profile zur Verfügung stellen und diese mit unterschiedlichen Profilierungssoftwares erzeugt wurden.

*ISOcoated, perzeptiv*

*Europe ISOcoated FOGRA27, perzeptiv*

# Relativ farbmetrisch mit Tiefenkompensation im Vergleich

Stellt man Umsetzungen der RGB-Testbilder mit dem relativ farbmetrischen Intent und Tiefenkompensation gegenüber, so entschärft sich die Problematik deutlich: Sowohl für das Foto als auch für die neutralen und die gerade noch druckbaren RGB-Farben ergeben sich bei beiden Profilen sehr gute Übereinstimmungen. Anders sieht es bei den sehr gesättigten RGB-Farben aus – hier sind nach wie vor deutliche Unterschiede zwischen beiden Profilen erkennbar. Dieses Verhalten entspricht exakt den ICC-Spezifikationen. Für den perzeptiven Intent lassen diese dem Anbieter von Profilierungssoftware einen großen Freiraum, wie er Gradation und Farbkompression steuert. Für den relativ farbmetrischen Intent wird indessen vorgeschrieben, dass die Ergebnisse von Profilen verschiedener Hersteller übereinstimmen müssen, solange die zu wandelnden Farben der Quelle 1:1 im Zielfarbraum angebildet werden können. Für die Umsetzung sehr gesättigter Farben mit dem relativ farbmetrischen Intent machen die ICC-Spezifikationen keine speziellen Vorgaben. Zwischen Profilen verschiedener Hersteller sind in diesen Farbbereichen auch für den relativ farbmetrischen Intent größere Unterschiede ganz normal.

Weil die Tiefenkompensation auch eine dynamische Farbkompression beinhaltet, kann sie nicht nur unterschiedliche Kontrastumfänge, sondern auch verschiedene Farbumfänge von Quelle und Ziel gut ausgleichen. Da diese spezielle Farbkompression auf den relativ farbmetrischen Tabellen des Profils beruht, kommen die Unterschiede zwischen verschiedenen Profilierungssoftwares kaum zum Tragen, solange es im Motiv des Quellfarbraums nicht extrem gesättigte Farben gibt.

**RGB-Daten mit Profilen verschiedener Hersteller möglichst sicher umsetzen**
Will man RGB-Daten mit Profilen von verschiedenen Herstellern möglichst gleichartig umsetzen, sollten idealerweise zwei Bedingungen gegeben sein:
1. eine relativ farbmetrische Umsetzung mit Tiefenkompensation,
2. nicht wesentlich gesättigtere Farben im Bild, als im Zielfarbraum möglich sind.

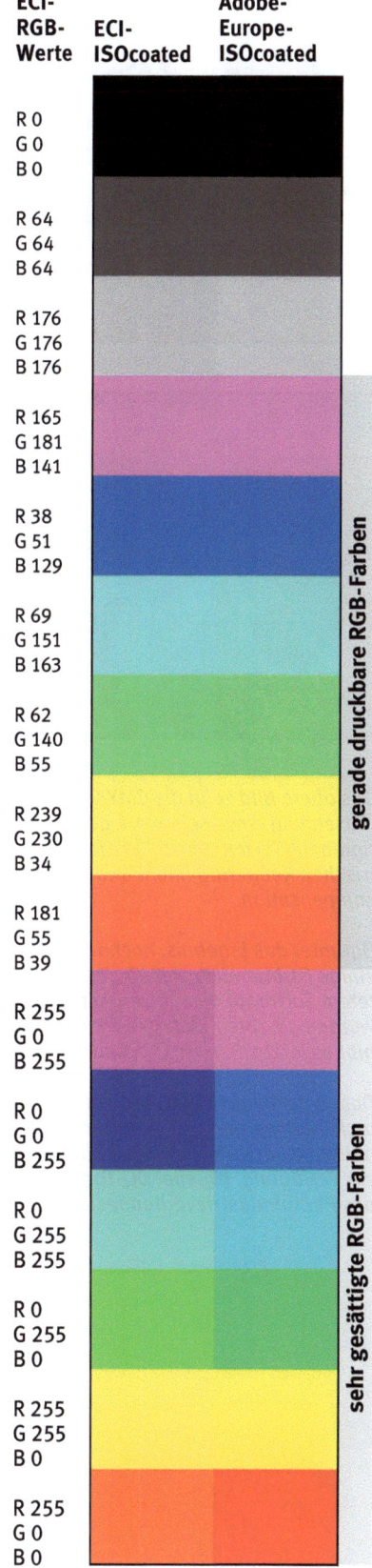

*ISOcoated, relativ farbmetrisch mit Tiefenkompensation*

*Europe ISOcoated FOGRA27, relativ farbmetrisch mit Tiefenkompensation*

*Das obere Bild zeigt die CMYK-Umsetzung eines sehr stark gesättigten Bildes mit dem relativ farbmetrischen Rendering Intent und Tiefenkompensation.*

*Darunter das Ergebnis, nachdem einige Farbbereiche mit eingeschaltetem Softproof manuell entsättigt wurden. Im roten Blatt der Windmühle gibt es jetzt z.B. mehr Zeichnung.*

*Das so optimierte RGB-Bild kann archiviert werden und steht für automatisierte Produktionsabläufe zur Verfügung. (Quelle: DQ-Tool des Photoindustrieverbandes)*

## RGB-Bildoptimierung für automatisierte ICC-Umsetzungen

Wie die vorherigen Beispiele gezeigt haben, ist die relativ farbmetrische Umsetzung mit Tiefenkompensation derzeit die beste Methodik, um über verschiedene Profilierungssoftware hinweg eine möglichst übereinstimmende Umsetzung zu bekommen. Die Voraussetzung dafür ist allerdings, dass im Bild nicht extrem gesättigte Farben vorhanden sind. Handelt es sich um reale Fotos, so würden extrem gesättigte Farben bei einer relativ farbmetrischen Umsetzung mit Tiefenkompensation zu einem Clipping und Zeichnungsverlust führen. Nach der Erfahrung des Autors und Beiträgen auf verschiedenen Mailinglisten ist dies bei ca. 10–20 % der zu separierenden Bilddaten der Fall. Um solche Bilder korrekt umzusetzen, bieten sich zwei verschiedene Ansätze an:

### Archivierung mit vollem Farbumfang und manuelle Separation

Bei einem weitgehend manuellen Produktionsablauf wird jedes RGB-Bild mit seinem vollständigem Farbumfang archiviert. Die endgültige Separation erfolgt manuell in einem Bildverarbeitungsprogramm und der Betrachter entscheidet, ob relativ farbmetrisch mit Tiefenkompensation oder perzeptiv umgesetzt wird. In letzterem Fall muss man damit rechnen, dass es bei Umsetzungen mit Profilen aus verschiedenen Quellen auch zu unterschiedlichen Ergebnissen kommt. Weiterhin gibt es zur Drucklegung keine Lösungen, die aufgrund einer automatischen Bildanalyse entscheiden können, welche Methode der Umsetzung für das jeweilige Bild die bessere ist.

### Archivierung mit begrenztem Farbumfang und automatische Separation

In diesem Produktionsablauf wird jedes RGB-Bild vor der Archivierung mittels eines Softproofs für ein Referenzprofil wie z.B. ISOcoated kontrolliert. Bei den 10–20 % der Bilder, bei denen hier ein Clipping sichtbar wird, führt man eine manuelle Bildbearbeitung durch, bis in den kritischen Bildbereichen genügend Zeichnung vorhanden ist. Für einen geübten Bildbearbeiter ist dies mit einem Programm wie Photoshop schnell erledigt.

### Diese Methode hat gegenüber der vorher skizzierten vier Vorteile:

1. Die Bilder können nach der Archivierung vollautomatisch separiert werden.
2. Die Problematik der unterschiedlichen perzeptiven Umsetzung verschiedener Profile wird sicher umgangen.
3. Von den Bildern kann automatisiert ein Proof für den gewählten Referenzfarbraum (z.B. ISOcoated) erzeugt werden. Dies erleichtert Freigaben von RGB-Bildern und schafft Sicherheit bei der Datenübergabe vom Fotografen an die Druckvorstufe.
4. Die Festlegung auf eine Umsetzungsmethode ist Voraussetzung, um im RGB-Farbraum nummerisch arbeiten zu können. Für Produktfarben in Katalogen können so z.B. RGB-Sollwerte definiert werden. Sie können frühzeitig mit der Pipette in Photoshop kontrolliert werden und dienen als Vorgabe für RGB-Farbkorrekturen.

Dies sind die wesentlichen Gründe, warum in der Colormanagement-Strategie zum Ende dieses Bandes und im Praxisband die zweite Methode Vorrang hat.

# RGB-Bildbearbeitung mit CMYK-Softproof

In sämtlichen bisher dargestellten Produktionsabläufen wurden für eine Farbtransformation immer zwei Profile miteinander verknüpft. Prinzipiell lassen sich mit der ICC-Technologie auch Farbtransformationen über drei oder mehr verknüpfte Profile realisieren. Im Fall der RGB-Bildbearbeitung ist dies sehr nützlich und wird in der Praxis auch so eingesetzt. Die rechte Grafik zeigt einen Ablauf, bei dem AdobeRGB-Daten während der Bearbeitung mit dem relativ farbmetrischen Intent mit Tiefenkompensation in den ISOcoated-Farbraum und von dort relativ farbmetrisch in den Farbraum des Monitors umgesetzt werden.

In einem geeigneten Bildbearbeitungsprogramm, wie z.B. Photoshop, lässt sich so kontrollieren, ob Bildmotive problemlos relativ farbmetrisch mit Tiefenkompensation in den Zielfarbraum ISOcoated gewandelt werden können. Bei einigen wenigen Motiven kann es jedoch vorkommen, dass eine relativ farbmetrische Wandlung mit Tiefenkompensation in Bildbereichen mit hoher Sättigung zu einem Zeichnungsverlust führen würde.

Die RGB-Bildbearbeitung mit eingeschaltetem Softproof für ISOcoated ermöglicht es, in solchen Fällen das Bild manuell zu optimieren, bis kein Zeichnungsverlust mehr auftritt und die Sättigung noch bestmöglich erhalten bleibt. Das so aufbereitete und kontrollierte Bild kann anschließend archiviert werden und steht für Produktionsabläufe zur Verfügung, bei denen RGB-Daten durchgängig mit der relativ farbmetrischen Methode und Tiefenkompensation gewandelt werden. Die Ablaufgrafik unten zeigt zur Übersicht die direkte Übernahme von AdobeRGB-Bildern aus der Kamera, die Bearbeitung mit einem ISOcoated-Softproof und die Ausgabe von Bilddateien in den Farbräumen AdobeRGB und ISOcoated.

*Colormanagement-Ablauf beim Softproof einer RGB-Datei*

Bevor es nun zu komplexeren Produktionsabläufen mit Rendering Intents kommt, klopft wieder einmal ein alter Bekannter an die Tür: der Quälgeist der optischen Aufheller.

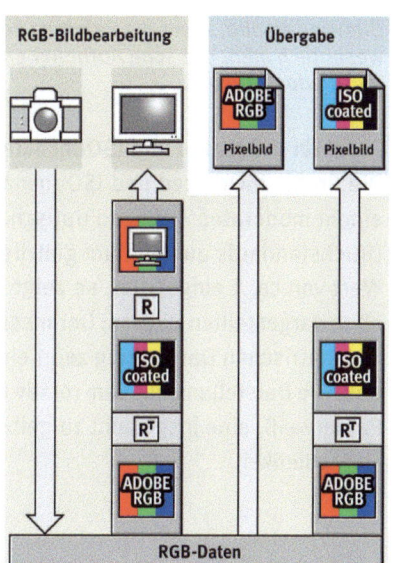

*Nutzung von Rendering Intents bei der Bildbearbeitung im fotografischen Umfeld*

## Rendering Intents und optische Aufheller

Wie bereits dargestellt, liegt das Grundproblem der optischen Aufheller in der fehlenden Übereinstimmung von Messwerten und visueller Wahrnehmung. Würden die Messgeräte perfekte Messwerte liefern, so müssten der absolut farbmetrische Proof und der Softproof visuell perfekte Ergebnisse liefern. In fast sämtlichen Lösungen, die Funktionalitäten für Softproof und/oder Proof liefern, kann der Anwender zwischen den Rendering Intents „absolut farbmetrisch" und „relativ farbmetrisch" bzw. zwischen der ein- oder ausgeschalteten Papierton-Simulation wählen. Sind optische Aufheller im Spiel, dann verdoppeln die verschiedenen Rendering Intents die Möglichkeiten, Farben auf dem Proof oder auf dem Monitor visuell falsch wiederzugeben.

### Optische Aufheller im Profil für den Auflagendruck

Enthält die Referenz für das Offsetdruckprofil sehr viele optische Aufheller, so ist die Darstellung mit dem absolut farbmetrischen Intent auf einem normalen Proofmedium oder am Monitor deutlich zu bläulich. Wird stattdessen zur Darstellung der relativ farbmetrische Intent verwendet, so ist die Darstellung des Papiertons deutlich näher am Original. Die Grauachse kippt dann aber in der Regel mehr oder weniger stark ins Gelbliche. Ohne massiv in die Charakterisierungsdaten bzw. in das Profil für den Offsetdruck einzugreifen, können Papiere mit vielen optischen Aufhellern nicht vernünftig in das Colormanagement einbezogen werden.

*Optische Aufheller in der Referenz des Offsetdruckprofils verursachen, je nach Rendering Intent, visuell unkorrekte Darstellungen bei Softproof und Proof.*

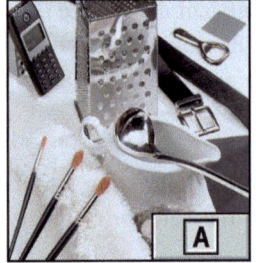 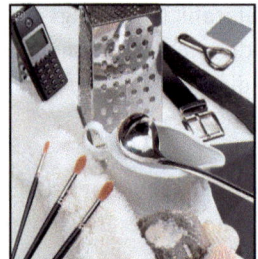 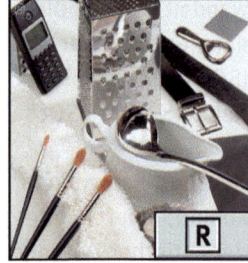

*Bildwiedergabe, wenn die Referenz des zu simulierenden Druckstandards wesentlich mehr optische Aufheller enthielt als das Proofmedium (mittig das Original).*

### Proof für ISOcoated und ISOuncoated auf Medien ohne optische Aufheller

Die Profile ISOcoated und ISOuncoated repräsentieren Auflagenpapiere mit einem moderaten Anteil an optischen Aufhellern. Wird für den Proof dieser Druckstandards ein Medium gänzlich ohne optische Aufheller mit einem b*-Wert von ca. 1 eingesetzt, so zeigt sich das gleiche Phänomen wie auf den oben dargestellten Bildern: Der messtechnisch korrekte Proof mit der absolut farbmetrischen Darstellung zeigt eine visuell zu bläuliche Papierton-Simulation. Die Darstellung mit dem relativ farbmetrischen Intent liefert ein besseres Papierweiß, eine insgesamt zu gelbliche Darstellung und schlechtere Werte im Medienkeil.

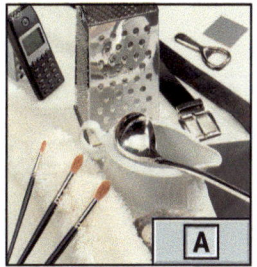 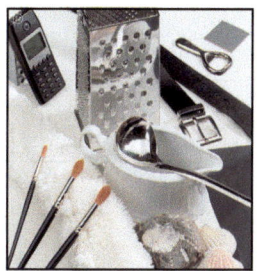 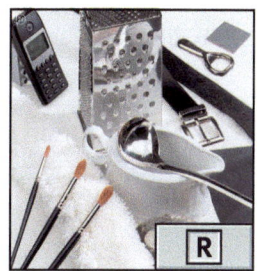

*Bildeindruck, wenn das Proofmedium wesentlich mehr optische Aufheller enthält als der zu simulierende Druckstandard (mittig das Original).*

### Proof auf Medien mit vielen optischen Aufhellern

Wird als Proofmedium ein Fotopapier mit sehr vielen optischen Aufhellern eingesetzt, so ergibt sich der gegenteilige Effekt: Der messtechnisch korrekte Proof mit dem absolut farbmetrischen Rendering Intent zeigt visuell einen deutlichen Gelbstich. Der relativ farbmetrische Intent verhindert den Gelbstich, stellt aber die Grauachse kühler als im Original dar.

### Optimierung einzelner Profilkombinationen inkl. Rendering Intent

Sollen verschiedene ISO-Standards auf einem Proofmedium simuliert werden, ist es üblich, jede Profilkombination aus ISO-Standard und Proofmedium einzeln zu optimieren. Basis ist dabei die absolut farbmetrische Umsetzung.

### Welcher Rendering Intent für den ISOcoated-Softproof?

Das ISOcoated-Profil basiert auf einem Referenzdruck mit einem moderaten Anteil an optischen Aufhellern. Der Softproof mit dem absolut farbmetrischen Intent ergibt eine leicht bläuliche Darstellung. Anwender, für die ISOcoated der einzige CMYK-Farbraum ist, sollten daher für den Softproof den relativ farbmetrischen Intent verwenden, High-End-Reprofirmen, die regelmäßig Daten für verschiedene Druckstandards aufbereiten, den absolut farbmetrischen.

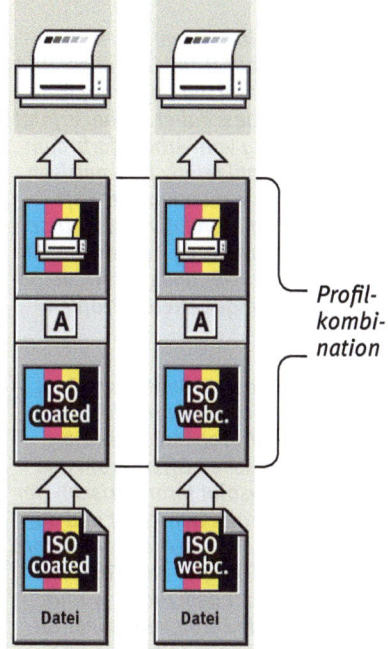

*Für optimale visuelle Proofqualität ist es üblich, jede Profilkombination aus ISO-Standard und Proofmedium mit absolut farbmetrischem Intent einzeln zu optimieren (oben).*

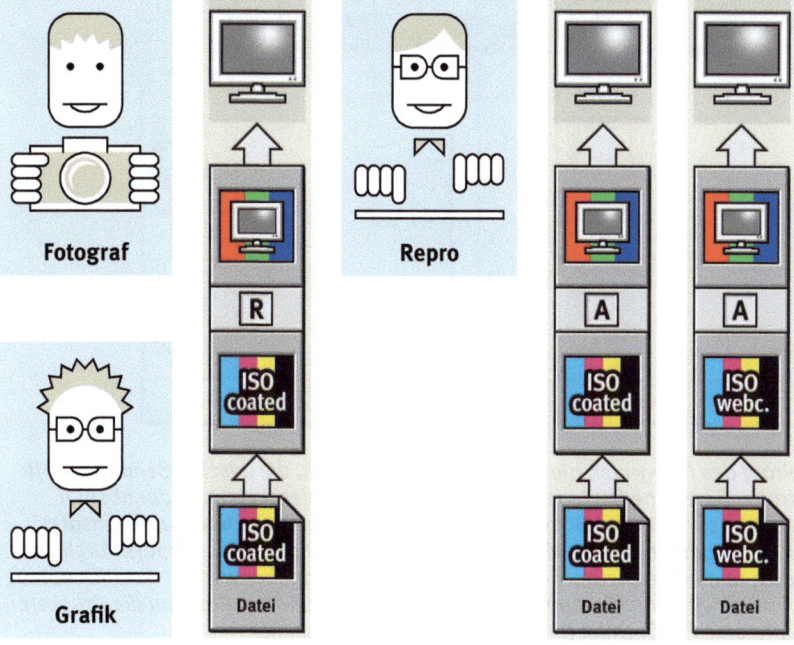

*Fotografen und Grafiker bevorzugen in der Regel den relativ farbmetrischen Softproof für ISOcoated, Reprofirmen sollten durchgängig absolut farbmetrisch arbeiten, um den Einfluss unterschiedlicher Papierfärbungen richtig beurteilen zu können.*

# Produktionsablauf mit Rendering Intents und Übergaben

**Fotograf**

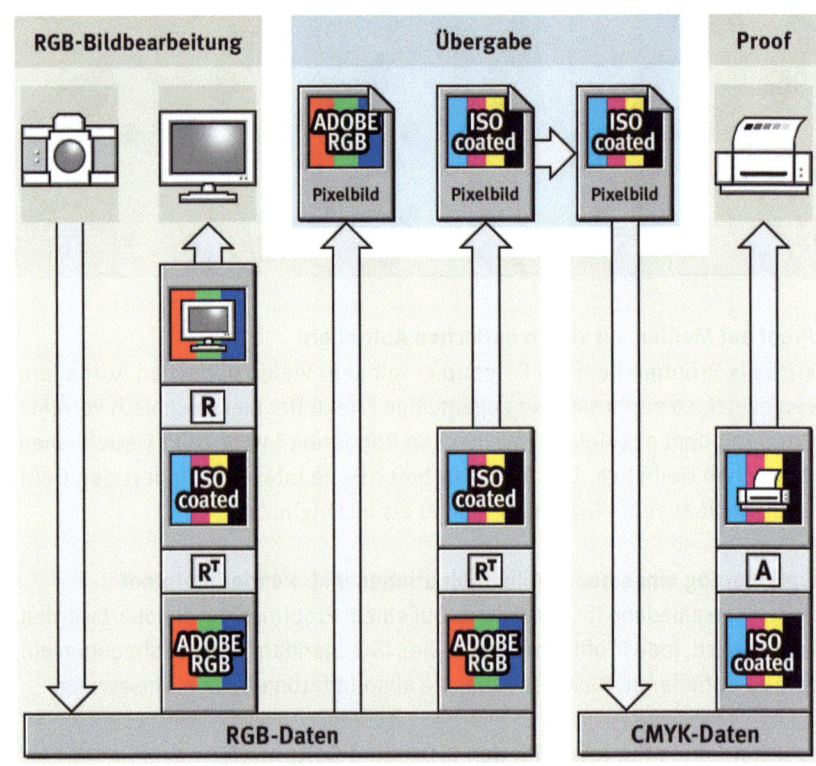

*Der Fotograf übernimmt aus seiner Kamera AdobeRGB-Daten. Bei der Bildoptimierung wird der Softproof für ISOcoated zugeschaltet. Dabei erfolgt die Umsetzung vom Arbeitsfarbraum zum Offsetprofil relativ farbmetrisch mit Tiefenkompensation, der Softproof am Monitor relativ farbmetrisch. Nach der Bearbeitung werden die Bilder als AdobeRGB- und als ISOcoated-Dateien mit eingebetteten Profilen gespeichert.*

*Von den ISOcoated-Bildern wird mit einer professionellen Prooflösung ein ISOcoated-Proof erzeugt (Umrechnung zwischen Offsetprofil und Proofprofil absolut farbmetrisch). Der Auftraggeber gibt den Proof und damit die Daten frei. An die Grafik/Repro übergibt der Fotograf die RGB- und CMYK-Daten mit dem Proof, wodurch er die originale Farbigkeit seiner Bilder belegbar kommuniziert.*

**Grafik**

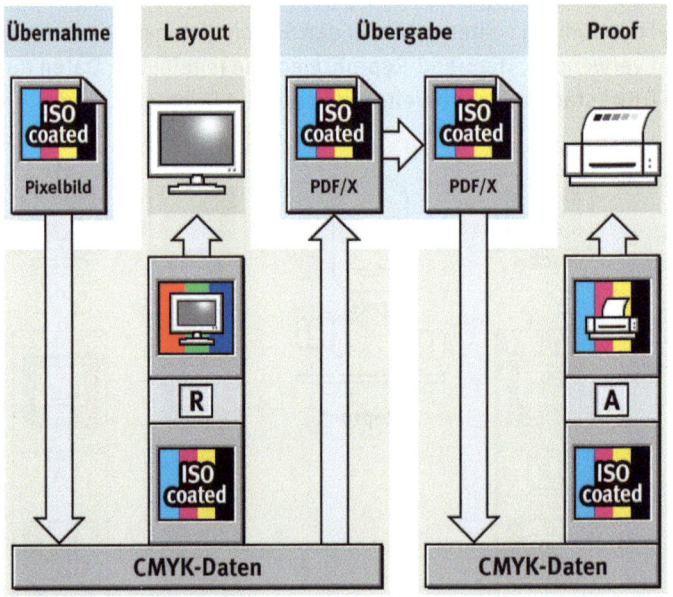

*Baut der Grafiker sein Layout für den Offsetdruck auf gestrichenem Papier auf, kann er direkt die vom Fotografen gelieferten ISOcoated-Bilder verwenden. Das in die Bilddateien eingebettete Profil dient zur Kennzeichnung als ISOcoated-Datei. Der mitgelieferte Proof des Fotografen dient zur Kontrolle. Sämtliche Bestandteile des Dokuments werden im ISOcoated-Farbraum angelegt, der am Monitor mit dem relativ farbmetrischen Intent simuliert wird. Vom fertigen Dokument wird eine PDF/X-Datei für ISOcoated erzeugt, die anschließend geprooft wird (hierbei kommt der absolut farbmetrische Intent zum Einsatz). Nach Freigabe des Proofs durch den Auftraggeber werden das ISOcoated-PDF/X und der Proof an die Druckerei übergeben.*

*Freigaben und Übergaben
zwischen den Produktionsschritten*

Auftraggeber

Freigabe der Daten und des ISOcoated-Proofs

Freigabe der PDF/X-Daten inkl. Proof

Freigabe für den Druck nach Proof

Fotograf

Grafik/Repro

Drucker

Repro

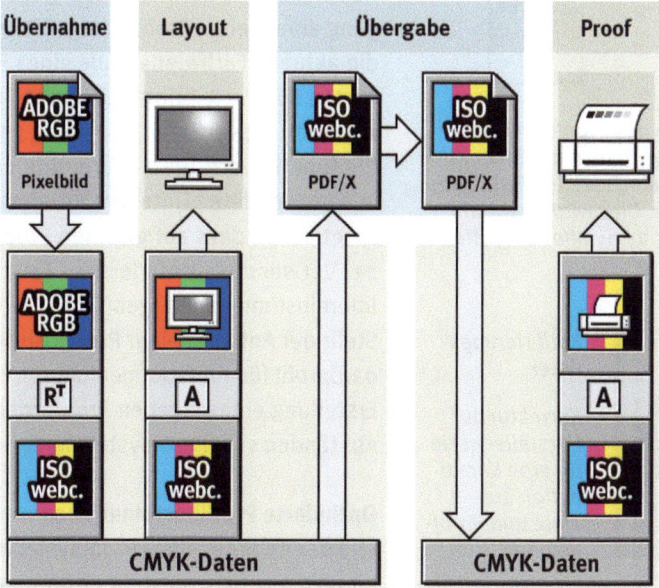

Wird das komplette Dokument für einen anderen Druckstandard als ISOcoated benötigt (z.B. für ISOwebcoated) oder soll es auf mehrere Druckstandards angepasst werden (z.B. bei einer Anzeigenkampagne), so ist dafür eine professionelle Reprofirma die beste Wahl. Diese arbeitet mit den AdobeRGB-Daten des Fotografen, die über das eingebettete Profil mit dem relativ farbmetrischen Intent und Tiefenkompensation in den jeweiligen Druckstandard gewandelt werden. Der Softproof am Monitor erfolgt absolut farbmetrisch. Für jeden benötigten Standard wird eine PDF/X-Datei erzeugt, die anschließend für diesen Standard (z.B. ISOwebcoated) geprooft wird (absolut farbmetrischer Intent). Diese Datei und der Proof werden an die Druckerei übergeben.

## ISO-Standards mit DeviceLink-Profilen optimal proofen

*DeviceLink-Profil*

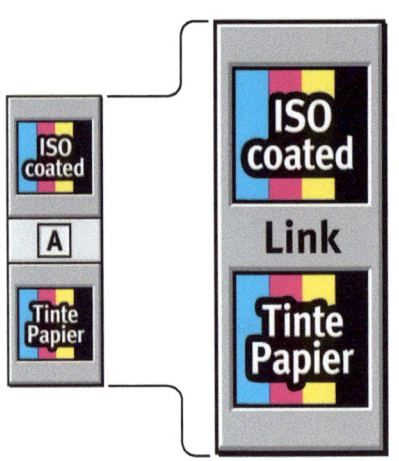

*Wird eine bestimmte Profilkombination für die Transformation von einem ISO-Standard zum Farbraum des Proofdruckers optimiert, so ist es sinnvoll, beide Profile zu einem DeviceLink-Profil zusammenzufassen.*

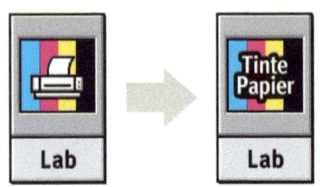

*Der Farbraum des Proofdruckers resultiert dabei immer aus einer Kombination von eingesetzter Tinte und Proofmedium. Dies wird alternativ durch das rechte Symbol dargestellt.*

*Kalibrierungsdatei*

*Korrektur auf Herstellerwerte für eine Kombination aus Tinte und Proofmedium*

An verschiedenen Stellen im Buch wurde dargelegt, dass durch den Einfluss von optischen Aufhellern eine rein messtechnische Erstellung von Farbprofilen für Proofmedien und die zu simulierenden Druckstandards in der Regel nicht zu visuell optimalen Ergebnissen führt – besonders dann, wenn in einem Proofsystem für die Simulation verschiedener ISO-Standards jeweils das gleiche Proofmedium verwendet wird. Um in diesem Fall eine hohe Proofqualität für alle zu simulierenden ISO-Standards zu erreichen, muss jede Kombination aus Proof- und Druckprofil einzeln optimiert werden.

In hochwertigen Prooflösungen ist es üblich, solch eine optimierte Profilkombination in einem speziellen Profilformat, dem sogenannten DeviceLink-Profil, abzuspeichern. DeviceLink-Profile bewirken immer eine komplette Farbtransformation von einer Quelle zu einem Ziel und können auch nur für genau diese Farbtransformation genutzt werden.

Während normale ICC-Profile für verschiedene Anwendungszwecke beliebig miteinander verknüpft werden können, eignen sich DeviceLink-Profile ausschließlich, um eine bestimmte häufig wiederkehrende Farbtransformation zu optimieren. Die optimierte Simulation verschiedener ISO-Standards auf einem Proofmedium ist deshalb ein typischer Anwendungsfall für DeviceLink-Profile. Die gezielte Optimierung einer bestimmten Profilkombination lohnt sich allerdings nur, wenn ein Proofsystem auch über eine leistungsstarke Kalibrierung verfügt.

### Der Unterschied zwischen Kalibrierung und Profilierung

Bei der Kalibrierung erzeugt der Anwender einer Prooflösung in regelmäßigen Abständen mit der Kalibrierungssoftware eine Kalibrierungsdatei – der Vorgang ähnelt einer Profilierung. Diese Datei ist ein spezielles Profilformat, das die aktuelle Farbwiedergabe eines Proofsystems auf die vom Hersteller definierten Sollwerte bringt. Ein gutes Proofsystem sollte über eine hochwertige Kalibrierung verfügen, die völlig getrennt von der Anwendung der Farbprofile funktioniert. Die Kalibrierung bezieht sich immer auf eine Kombination aus verwendeter Tinte und Proofmedium. Eine leistungsstarke Kalibrierung sorgt dafür, dass auf gleichen Proofdruckern an verschiedenen Standorten bei Verwendung der gleichen Tinte und des gleichen Proofmediums exakt übereinstimmende Ergebnisse erreicht werden.

Stellt der Anbieter einer Prooflösung mit hochwertiger Kalibrierung ein Standardprofil für ein Proofmedium zur Verfügung, so kann sich der Anwender die Erstellung eines eigenen Proofprofils sparen – er muss nur in regelmäßigen Abständen sein Proofsystem kalibrieren.

### Optimierte Profilkombinationen vom Anbieter eines Proofsystems

Will der Anbieter eines Proofsystems den Proof von ISO-Standards möglichst einfach machen, so stellt er für ausgewählte Kombinationen aus Tinte und Proofmedium passende DeviceLink-Profile zur Simulation von ISO-Standards zur Verfügung. Die DeviceLink-Profile sind so optimiert, dass sie einerseits gute Werte im Ugra/FOGRA-Medienkeil und andererseits eine gute visuelle Übereinstimmung des Proofs mit den Referenzdrucken der Altona Test Suite erreichen, besonders für den simulierten Papierton. Der Anwender muss in diesem Fall für die Erstellung guter ISO-Proofs nur den Kalibrierungsassistenten seines Proofsystems beherrschen. Er muss sich weder mit den Untiefen der Profilerstellung und -optimierung auseinandersetzen, noch muss er hierfür einen Fachhändler oder Colormanagement-Spezialisten bemühen. Die Kombination aus hochwertiger Kalibrierung und Standard-DeviceLink-Profilen schafft also optimale Voraussetzungen, damit die ISO-Standards auf Proofsystemen an verschiedenen Standorten messtechnisch und visuell übereinstimmend wiedergegeben werden.

**Versäumnisse bei einigen Anbietern von Prooflösungen**

In der Vergangenheit haben einige Anbieter von Prooflösungen bzw. von Werkzeugen zur Profilerstellung das Thema Kalibrierung vernachlässigt. Wenn ein Proofsystem eine veränderte Farbwiedergabe zeigte, musste ein neues Profil erstellt werden. In diesem Fall wird die Profilierungssoftware quasi zur Kalibrierung „missbraucht", was für den Anwender einige Nachteile bringt: Erstens sind die Profilierungsprogramme oft komplexer als die Kalibrierungsassistenten einer Proofsoftware. Zweitens ist es praktisch unmöglich, jede Kombination aus Proofprofil und ISO-Standard individuell zu optimieren, wenn das Proofprofil regelmäßig neu erstellt werden muss. Gerade in kritischen Bereichen, wie der Papierton-Simulation oder der Umsetzung neutraler Farbtöne, ist es mit dieser Methode deshalb schwieriger und aufwendiger, eine gleichbleibend hohe Proofqualität zu erreichen.

*Beim Proofen durchlaufen die Daten zuerst das DeviceLink-Profil für den zu simulierenden ISO-Standard und danach die Kalibrierungsdatei für die eingesetzte Kombination aus Tinte und Proofmedium.*

**Auswahl von Prooflösungen**

Wer mit wenig Aufwand auf hohem Niveau Proofs für ISO-Standards erzeugen will, sollte daher unbedingt auf eine Prooflösung zurückgreifen, die eine hochwertige Kalibrierung mit herstellerseitig optimierten DeviceLink-Profilen für ISO-Standards kombiniert – Anbieter von Prooflösungen, die dies nicht leisten, sollten nicht in die engere Wahl gezogen werden. Nach einer einzigen Kalibrierung sollten sämtliche ISO-Standards sicher erreicht werden – und zwar mit eingeschränkten Toleranzgrenzen im Medienkeil. Mehr Details zur Auswahl von Proofsystemen gibt es im Praxisband. Für den Proof wird dort ausschließlich mit Lösungen gearbeitet, die eine hochwertige Kalibrierung mit DeviceLink-Profilen für ISO-Standards vom Hersteller kombinieren.

*Hochwertige Prooflösungen für ISO-Standards enthalten eine leistungsfähige Kalibrierung und vom Hersteller optimierte DeviceLink-Profile zur Simulation der ISO-Standards.*

**Empfohlene eingeschränkte Toleranzen für den Medienkeil:**

Papierweiß: < 2,0
Mittlere Abweichung: < 2,0
Maximale Abweichung: < 6,0
Max. Abw. Primärfarben: < 3,0

*Proofsysteme mit eigenständiger Kalibrierung und optimierten DeviceLink-Profilen können eingeschränkte Toleranzen für den Medienkeil CMYK jederzeit erreichen.*

**Weitere Einsatzzwecke von DeviceLink-Profilen**

Auf den nächsten Seiten geht es um die Grenzen des klassischen Colormanagements mit ICC-Profilen. Nach einer kurzen Einführung in die Thematik zeigt sich auch hier, dass DeviceLink-Profile ein Schlüssel sind, um Sollbruchstellen im Colormanagement mit ICC-Profilen zu umgehen.

## Grenzen des Colormanagements mit ICC-Profilen

Der auf den vorhergehenden Seiten skizzierte Produktionsablauf nutzt bewusst die Stärken des ICC-Colormanagements. Schwächen, wie z.B. die Unterschiede zwischen den perzeptiven Rendering Intents verschiedener Hersteller, werden durch relativ farbmetrische Umsetzung und Tiefenkompensation ausgeglichen. Sowohl der Fotograf als auch der Grafiker können während des Arbeitens an Bildern oder Dokumenten am Monitor die Farben des Proofs simulieren. Die gelieferten RGB-Bilder des Fotografen können sicher in die unterschiedlichsten Druckstandards gewandelt werden.

### Die Grenzen der geschilderten Arbeitsweise

Der skizzierte Produktionsablauf ermöglicht eine Lösung von vielen Aufgabenstellungen im Colormanagement. Bestimmte Bereiche werden allerdings nicht abgedeckt, da innerhalb der ICC-Spezifikationen zur Drucklegung der 3. Auflage noch größere Lücken klaffen. Diese können auch als „ICC-Sollbruchstellen" beschrieben werden, da hier über ein Großteil der aktuellen Anwendungsprogramme hinweg Probleme bestehen.

Aus der Sicht des Grafikers treten die ICC-spezifischen Probleme verstärkt auf, wenn es darum geht, Colormanagement auf ein komplettes Dokument anzuwenden. Der skizzierte Produktionsablauf geht immer davon aus, dass das komplette Dokument mit allen seinen Einzelteilen komplett im Farbraum des späteren Drucks aufgebaut wird. Soll es aber mit allen Bestandteilen in einen anderen CMYK-Farbraum gewandelt werden, gibt es einige ICC-Sollbruchstellen, die auf den folgenden Seiten näher erläutert werden:

### ICC-Sollbruchstelle 1: Schwarze und graue Objekte

Schwarze und graue Objekte sind in ICC-basierten Produktionsabläufen meist vom Colormanagement ausgenommen, oder sie werden in vierfarbige Objekte gewandelt.

### ICC-Sollbruchstelle 2: Technische Töne

Technische Töne kommen häufig als Flächen und Verläufe in Vektorgrafiken oder gelegentlich als künstlich eingezogene Fonds in Bildern vor. Werden in modernen Layoutprogrammen Transparenzfunktionen genutzt, so werden technische Töne in Vektorgrafiken häufig automatisch in Pixelbilder umgerechnet. Typische unerwünschte Phänomene beim Colormanagement technischer Töne sind die Verschmutzung reiner Farben, schillernde Verläufe oder eine ungewollte Änderung des Farbaufbaus.

### ICC-Sollbruchstelle 3: Kein Maßschneidern kompletter Farbtransformationen

Der ICC-Standard ist so angelegt, dass sich Quell- und Zielprofile beliebig miteinander verknüpfen lassen. Gerade dann, wenn im grafischen Gewerbe Daten aus den unterschiedlichsten Quellen ausgetauscht und neu kombiniert werden, steigt die Anzahl der Kombinationen aus Quell- und Zielprofil praktisch ins Unermessliche. Dies macht es extrem schwierig, in seinem Produktionsablauf alle auftretenden Profilkombinationen systematisch zu testen, bei Bedarf zu optimieren und dann freizugeben.

## ICC-Sollbruchstelle 1: Schwarze und graue Objekte

Die Farben Grau und Schwarz sind im Colormanagement mit ICC-Profilen eine häufige Quelle unerwünschter Farbtransformationen. Dies liegt im Wesentlichen daran, dass die ICC-Spezifikationen in diesem Bereich völlig unzureichend sind. Für das Colormanagement in Grafik- und Layoutprogrammen sowie in Applikationen zur Erzeugung und Verarbeitung von PDF-Dateien gibt das ICC nicht genau vor, wie graue und schwarze Bilder, Grafiken und Textobjekte behandelt werden sollen. Hier die drei häufigsten Fehler, die dabei auftreten können:

### 1. Schwarze Objekte werden nach dem Umrechnen vierfarbig aufgebaut

Solche ungewollten Farbtransformationen treten auf, wenn in einem Anwendungsprogramm schwarzen Objekten, wie z.B. Text oder Linien, ein CMYK-Profil zugeordnet wird und beim Drucken, der PDF-Erzeugung oder der PDF-Verarbeitung das Colormanagement aktiviert ist. In allen aktuellen Grafik- und Layoutprogrammen sowie allen wichtigen Applikationen zur Erzeugung und Verarbeitung von PDF-Dateien gibt es Farbeinstellungen, bei den aktiviertes Colormanagement zu solchem Datenmüll führt. Beim Einrichten eines Colormanagement-Ablaufs ist es daher wichtig, Farbeinstellungen zu wählen, die eine vierfarbige Umsetzung von reinem Schwarz ausschließen.

### 2. Graue Objekte werden nach dem Umrechnen vierfarbig aufgebaut

Die Fehlerquelle und die Resultate sind hier ähnlich wie im ersten Fall und können auch bei allen oben geschilderten Anwendungsprogrammen auftreten.

### 3. Graue Objekte werden vom Colormanagement komplett ausgeschlossen

Während es bei schwarzen Objekten keinen Sinn macht, Colormanagement in irgendeiner Weise anzuwenden, wäre das bei grauen Objekten durchaus sinnvoll. Das Ergebnis sollte allerdings wiederum ein graues Objekt sein. Diese an sich sinnvolle Option bieten zur Drucklegung allerdings weder die aktuellen Grafik- und Layoutprogramme noch die Standardprogramme zur Erzeugung und Verarbeitung von PDF-Dateien.

### Speziallösungen für korrektes Colormanagement von Grau

Um für graue Objekte ein korrektes Colormanagent zu ermöglichen, sind Speziallösungen notwendig, die ab Seite 153 im Abschnitt DeviceLink-Profile vorgestellt werden.

*Die Problemzonen Grauverlauf und Schrift: Oben wurden Verlauf und Schrift aus reinem Schwarz aufgebaut, unten aus vier Farben, wobei es zu Farbschwankungen im Grauverlauf und zu Passerproblemen bei der Schrift gekommen ist.*

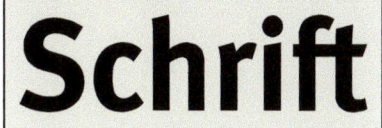

## ICC-Sollbruchstelle 2: Technische Töne

Unter technischen Tönen versteht man Farben, die nummerisch definiert sind und in Dokumenten als Flächen oder Verläufe, zumeist in Vektorgrafiken, zum Einsatz kommen. In einigen Fällen können technische Töne aber auch Bestandteil von Pixelbildern sein, z.B. wenn weiche auslaufende Freisteller vor einem Fond benötigt werden. Wendet man in aktuellen Grafik- und Layoutprogrammen Transparenzfunktionen auf Vektorgrafiken an, so entstehen beim späteren „Flachrechnen" für den Druck sehr häufig Pixelbilder mit technischen Tönen.

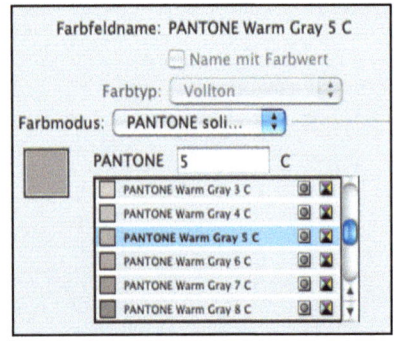

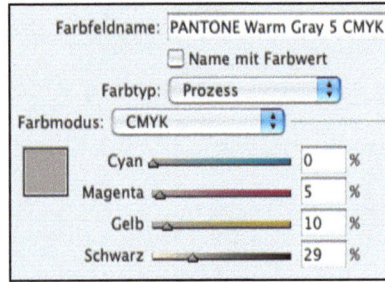

*Die Screenshots zeigen die Farbdefinition eines technischen Tons im Layoutprogramm. Oben das Anlegen einer echten Schmuckfarbe (Volltonfarbe), unten die CMYK-Variante der gleichen Farbe. Die jeweiligen CMYK-Farbwerte sind im Programm hinterlegt.*

Im Druck können technische Töne mittels einer zusätzlichen Druckfarbe oder aber durch festgelegte CMYK-Definitionen realisiert werden – ihre Festlegung geschieht aber in beiden Fällen anhand sogenannter Schmuck- oder Sonderfarbfächer. Die wohl bekanntesten Farbsysteme dafür sind Pantone und HKS. Von beiden Systemen gibt es Farbfächer, die sowohl den Eindruck als echte Druckfarben als auch als CMYK-Ausmischungen für den Vierfarbdruck zeigen. Eine echte Sonderfarbe kommt im Druck als zusätzliche Farbe zum Einsatz, was die Druckkosten erhöht, aber einen größeren Farbraum und eine höhere Stabilität der Farbwiedergabe sichert. Die CMYK-Variante von Sonderfarben erfordert keine zusätzliche Farbe im Druck, bietet aber damit auch nicht die Vorteile echter Sonderfarben.

### Echte Sonderfarben im ICC-Workflow

Seitens der ICC ist das Colormanagement von Sonderfarben nur ansatzweise definiert. Für ICC-basiertes Colormanagement sollten Sonderfarben im Lab-Farbraum festgelegt sein. Mittels Colormanagement lässt sich eine Sonderfarbe dann z.B. im Proof umsetzen. Der Proof versucht zu simulieren, wie der Druck einer reinen Fläche mit 100 % der Sonderfarbe aussieht. Im ICC-Standard ist allerdings nicht definiert, wie Abstufungen einer Sonderfarbe oder Ausmischungen einer Sonderfarbe mit anderen Farben mittels Farbprofilen umgesetzt werden. Schon der Proof eines einfachen Duplexbildes aus einer Sonderfarbe und Schwarz ist nur mit Technologien möglich, die nicht im ICC-Standard beschrieben sind.

### CMYK-Varianten von Sonderfarben

Ein zweiter Einsatzbereich von ICC-basiertem Colormanagement ist die Ermittlung optimaler CMYK-Umsetzungen einer Sonderfarbe für einen vorgegebenen Druckstandard. Der so ermittelte CMYK-Ton soll dann auf einem Proof für den Druckstandard möglichst exakt mit der ursprünglichen Lab-Definition der Sonderfarbe übereinstimmen.

Mittels eines Spektralfotometers lässt sich so eine übergreifende Qualitätskontrolle für den Proof und den Druck von Sonderfarben aufbauen. Dies gilt sowohl für den Druck von echten Sonderfarben und dazugehörigem Proof als auch für CMYK-Umsetzungen solcher Farben inkl. Proof. Solange sich eine Sonderfarbe als CMYK-Ausmischung in voller Sättigung wiedergeben lässt, sollte bei sämtlichen Messungen auf Druck oder Proof auch der ursprüngliche Lab-Wert der Sonderfarbe erreicht werden.

**Unbuntaufbau bei der Berechnung von CMYK-Umsetzungen**
Bei großen einfarbigen Flächen fallen Farbschwankungen im Druck besonders auf. Aus diesem Grunde gilt die Regel, dass CMYK-Umsetzungen von Sonderfarben aus maximal zwei CMY-Farben plus Schwarz aufgebaut werden. Ein solcher Schwarzaufbau wird auch als Unbuntaufbau bezeichnet wird. Um diesen zu erreichen, sind zur Drucklegung Spezialprogramme wie z.B. der Colorpicker von GretagMacbeth notwendig.

**Beispiel Pantone Warm Gray 6 C**
Auf Basis des Proofs und Offsetdrucks nach ISO 12647 auf gestrichenem Papier soll eine optimale CMYK-Kombination für die Sonderfarbe Pantone Warm Gray 6 C ermittelt werden. Die Lab-Definition dieser Sonderfarbe ist L 66 a 3 b 2. Separiert man diese Lab-Farbe absolut farbmetrisch mit dem Profil ISOcoated und simuliert dann im Proof – ebenfalls absolut farbmetrisch – ISOcoated, so ist der Farbeindruck zwar korrekt, der Schwarzaufbau jedoch entspricht mit C 31 M 30 Y 31 K 10 in keiner Weise den Anforderungen – leichte Schwankungen im Druck hätten sofort einen Farbstich zur Folge. Der Colorpicker von GretagMacbeth ist eines der wenigen Programme, die auf Knopfdruck eine CMYK-Variante berechnen können, bei der eine der CMY-Farben auf null gesetzt ist. Der sich ergebende Schwarzaufbau von M 10 Y 13 K 41 ist im Druck weitaus stabiler als die vorherige Version. Da zur Drucklegung weder Pantone noch HKS optimale CMYK-Umsetzungen für den Farbraum ISOcoated anbieten, müssen besonders CD-Agenturen, die Wert auf eine konstante Wiedergabe von Hausfarben legen, die optimalen CMYK-Werte selbst ermitteln. Dabei sollten sie unbedingt eine Software einsetzen, die einen Unbuntaufbau, also maximal zwei CMY-Farben plus Schwarz, ermöglicht.

**Die Sollbruchstelle der technischen Töne im klassischen ICC-Ablauf**
Soll ein Dokument mittels ICC-Profilen auf verschiedene Druckstandards umgerechnet werden, so stellen unbunt aufgebaute technische Töne oft eine Sollbruchstelle dar. Erstens ist es oft notwendig, für technische Töne einen bestimmten Lab-Sollwert zu erreichen. Dafür sollten sie absolut farbmetrisch umgesetzt werden. Ist der technische Ton als Fond Bestandteil eines Bildes, käme es jedoch bei der absolut farbmetrischen Umrechnung in den Lichtern und Tiefen zu Problemen. Zweitens ist es zur Drucklegung bei normalen Umwandlungen über ICC-Profile nicht möglich, für beliebige Zielfarbräume einen Unbuntaufbau der technischen Töne zu garantieren.

**Schillernde Verläufe und das Verschmutzen reiner Farben**
Das Phänomen schillernder Verläufe oder die Verschmutzung reiner Farben ist den meisten Anwendern, die längere Zeit mit ICC-Profilen arbeiten, schon aufgefallen. Die Problemursache liegt dabei im Wesentlichen in der fehlenden Möglichkeit, eine ICC-Farbtransformation von einer bestimmten Quelle zu einem bestimmten Ziel maßzuschneidern.

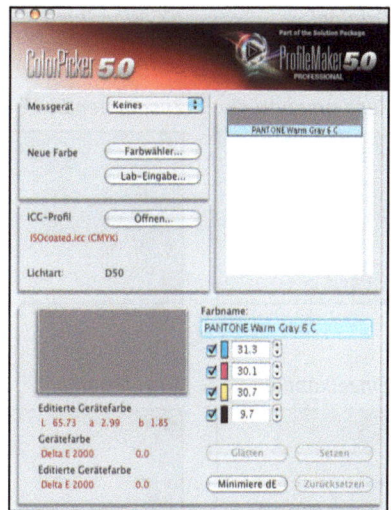

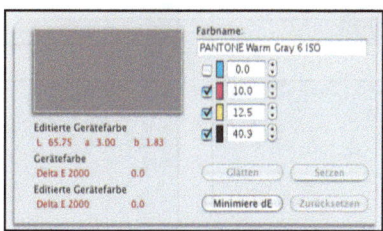

*Der Colorpicker von GretagMacbeth kann Pantone-Farben oder Lab-Farben auf Basis beliebiger Profile in dreifarbig aufgebaute CMYK-Werte umrechnen. Das obere Bild zeigt die Standardumsetzung von Pantone Warm Gray 6 C mit dem Profil ISOcoated.*

*Zur Berechnung eines dreifarbigen Aufbaus sind drei Klicks notwendig:*
*– den Wert für Cyan auf null setzen,*
*– den Haken vor Cyan deaktivieren,*
*– „Minimiere Delta E" klicken.*
*Anschließend kann noch ein eigener Farbname vergeben werden.*

## ICC-Sollbruchstelle 3: Optimierung von Farbtransformationen

Für die Farbtransformation von einer Quelle zum Ziel gibt es kritische und weniger kritische Motive. Bei Fotos mit vielen kleinen Details und hohen Kontrasten fallen leichte Farbverschiebungen kaum auf, bei großen farbigen Flächen oder Verläufen sieht das anders aus. Die Lösung dieses Problems ist leider nicht trivial.

Die Grundidee des ICC-Standards besagt, dass sich Profile für beliebige Geräte- oder Arbeitsfarbräume aus beliebigen Profilierungssoftwares problemlos miteinander verknüpfen lassen sollen. Bei der Eingabe bzw. Erzeugung sollen alle Daten ihr eigenes Profil bekommen, im Layoutdokument werden Daten aus beliebigen Quellen in ein Dokument gepackt, und am Ende wird das gemischtfarbige Dokument auf das ICC-Profil des Zielfarbraums umgerechnet. Je nachdem, welche Quellprofile an den einzelnen platzierten Daten im Layoutdokument hängen, können schnell dutzende verschiedener Farbtransformationen zum Zielprofil für die Dokumentenausgabe entstehen.

### Die ICC-Spezifikationen kennen keine Qualitätskriterien

Inwieweit eine Verknüpfung beliebiger Quell- und Zielprofile auch für kritische Motive eine visuell ansprechende und saubere Farbtransformation ergibt, ist in ICC-Workflows dem Zufall überlassen. Zur Drucklegung der 3. Auflage gibt es innerhalb der ICC-Spezifikationen keine Qualitätskriterien für Charakterisierungsdaten, für einzelne Profile oder für komplette Farbtransformationen mit Quell- und Zielprofil. Letztendlich bleibt es den Anwendern selbst überlassen, sich ein Qualitätsmanagement für ihre Farbtransformationen aufzubauen.

### Eigenes Qualitätsmanagement setzt wenig Farbtransformationen voraus

Um ein Qualitätsmanagement für Farbtransformationen praktikabel zu halten, ist es notwendig, die Anzahl der Transformationen vom Quell- zum Zielprofil so klein wie möglich zu halten. Nur dann ist es überhaupt möglich, jede einzelne Farbtransformation systematisch zu testen, bei Bedarf zu optimieren und danach freizugeben.

Der Schlüssel für ein erfolgreiches Qualitätsmanagement bei Farbtransformationen liegt also in der Begrenzung auf möglichst wenige Farbräume beim Austausch von Daten zwischen verschiedenen Anwendern. Hat man seine Produktionsabläufe so ausgerichtet, dass man mit einer überschaubaren Anzahl von Farbtransformationen auskommt, ist es sinnvoll, für diese jeweils optimierte und geprüfte DeviceLink-Profile einzusetzen.

*Original ISOcoated*

*ICC-Wandlung zu ISOuncoated*

*Zusammendruck*

*Zusammendruck*

*Einzelkanäle*

*Einzelkanäle*

*Das oben abgebildete Beispiel zeigt eine typische ICC-Sollbruchstelle: Das Motiv – ein Verlauf aus Cyan und Schwarz – ergibt bei der Wandlung mit ICC-Profilen von ISOcoated zu ISOuncoated ein fleckiges unruhiges Resultat mit einem völlig anderen Farbaufbau.*

*Für bessere Ergebnisse ist es erforderlich, die Farbtransformation für genau diese Profilkombination zu optimieren, zu testen und freizugeben.*

# Die Lösung: Spezielle DeviceLink-Profile

DeviceLink-Profile sind festgelegte Farbtransformationen von einer definierten Quelle zu einem definierten Ziel. Die einfachste Form der Erstellung eines DeviceLink-Profils ist die Zusammenfassung einer Farbtransformation aus zwei ICC-Profilen mit einem bestimmten Rendering Intent. Durchlaufen Daten solch ein DeviceLink-Profil, so kommt am Ende exakt das Gleiche heraus wie bei der normalen Farbtransformation mittels zweier einzelner ICC-Profile. Eine übliche Anwendung solcher DeviceLink-Profile ist der digitale Proof, bei dem jede Kombination aus Profilen für das Proofmedium und dem zu simulierenden ISO-Standard optimiert wird.

DeviceLink-Profile, die eine normale ICC-Farbtransformation mit einem Rendering Intent abbilden, werden in den Grafiken dieses Buches als doppeltes Profilsymbol mit der Bezeichnung „Link" dargestellt. Es gibt eine Reihe von Programmen, teilweise sogar kostenlos, um aus zwei ICC-Profilen unter Angabe eines Rendering Intents solch ein DeviceLink-Profil zu generieren.

## Spezielle DeviceLink-Profile mit erweiterter Funktionalität

Das Dateiformat „DeviceLink-Profil" bietet prinzipiell noch mehr Möglichkeiten, als nur zwei ICC-Profile zusammenzufassen. So können z.B. in DeviceLink-Profilen bei Farbtransformationen zwischen zwei CMYK-Farbräumen die CMYK-Werte der Quelle mit den CMYK-Werten des Ziels beliebig miteinander verknüpft werden. Will man die ICC-Sollbruchstellen des Colormanagements kompletter Dokumente umgehen, so benötigt man DeviceLink-Profile, die mit speziellen Features für optimierte Farbtransformationen berechnet wurden. Solche speziellen DeviceLink-Profile enthalten in den Grafiken die Bezeichnung „Link+". Damit lassen sich besonders ICC-Probleme lösen:

### 1. Verarbeitung grauer und schwarzer Objekte durch Grau-Erhaltung

In fast allen Anwendungsprogrammen, die ICC-Profile unterstützen, sind graue Objekte entweder vom Colormanagement ausgeschlossen oder sie sind nach der Farbtransformation plötzlich vierfarbig aufgebaut. Die notwendige Technologie zur Lösung dieses Problem heißt Grau-Erhaltung. Die Verwendung dieser Bezeichnung ist allerdings von Programm zu Programm unterschiedlich – in manchen Programmen wird von Schwarzerhaltung gesprochen, wenn Grauerhaltung gemeint ist, andere Programme meinen mit Schwarzerhaltung tatsächlich nur die Erhaltung vor 100 % Schwarz bei der Transformation.

### 2. Korrektes Colormanagament technischer Töne durch Separationserhaltung

Technische Töne sind große einfarbige Flächen oder Verläufe. Die dabei angelegten Farben haben oft eine Reihe besonderer Eigenschaften, die beim Colormanagement mit Standard-ICC-Profilen Probleme bereiten. Damit eine Farbe wie z.B. Pantone Warm Gray 6 im Druck möglichst stabil ist, sollte sie nur aus Schwarz, Gelb und Magenta aufgebaut sein. Bei der Anwendung von Profilen sollte sich nur das Verhältnis der Farben zueinander ändern, aber nicht der generelle Aufbau. Das Gleiche gilt für Verläufe: Auch hier sollte sich der Farbaufbau bei der Anwendung von Profilen nicht grundsätzlich ändern.

*DeviceLink-Profil*

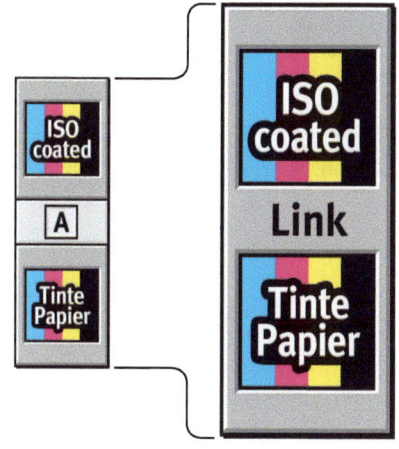

*Enthält das Symbol die Bezeichnung „Link", so repräsentiert dieses DeviceLink-Profil eine normale Verknüpfung zweier ICC-Profile unter Nutzung eines festgelegten Rendering Intents.*

*DeviceLink-Profil mit Zusatzfunktionen*

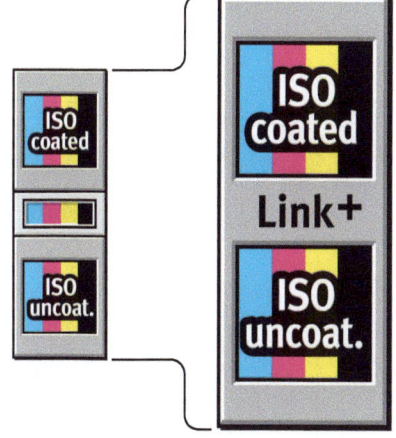

*Enthält das Symbol die Bezeichnung „Link+", so wurde das DeviceLink-Profil mit einer speziellen Software berechnet, um typische ICC-Probleme bei der Farbtransformation von CMYK-Daten zu umgehen. Dabei werden die CMYK-Werte der Quelle direkt mit denen des Ziels verknüpft, ohne eine Lab-Schnittstelle zu durchlaufen.*

Die dafür notwendige Technologie heißt Separationserhaltung. Technologisch gesehen ist die Berechnung von separationserhaltenden DeviceLink-Profilen wesentlich anspruchsvoller als die Grau-Erhaltung. Programme, die diese Funktion bieten, können daher immer auch reines Grau erhalten.

**3. Optimierte Farbkompression von der Quelle zum Ziel**
Bei der Berechnung eines Standard-ICC-Profils werden die Rendering Intents unabhängig davon berechnet, mit welchen anderen Profilen ein Profil gekoppelt wird. Bei der Berechnung eines DeviceLink-Profils besteht die Möglichkeit, die Farbkompression von einer definierten Quelle zu einem definierten Ziel optimiert zu berechnen. Dies kann z.B. dafür sorgen, dass reine CMY-Farben der Quelle in reine CMY-Farben des Ziels umgesetzt werden.

**4. Klare Strategien zum Testen, Optimieren und Freigeben von Profilen**
Standard-ICC-Profile sind darauf ausgerichtet, in der Kombination mit beliebigen anderen Profilen brauchbare bis gute Farbtransformationen zu erzielen. Eine Optimierung des Profils für die Kombination mit einem einzigen anderen Profil nimmt ihm die universelle Verwendbarkeit. Bei DeviceLink-Profilen ist dagegen der ausschließliche Einsatzzweck eine optimierte Farbtransformation von einer definierten Quelle zu nur einem definierten Ziel. Dies macht es wesentlich einfacher, DeviceLink-Profile zu testen, zu optimieren und freizugeben. Übliche Testkriterien sind z.B. eine möglichst gute Übereinstimmung von Proofs der Quell- und Zieldaten, die exakte Umsetzung von technischen Tönen (z.B. Hausfarben) sowie saubere Verläufe und reine CMY-Töne im Zielfarbraum.

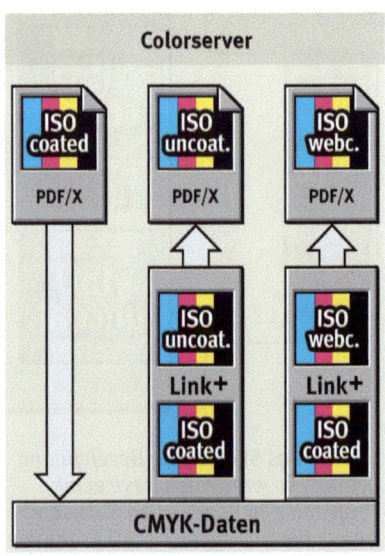

**Anwendung von DeviceLink-Profilen**
In den ICC-Spezifikationen ist ein herstellerübergreifendes Format für DeviceLink-Profile festgelegt. Viele Standardprogramme, die normale ICC-Profile unterstützen, können allerdings mit DeviceLink-Profilen nichts anfangen. Zum Zeitpunkt der Drucklegung gibt es aber spezialisierte Programme, die die beiden wichtigsten Einsatzgebiete für Agenturen, Reprofirmen und Druckereien abdecken – die optimale Umwandlung von Bilddaten in Photoshop und sogenannte Colorserver zur PDF-Verarbeitung. Wenn ein Colorserver Farbtransformationen mit DeviceLink-Profilen unterstützt, kann aus jedem beliebigen DTP-Programm eine CMYK-PDF-Datei für den Druck erzeugt werden, die dann über ein DeviceLink-Profil in einen anderen Druckstandard umgerechnet wird. Die Qualität der Farbumsetzung hängt dabei praktisch ausschließlich vom eingesetzten DeviceLink-Profil und nicht von der Software zu dessen Anwendung ab. Im nächsten Kapitel wird auf das Thema Colorserver für PDF-Dateien noch im Detail eingegangen.

## Details zu separationserhaltenden DeviceLink-Profilen

Für optimale Umsetzungen von CMYK nach CMYK sind separationserhaltende DeviceLink-Profile weitaus besser geeignet als eine Kombination von Standard-ICC-Profilen. Nur separationserhaltende DeviceLink-Profile sind in der Lage, unterschiedliche Farbaufbauten der Quelle im Ziel abzubilden und die Farbanmutung beizubehalten. Bei der Wandlung von CMYK nach CMYK wird dadurch sehr viel behutsamer in den Bildaufbau eingegriffen als bei einer normalen ICC-Wandlung.

### Die Berechnung von separationserhaltenden DeviceLink-Profilen

Um solche Profile zu berechnen, sind recht komplexe mathematische Operationen notwendig. Diese ermitteln für jede CMYK-Kombination der Quelldaten den Lab-Wert und suchen dann in den Zieldaten eine ähnlich aufgebaute CMYK-Kombination mit dem gleichen Lab-Wert. Enthält in den Quelldaten ein CMYK-Grauton z.B. kein Gelb, so sucht die Software dafür in den Zieldaten eine passende Kombination, ebenfalls ohne Gelb. So werden technische Töne optimal umgesetzt. Und ist ein neutraler Ton in der Quelle über alle vier CMYK-Farben aufgebaut, so sucht die Software eine korrespondierende CMYK-Kombination. Dadurch bleibt z.B. der Schwarzaufbau von Bildern weitgehend erhalten.

### Begrenzung der Tonwertsumme

Um Druckdaten mit separationserhaltenden DeviceLink-Profilen auf verschiedene Druckstandards umzurechnen, ist es notwendig, eine Begrenzung der Tonwertsumme im DeviceLink-Profil vorzunehmen. Dafür ist die maximale Tonwertsumme für den Zielfarbraum maßgeblich. Zur Drucklegung gibt es einige wenige Programme zur Erzeugung von DeviceLink-Profilen, die die Option der Separationserhaltung bieten, aber nicht die Begrenzung der maximalen Tonwertsumme erlauben – Profile aus solchen Programmen eignen sich nicht für hochwertige CMYK-zu-CMYK-Farbtransformationen.

### Auswirkung der Separationserhaltung auf Farbtransformationen

Bei einer Farbkonvertierung mittels zweier ICC-Profile geht die Information über den Schwarzaufbau der Quelldaten verloren. Sehr drastisch sieht man dies bei unbunt aufgebauten Verläufen aus Schwarz und maximal zwei CMY-Farben. Die folgende Seite stellt für eine Wandlung von ISOcoated zu ISOuncoated die Ergebnisse einer normalen ICC-Farbtransformation und einer Transformation über ein optimiertes DeviceLink-Profil mit Separationserhaltung gegenüber.

## Vergleich ICC-Umsetzung/optimiertes DeviceLink-Profil

*Mit ICC-Profilen nach ISOuncoated gewandelt*

*Originalbild im Farbraum ISOcoated*

*Mit optimiertem DeviceLink-Profil nach ISOuncoated gewandelt*

**Mittlere Reihe: Original**
*Der Zusammendruck und die Farbauszüge der Bildvorlage in ISOcoated. Die bräunlich-grauen Felder rechts repräsentieren unbunt aufgebaute Pantone-Farben.*

**Linke Reihe: Transformation mit ICC-Profilen**
*Alle Elemente durchlaufen die Separation des Profils ISOuncoated und sind danach vollständig vierfarbig aufgebaut. Der Verlauf wird unsauberer und die Pantone-Töne sind im Druck wesentlich unstabiler.*

**Rechts: Transformation mit separationserhaltendem DeviceLink-Profil**
*Unterschiedliche Farbaufbauten in den Quelldaten werden sauber in das Ziel überführt. Saubere Verläufe und stabiler Druck der Pantone-Töne.*

## Optimierte DeviceLink-Profile für Branchenstandards

Arbeitet man als Anwender nach Branchenstandards, so kann man sich das Erstellen spezieller DeviceLink-Profile sparen, wenn man auf Standardprofile für sich wiederholende Aufgabenstellungen zurückgreift. Hat man z.B. regelmäßig die Aufgabe, Druckdaten für Anzeigen in Tageszeitungen zu erstellen, so müssen oft Offsetdruckdaten für gestrichenes Papier auf den Zeitungsdruck umgerechnet werden. Beim Arbeiten mit Branchenstandards wäre dies eine Umrechnung von ISOcoated auf ISOnewspaper26.

Verschiedene Hersteller bieten hierfür fertige DeviceLink-Profile an, die sämtliche ICC-Sollbruchstellen umgehen. Damit kann dann die komplette Druckdatei mit sämtlichen Bildern und Vektorgrafiken von ISOcoated auf ISOnewspaper26 umgerechnet werden.

### ISOcoated als Masterfarbraum für Bild und Vektorgrafik

Für RGB-Bilder funktioniert ICC-basiertes Colormanagement inzwischen ganz passabel. Ungelöst war lange Zeit die Frage, wie ein vernünftiges Colormanagement für Vektorgrafiken aussieht. Gemäß den ICC-Sollbruchstellen sollen reine Farben dabei auch rein bleiben, Verläufe sollen sauber umgesetzt werden und unbunt aufgebaute technische Töne, wie z.B. die Pantone Warm Grays, sollen ihren Farbaufbau beibehalten. Nicht zu vergessen, dass graue Objekte in ihrer Gradation angepasst werden sollen.

Baut man seine Dokumente mit Bildern und Vektorgrafiken durchgängig im Farbraum ISOcoated auf, so können mit Standard-DeviceLink-Profilen sämtliche Bestandteile des Dokuments sauber in andere ISO-Standards gewandelt werden. Die Qualität der Wandlung hängt dabei praktisch ausschließlich vom verwendeten DeviceLink-Profil ab.

### Schlüsseltechnologie für Reprofirmen und Agenturen

Für Reprofirmen und sogar Agenturen, die möglichst effektiv Druckdaten für verschiedene ISO-Standards erstellen wollen, ist dies zum Zeitpunkt der Drucklegung der schlüssigste und effektivste Ansatz, Colormanagement für das komplette Dokument durchzuführen.

Hier heißt es also Augen aufhalten, welche Hersteller DeviceLink-Profile für Umsetzungen von ISOcoated auf andere ISO-Standards im Angebot haben. Ein Vergleich verschiedener Anbieter mit aussagekräftigen Testdateien und Daten aus der eigenen Produktion sollte auf jeden Fall vorgenommen werden. Im Praxisband gibt es genau zu diesem Zweck eine Reihe von Dateien.

Wie sich solche Standard-DeviceLink-Profile in den eigenen Produktionsablauf integrieren lassen, beschreibt das folgende Kapitel. Vorher gibt es aber noch Tipps für Druckereien zum Einsatz von DeviceLink-Profilen sowie einige generelle Hinweise zur Erstellung, Kontrolle und Optimierung für spezielle Anwendungszwecke – schließlich kommt ja durchaus die eine oder andere Aufgabenstellung vor, bei der der Quell- oder Zielfarbraum kein ISO-Standard ist.

*DeviceLink-Profile für Farbtransformationen in verschiedene Branchenstandards können sowohl in der Agentur als auch in der Reprofirma eingesetzt werden.*

*Drei hochwertige DeviceLink-Profile werden benötigt, um ISOcoate-Daten auf die wichtigsten anderen Standards für den Rollenoffsetdruck auf LWC-Papier, den Offsetdruck auf ungestrichenem Papier und den Zeitungsdruck umzurechnen.*

*In der Druckerei dienen Device-Link-Profile zum Optimieren von Druckdaten.*

**Drucker**

*DeviceLink-Profile zur Begrenzung der maximalen Tonwertsumme müssen für jeden einzelnen Druckstandard berechnet werden.*

*DeviceLink-Profile zum Sparen von Druckfarbe müssen ebenfalls jeweils für einen bestimmten Druckstandard berechnet werden.*

*Werden Daten für einen anderen als den zu druckenden Farbstandard angeliefert, so werden für die notwendige Farbkonvertierung entsprechende DeviceLink-Profile eingesetzt.*

## Spezielle DeviceLink-Profile für Druckereien

DeviceLink-Profile ermöglichen Optimierungen an Druckdaten, die mit normaler ICC-Technologie völlig unmöglich oder nur sehr begrenzt umsetzbar sind. Einige dieser Optimierungen finden innerhalb des Farbraums des Drucks statt. Auf einem Proof würden die Daten vor und nach der Optimierung gleich aussehen. Die generelle Druckbarkeit oder die Produktionssicherheit wird damit aber erhöht.

### Begrenzung der maximalen Tonwertsumme

So lässt sich z.B. in CMYK-Daten aus beliebigen Quellen ab einem bestimmten Einsatzpunkt die Tonwertsumme begrenzen, ohne dass dabei Farben, die eine geringere Tonwertsumme haben, verändert werden. Im Englischen wird die Tonwertsumme als Total Amount of Color bezeichnet. Die Abkürzung ist TAC und findet sich auch in den hier benutzten Grafiksymbolen solcher DeviceLink-Profile wieder.

### Reseparation von Druckdaten

In Druckdaten aus beliebigen Quellen kann die Separation aller Bestandteile über DeviceLink-Profile vereinheitlicht werden, ohne dass dafür die Quellprofile der einzelnen Bestandteile zur Verfügung stehen. So können z.B. neutrale Töne grundsätzlich stärker über Schwarz aufgebaut werden, damit diese im Druck stabiler bleiben.

### Druckfarbe sparen

Speziell berechnete DeviceLink-Profile ermöglichen eine starke Änderung des Schwarzaufbaus, um mit deutlich weniger Druckfarbe zu drucken.

### Verschiedene Druckstandards benötigen verschiedene Profilvarianten

In allen drei Fällen wird das betreffende DeviceLink-Profil auf den jeweiligen Druckprozess maßgeschneidert. Wird z.B. auf deutlich unterschiedlichen Papiertypen gedruckt, so wird für jeden Papiertyp und jeden Einsatzzweck ein eigenes DeviceLink-Profil benötigt. Beim Druck nach ISO-Standards kann auf vorgefertigte DeviceLink-Profile zurückgegriffen werden.

### Wandlungen von Druckdaten zwischen verschiedenen Druckstandards

Weiterhin können natürlich auch Wandlungen zwischen verschiedenen ISO-Standards bzw. von einem ISO-Standard in einen Hausstandard in der Druckerei vorgenommen werden. Eine saubere Umsetzung von ISOcoated-Daten für gestrichenes Papier auf ISOnewspaper26-Daten für den Zeitungsdruck kann mit geprüften DeviceLink-Profilen sicher und vollautomatisch durchgeführt werden – für solche Transformationen zwischen zwei ISO-Standards bieten verschiedene Hersteller vorgefertigte Profile an. Auch bei der Wandlung von ISO-Daten in Hausstandards sind DeviceLink-Profile hilfreich: Mit sorgfältig erstellten, optimierten und geprüften DeviceLink-Profilen lassen sich ISO-Daten z.B. in Hausstandards für den Druck mit FM-Rastern oder hochpigmentierten Farben überführen. Dies macht es für die Kunden der Druckerei deutlich einfacher, Daten und Proofs zu erzeugen, da sie komplett im ISOcoated-Farbraum produzieren können. Die Berechnung, Kontrolle und Optimierung solcher Profile erfordert jedoch ausgewiesene Reprospezialisten.

## Individuelle DeviceLink-Profile erstellen

Mit individuell erstellten DeviceLink-Profilen lassen sich Spezialaufgaben bewältigen, für die keine Standardprofile am Markt verfügbar sind. Für die Berechnung, Kontrolle und Optimierung individueller DeviceLink-Profile ist viel Reprofachwissen und Erfahrung notwendig. Weiterhin werden Programme benötigt, die oft nicht gerade preiswert sind. Der Praxisband geht auf diese Thematik sehr detailliert ein: Da es das Thema erfordert, sich eng an den jeweiligen Programmen zu orientieren, gibt es auf dieser Seite nur einen groben Überblick der wichtigsten Schritte.

*Individuelle DeviceLink-Profile müssen von Reprospezialisten erstellt werden.*

### 1. Berechnung mit einer geeigneten Software
Je nach Einsatzzweck des zu generierenden DeviceLink-Profils muss die Software bestimmte Funktionalitäten aufweisen. Auf jeden Fall muss es einen Modus zur Berechnung separationserhaltender DeviceLink-Profile inkl. Begrenzung der maximalen Tonwertsumme geben. Die Möglichkeit, reine CMY-Farben auch rein zu erhalten, ist ebenfalls notwendig.

### 2. Kontrolle der Ergebnisse
Für die Kontrolle sind Testdateien notwendig, die kritische Motive, z.B. verschiedene Verläufe, aussagekräftige Fotos, reine Farben, enthalten. Zur Kontrolle werden die Daten vor und nach der Konvertierung auf verschiedene Art und Weise miteinander verglichen – per Softproof am Monitor, Ansicht einzelner Auszüge, Messen mit der Pipette in Lab und CMYK sowie durch Proofs. Ist die Kontrolle erfolgreich, kann das DeviceLink-Profil eingesetzt werden. Anderenfalls muss es entweder mit geänderten Einstellungen noch einmal berechnet oder manuell editiert werden.

### 3. Manuelles Editieren
Ergibt die Kontrolle, dass an einem DeviceLink-Profil noch manuelle Korrekturen erforderlich sind, so bedarf es hierzu geeigneter Werkzeuge. Dies können sowohl spezielle Programme zum Editieren von DeviceLink-Profilen sein als auch ein Plugin für Photoshop, um diesen als Editor einzusetzen.

### Typische Einsatzgebiete individueller DeviceLink-Profile
Bei einem Reprodienstleister ist ein typisches Einsatzgebiet die Optimierung von CMYK-Altdaten für Proof und Druck nach ISO. Wurden die CMYK-Altdaten früher auf einem Cromalinproof freigegeben, so erstellt man ein DeviceLink-Profil für die Transformation vom Farbraum des Cromalinproofs zu ISOcoated.

*Ein individuelles DeviceLink-Profil für die Konvertierung vom Cromalin- zum ISOcoated-Farbraum optimiert vorhandene CMYK-Altdaten.*

In der Druckerei ist der gebräuchlichste Einsatzzweck selbst erstellter DeviceLink-Profile die Konvertierung von Druckdaten von ISO-Standards in einen Hausstandard. Verfügt die Druckerei nicht über eine interne Reproabteilung, so ist es sinnvoll, die Erstellung solcher DeviceLink-Profile in Zusammenarbeit mit einer Reprofirma des Vertrauens durchzuführen.

*Beim Druck nach Hausstandards sorgt ein individuelles DeviceLink-Profil für die Anpassung gelieferter ISOcoated-Daten.*

## Zusammenfassung für Anwendergruppen

**Auftraggeber**

### Auftraggeber
**Proof:** Hat man hohe Ansprüche an Proofs, so reicht es nicht aus, lediglich die Einhaltung der Toleranzen im Medienkeil vorzugeben. Wenn es notwendig ist, an verschiedenen Orten visuell und messtechnisch übereinstimmende Proofergebnisse sicherzustellen, so sollte der Auftraggeber sich mit seinen Produktionspartnern über Proofmedien, eingesetzte DeviceLink-Profile, die Kalibrierung und engere Toleranzen im Medienkeil abstimmen.

**Colormanagement kompletter Dokumente:** Bezüglich der Ansprüche an Colormanagement gilt es, die Grenzen von Standard-ICC-Profilen und ihrer Anwendung zu bedenken. Technische Töne und Verläufe sowie Graustufenbilder und -grafiken können mit normalen ICC-Profilen und Anwendungsprogrammen nicht sicher auf verschiedene Druckstandards umgesetzt werden. Dies ist nur mit speziellen DeviceLink-Profilen möglich, deren Einsatz in Colorservern das nächste Kapitel zeigt.

Wer regelmäßig Projekte beauftragt, bei denen Druckdaten auf unterschiedliche Druckstandards umgerechnet werden, sollte sich einen Partner suchen, der dies mit DeviceLink-Profilen durchführt. Gegenüber der oft noch vorhandenen manuellen Anpassung von Daten lassen sich so effektivere und kostengünstigere Produktionswege aufbauen.

**Grafik**

### Grafikbüro/Agentur
**Proof:** Will man ISO-Standards sicher und konstant proofen, so sollte die Prooflösung über eine leistungsfähige Kalibrierung und vom Hersteller hinterlegte DeviceLink-Profile für ISO-Standards verfügen.

**Colormanagement kompletter Dokumente:** Plant man, mit Colormanagement eine höchstmögliche Automatisierung zu erreichen, sollte man sich die Grenzen des ICC-Standards bewusst machen: Technische Töne, Verläufe sowie Graustufenbilder und -grafiken bekommt man mit normalen ICC-Profilen und Anwendungsprogrammen nicht in den Griff.

Als Grafiker sollte man sich auf Lösungen konzentrieren, die für üblich genutzte Branchenstandards fertige Umrechnungen bereitstellen. Der ISOcoated-Farbraum stellt dabei einen Masterfarbraum für Bilder und Vektorgrafiken dar. Umsetzungen, die außerhalb der ISO-Standards liegen, sollten Sie einem Repropartner überlassen. Hier ist es sinnvoll, sich jemanden zu suchen, der ebenfalls mit DeviceLink-Profilen arbeitet.

### Reprodienstleister

**Proof:** Die Erzeugung hochwertiger Proofs nach ISO-Standards wird in Zukunft immer öfter auch den Inhouse-Abteilungen der Agenturen und Verlage möglich sein. In Zusammenarbeit mit Partner-Druckereien ist es für Reprodienstleister deshalb von Vorteil, zusätzlich zu den ISO-Standards auch Hausstandards für den Druck mit FM-Rastern, hochpigmentierten Farben, UV-Farben usw. anbieten zu können.

Repro

**Colormanagement kompletter Dokumente:** Durch ISO-Standards und kontrollierte Wandlungen mit DeviceLink-Profilen werden sich weitere Arbeitsschritte in Richtung Agentur verlagern. Spezielles Repro-Know-how ist jedoch gefragt, wenn es darum geht, DeviceLink-Profile für spezielle Aufgaben maßzuschneidern. Hier trifft sich traditionelles Reprowissen mit der Beurteilung von Auszügen und dem Arbeiten nach Farbwerten im ICC-basierten Colormanagement. Wer sich als Reprofirma nicht intensiv mit der neuen Technologie auseinandersetzt, läuft Gefahr, deutlich umständlicher und damit teurer zu produzieren als die Mitbewerber.

### Druckerei

**Proof:** Um für den eigenen Proof nach ISO-Standards eine möglichst gute Übereinstimmung mit seinen Kunden zu erreichen, ist es sinnvoll, auf eine Lösung mit leistungsfähiger Kalibrierung und DeviceLink-Profilen des Herstellers zu setzen. Zeigen mit dem Medienkeil kontrollierte Proofs eine gute visuelle Übereinstimmung mit den Proofs der Kunden, muss man in Zukunft nur noch sein Proofsystem regelmäßig kalibrieren.

Drucker

**Colormanagement kompletter Dokumente:** ICC-Profile sind ein gutes Hilfsmittel, um Druckdaten am Monitor und auf einem Proof zu beurteilen. Sollen Druckdaten von einem Druckstandard auf einen anderen umgerechnet werden, stößt man bei der Anwendung normaler ICC-Pofile auf Grenzen – vor allem bei technischen Tönen, Verläufen sowie Graustufenbildern und -grafiken. Für eine gezielte Optimierung von Druckdaten inkl. Begrenzung der maximalen Tonwertsumme oder einheitlicher Umrechnung von sämtlichen Bestandteilen einer Druckdatei werden DeviceLink-Profile benötigt. Deren Anwendung beschreibt das nächste Kapitel.

# PDF/X-1a und DeviceLink-Colorserver

Im Produktionsablauf vom Layout bis zur druckfertigen PDF-Datei kommen die Probleme des ICC-Standards besonders stark zum Tragen. Daher ist es notwendig, das Zusammenspiel des ICC-Standards mit PostScript und PDF in groben Zügen zu verstehen.

Um sowohl sicher zu produzieren, als auch die Stärken des ICC-Standards zu nutzen, ist PDF/X-1a das geeignete Format zur Übergabe von Druckdaten. Diese können über Colorserver mit DeviceLink-Profilen in verschiedene Druckstandards gewandelt werden, was in Agenturen, Reprofirmen und Druckereien vollautomatische Colormanagement-Abläufe für klar definierte Aufgabenstellungen ermöglicht.

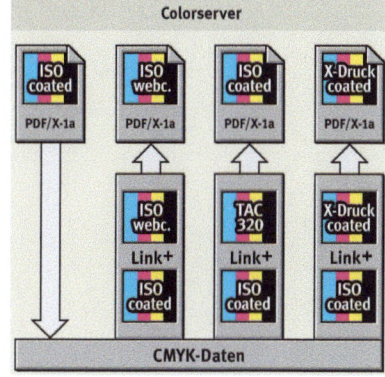

## Grafik und Layout: Licht und Schatten der ICC-Profile

Im vorangegangenen Kapitel ging es kurz um den ICC-Mythos des gemischtfarbigen Dokuments. Gemäß dieser Idee kann ein Dokument auf beliebige Zielfarbräume umgerechnet werden, wenn alle einzelnen Objekte (Bilder, Vektorgrafiken oder farbige Textbestandteile) über eingebettete Profile verfügen. Die im ICC vertretenen Firmen haben nie überprüft, ob dies in der Praxis auch tatsächlich funktioniert. Das hat jedoch weder Adobe bei der Weiterentwicklung des PDF-Formates noch die anderen Hersteller von Grafik- und Layoutprogrammen davon abgehalten, genau diesen Colormanagement-Ansatz voranzutreiben. Dabei überlassen sie es dem Anwender, die Colormanagement-Funktionen zu testen, Fehler zu lokalisieren und sich selbst entsprechende Arbeitsabläufe zu basteln. Von einer industriell funktionierenden Colormanagement-Technologie in Grafik- und Layoutprogrammen oder bei der PDF-Erzeugung und -Verarbeitung ist die Branche noch weit entfernt. Solange sich die im ICC versammelten Firmen nicht entschließen, die ICC-Spezifikationen einmal gründlich zu testen und zu optimieren, wird sich daran auch in Zukunft nichts ändern.

Dies führt dazu, dass ICC-Profile in einzelnen Bildern, Grafiken und Textbestandteilen beim Erzeugen und Verarbeiten der Druckdaten gehörigen Ärger verursachen können. Grafiker, die Druckdaten erzeugen, und Druckereien, die diese entgegennehmen, verbinden daher mit ICC-Profilen oft negative Erfahrungen. Andererseits bietet ICC-basiertes Colormanagement bei den Arbeitsschritten Grafik und Layout auch einen großen Vorteil:

### Der Vorteil: Softproof im Grafik- und Layoutprogramm

Die ICC-Technologie ermöglicht einen Softproof in Grafik- und Layoutprogrammen, der mit dem ISO-Proof und dem Druck sehr gut übereinstimmt. Dies ist für die Anwender ein großer Fortschritt.

Erstens wird der Gestaltungsprozess wesentlich flüssiger und zielgerichteter, denn das Zusammenwirken verschiedener Farbtöne kann direkt am Monitor beurteilt werden und ein Proofdruck zeigt die gleichen Farben. Einige Designer stellten in der Vergangenheit auf einem unkalibrierten Monitor schöne Farben zusammen, optimierten diese für den Präsentationsdruck mühsam über Testdrucke und legten sie für das Druckdokument unter Umständen noch ein drittes Mal an. Für diese Anwender ist ein farbechter Softproof im Grafik- und Layoutprogramm, verbunden mit der Möglichkeit, auf dem eigenen Tintenstrahldrucker farblich übereinstimmende Präsentationsdrucke und Proofs zu erstellen, eine Revolution.

Zweitens bekommen Grafiker oft CMYK-Bilder aus unbekannten Quellen, die sie direkt in das fertige Layout einbauen. Dank des Softproofs können sie nun im Layoutprogramm beurteilen, ob diese Bilder gut aussehen oder ob noch Nacharbeiten in Photoshop erforderlich sind – es ist nicht notwendig, alle gelieferten Bilder vor dem Layouten im Bildbearbeitungsprogramm zu öffnen und zu kontrollieren. Und auf dem Proof gibt es keine bösen Überraschungen mehr. Ein guter Softproof mit ICC-Profilen ist also für Layouter eine große Hilfe.

**Die Nachteile: Ungewollte Farbtransformationen im Produktionsverlauf**
Dank ICC-Colormanagement gibt es bei der Erstellung und Verarbeitung von Druckdaten Fehlerquellen, die vor zehn Jahren noch unvorstellbar waren. Die Umsetzung von ICC-basiertem Colormanagement wird in der Grafik- und Layoutsoftware, in den Programmen zur PDF-Erzeugung und -Verarbeitung sowie in den RIPs für Farbdrucker, Proofsysteme und Belichter von Softwareversion zu Softwareversion immer komplexer. Dies betrifft besonders das Einbetten und Anwenden von ICC-Profilen in einzelnen Bildern, Grafiken oder Textabschnitten von Dokumenten und Druckdaten.

Da die ICC-Spezifikationen für Colormanagement grobe Lücken haben und die verschiedenen Softwareanbieter unkoordiniert ICC-Colormanagement in ihre Produkte implementieren, werden auch die Fehlerquellen beim Zusammenspiel dieser Produkte immer komplexer. Der sichere Umgang mit Farbe bei der Erstellung von Druckdaten erfordert daher ein gewisses Grundverständnis, bei welchen Produktionsschritten ICC-Colormanagement unerwünschte Farbtransformationen auslösen kann und wie diese bestmöglich verhindert werden. Dazu ist es unumgänglich, sich tiefer mit den Colormanagement-Konzepten der Grafik- und Layoutprogramme und des PDF-Formats auseinanderzusetzen.

*Schwarze Schrift oder graue Objekte, die plötzlich vierfarbig aufgebaut werden, sind typische ungewollte ICC-Farbtransformationen in der Druckproduktion.*

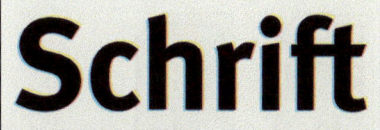

*Der Fehler kann sowohl im Layoutprogramm beim Erzeugen der PDF-Datei als auch bei deren Belichtung auftreten, wie die folgenden Seiten zeigen.*

## Gemischtfarbige Dokumente und Druckdaten

An mehreren Stellen des Buches wird vom janusköpfigen Gesicht des ICC-basierten Colormanagements gesprochen. Damit ist gemeint, dass ICC-Profile einerseits die Qualität der Farbdarstellung von Ein- und Ausgabegeräten stark verbessern, andererseits jedoch die Farbverarbeitung in kompletten Dokumenten unübersichtlicher und fehlerträchtiger machen. Um dies zu verstehen und Fehler möglichst auszuschließen, ist es wichtig, die Eigenheiten gemischtfarbiger Dokumente und Druckdaten zu kennen.

### RGB-, CMYK- und gemischtfarbige Dokumente

Grafiker sind es gewohnt, das fertige Dokument in den CMYK-Farben des Drucks aufzubauen. Egal wo die einzelnen Bestandteile eines Dokuments bearbeitet werden – gleiche CMYK-Werte im Grafik-, Layout- oder Bildbearbeitungsprogramm ergeben die gleiche Farbe im Druck. Für den Designprozess ist das ausgesprochen wichtig, da Typografie, Grafik und Bildbearbeitung immer stärker miteinander verschmelzen. Wenn gleiche CMYK-Werte in den verschiedenen Bestandteilen jedoch zu unterschiedlichen Ergebnissen im kompletten Dokument bzw. im gedruckten Ergebnis führen, dann ist das aus Sicht des Grafikers der Colormanagement-GAU. Das Konzept der gemischtfarbigen Dokumente im ICC-Workflow macht genau diesen Störfall möglich.

RGB- oder CMYK-Dokumente sind durchgängig in einem einzigen Farbraum aufgebaut. Typische RGB-Dokumente sind Office-Dateien oder HTML-Seiten mit RGB-Bildern. Typische CMYK-Dokumente können offene Dateien aus Grafik- und Layoutprogrammen bzw. CMYK-PDF-Dateien für den Druck sein. Bei gemischtfarbigen Dokumenten kann jedes einzelne Element, ob Bild, Grafik oder Text, in Grau, RGB, CMYK oder Lab vorliegen – mit oder ohne eingebettetem Profil. Solche Dokumente können z.B. offene Dokumente aus Grafik- und Layoutprogrammen, PDF-Dateien oder Dokumente von Mac-OS-X-Anwendungen sein, die Colormanagement-Funktionen des Betriebssystems nutzen.

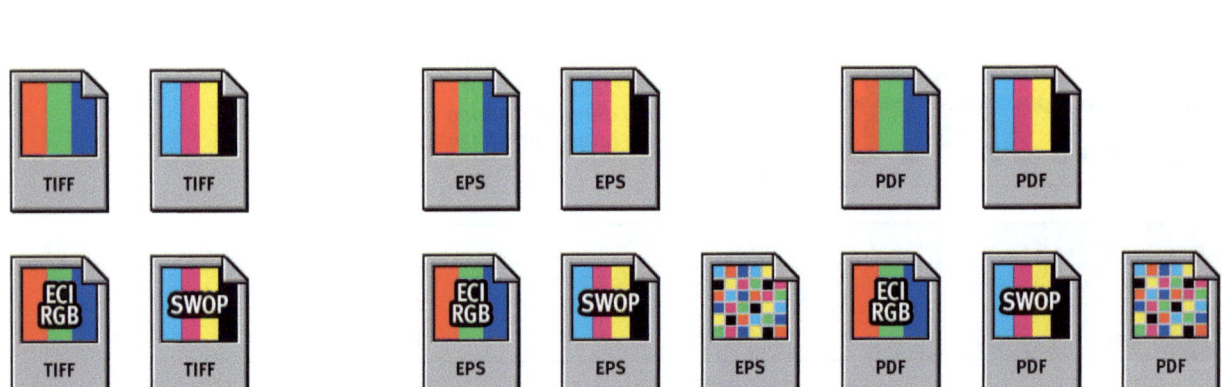

*Übersicht einiger Dateiformate, die in Grafik- und Layoutprogrammen platziert werden können:*
*EPS und PDF können als Container für komplexe Objekte, bestehend aus Bildern, Grafiken und Textobjekten, dienen – ihre einzelnen Bestandteile können in verschiedenen Farbräumen vorliegen, was in den Grafiken mit bunten Quadraten dargestellt ist.*

**Anwendungsprogramme mit ICC-Funktionalität**
Anwendungsprogramme bzw. Applikationen mit ICC-Funktionalität sind in der Lage, gemischtfarbige Dokumente bzw. PDF-Daten unter Anwendung von ICC-Profilen am Monitor anzuzeigen, zu drucken oder in andere Datenformate zu wandeln. Applikationen mit ICC-Funktionalität können Grafik- und Layoutprogramme, Programme zum Anzeigen und Bearbeiten von PDF-Dateien sowie zur Ansteuerung von Proofdruckern oder Belichtern sein.

**Kontrolliertes und vorhersagbares Colormanagement gemischtfarbiger Dokumente ist praktisch unmöglich**
Was dabei „unter der Haube" des jeweiligen Programms vom Anwender unbemerkt geschieht, ist äußerst komplex und steigert sich noch, wenn man bedenkt, dass einerseits zu platzierende Elemente wie EPS- oder PDF-Dateien schon gemischtfarbig vorliegen können und andererseits das offene Dokument an verschiedenen Stellen im Produktionsablauf in ein anderes Datenformat gewandelt wird (z.B. in PostScript-Daten zum Drucken oder in ein PDF zur Datenübergabe an die Druckerei). Als Krönung sollte man nie vergessen, dass es in den ICC-Spezifikationen keine Qualitätskriterien gibt, die sicherstellen, dass eine komplette Farbtransformation von einer Quelle zu einem Ziel auch ein visuell befriedigendes Ergebnis bringt.

In gemischtfarbigen Dokumenten löst jedes platzierte Bild oder jede platzierte Grafik mit einem eigenen Profil bei Arbeitsschritten wie der Anzeige auf dem Monitor, der Ausgabe auf verschiedenen Druckern oder dem PDF-Export eine eigene Farbtransformation aus. Bei umfangreichen Dokumenten mit vielleicht hunderten platzierten Bildern und Grafiken, die oft über unterschiedliche eingebettete Profile verfügen, können sich so dutzende oder sogar hunderte verschiedene Farbtransformationen ergeben. Je nach Arbeitsschritt ändern sich diese Farbtransformationen. Bei der Ausgabe auf einem Farbdrucker oder bei der Umrechnung auf den Farbraum der Offsetdruckmaschine gibt es jeweils andere Paarungen aus den eingebetteten Profilen einzelner Elemente und dem jeweiligen Zielprofil für den Farbdrucker oder die Offsetdruckmaschine.

Eine Qualitätssicherung mit Kontrolle und Freigabe jeder einzelnen Farbtransformation im Produktionsablauf ist mit gemischtfarbigen Dokumenten und Druckdaten faktisch unmöglich. Für eine farbsichere Produktion sollten sie daher unbedingt vermieden werden. Um dies in der Praxis umzusetzen, ist etwas Hintergrundwissen zu PostScript und PDF nützlich.

## PostScript: Robustes Format für CMYK-Dokumente

PostScript ist eine Basistechnologie beim Arbeiten mit Grafik- und Layoutprogrammen. Ein etwas tieferer Blick hinter die Kulissen von PostScript zeigt, dass hier eine der Sollbruchstellen im Colormanagement liegt.

PostScript ist ursprünglich als Befehlssprache entwickelt worden, um Schwarzweiß-Drucker und Schwarzweiß-Belichter ansteuern zu können. Ist ein Grafik- oder Layoutprogramm in der Lage, Daten mit PostScript-Befehlen zu erzeugen, kann man damit jeden beliebigen PostScript-Drucker ansteuern. Vor der Einführung von PostScript verwendete jedes Satzprogramm seine eigene Befehlssprache für Drucker und Belichter, was die Entwicklungskosten solcher speziellen Programme, Drucker und Belichter dramatisch in die Höhe trieb und so ihren Einsatz auf wenige hochbezahlte Spezialisten beschränkte. Mit PostScript wurden die Entwicklungskosten für Grafik- und Layoutprogramme sowie für Drucker und Belichter drastisch reduziert, worauf ein Preisverfall solcher Systeme folgte. Innerhalb von weniger als 10 Jahren waren die spezialisierten Satzsysteme und -belichter praktisch vom Markt verschwunden.

Die wichtigsten Bestandteile von PostScript sind der PostScript-Druckertreiber, das PostScript-RIP und das Datenformat EPS. Der PostScript-Druckertreiber setzt das Dokument des Grafik- oder Layoutprogramms in eine Druckdatei um, die aus PostScript-Befehlen besteht. Das PostScript-RIP interpretiert diese Befehle und errechnet jeden einzelnen Belichtungspunkt auf dem Papier, dem Film oder auf der Druckplatte. Eine EPS-Datei ist eine PostScript-Datei, die beliebige PostScript-Befehle für die Umsetzung von Bildern, Grafiken und Textblöcken sowie ein Vorschaubild enthält. Platziert man eine EPS-Datei im Grafik- oder Layoutprogramm, so wird zur Anzeige am Monitor bei fast allen Programmen nur das Vorschaubild genutzt. Beim Erzeugen einer Druckdatei über den Druckertreiber kommt hingegen der PostScript-Teil der EPS-Datei zum Einsatz. Im PostScript-RIP des Druckers wird nur dieser Teil der Datei ausgewertet, das Vorschaubild wird ignoriert.

### Das EPS-Problem im Colormanagement

Viele Grafik- und Layoutprogramme bieten Colormanagement-Optionen für den Softproof am Monitor und für die Druckausgabe. Platzierte EPS-Dateien sind davon fast durchgängig ausgenommen, was auf der Trennung zwischen Vorschaubild und PostScript-Teil der EPS-Datei beruht, denn Grafik- und Layoutprogramme haben meist nur Zugriff auf das Vorschaubild. Um aus Dokumenten mit platzierten EPS-Dateien auf Farbdruckern mit Colormanagement zu drucken, ist die sauberste Lösung ein PostScript-RIP, welches explizit mit ICC-Profilen arbeiten kann.

### PostScript und CMYK-Dokumente im Colormanagement-Ablauf

PostScript ist ein sehr robustes Datenformat, wenn aus einem CMYK-Layout heraus Farbdrucker, Prooflösungen, der Acrobat Distiller oder ein Belichter angesteuert werden sollen. Da PostScript nach wie vor stark genutzt wird, basieren die in diesem Buch gezeigten Colormanagement-Abläufe fast durchgängig auf CMYK-Dokumenten. Dies garantiert eine gute Umsetzbarkeit in den gängigen Produktionsumgebungen.

*PostScript ist ein sehr robustes Datenformat, wenn es daraum geht, CMYK-Dokumente für Farbdrucker, die PDF-Erzeugung oder die Belichtung aufzubereiten.*

# Colormanagement mit PostScript

### PostScript und gemischtfarbige Dokumente
PostScript und Colormanagement mit gemischtfarbigen Dokumenten vertragen sich nicht. Dies liegt u.a. daran, dass PostScript weder ICC-Profile noch Rendering Intents kennt. Die Ausgabe gemischtfarbiger Dokumente via PostScript auf Farbdrucker, Belichter oder – per Distiller – als PDF-Datei ist ein Prozess, der nicht vernünftig kontrollierbar ist.

### Colormanagement im PostScript-Druckertreiber
PostScript-Druckertreiber bieten durchweg Menüpunkte, die nach Colormanagement aussehen. Verschwenden Sie keine Zeit, zu ergründen, was sich dahinter verbirgt – entsprechende Menüpunkte sollten besser nie aktiviert werden.

### Die Option „PostScript Colormanagement" in „Datei Sichern"-Dialogen
Drücken Sie niemals diesen Knopf, wenn Sie sich vorhersagbare Farben im Druck wünschen. Wenn Sie hier einen Haken machen, können in RIPs von Farbdruckern, Belichtern oder dem Acrobat Distiller die seltsamsten Dinge passieren. Vorhersagbar und kalkulierbar sind die Ergebnisse in den seltensten Fällen.

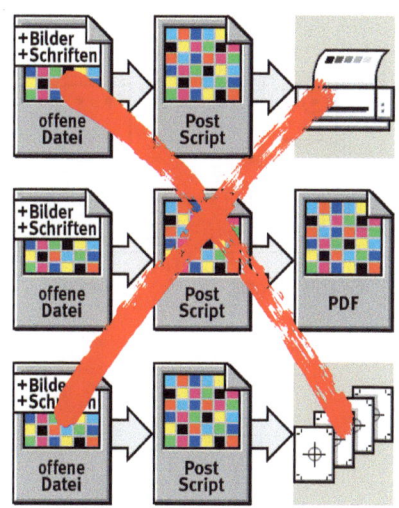

*Produktionsabläufe, bei denen aus gemischtfarbigen Dokumenten PostScript-Dateien erzeugt werden, sind unbedingt zu vermeiden.*

### PostScript-RIPs für Farbdrucker
Wenn Sie einen PostScript-Farbdrucker kaufen, sollten Sie vorher testen, ob dieser mit ICC-Profilen korrekt umgehen kann. Vor allem sollte der Farbdrucker die Möglichkeit bieten, Quell- und Zielprofile inkl. verschiedener Rendering Intents im PostScript-RIP zu verwalten und fest zu hinterlegen. Verschiedene im RIP gespeicherte Profilkonfigurationen sollten über den Druckertreiber oder per Hotfolder leicht und verständlich ansprechbar sein.

### Das häufige Fehlen einer durchgängigen Papierweiß-Simulation
Bei der Umsetzung der PostScript-Datei auf den Drucker finden in der Regel zwei verschiedene Schritte statt: Im ersten Schritt werden die einzelnen PostScript-Objekte (Pixelbilder, Vektorgrafiken oder Text) „interpretiert", es wird daraus ein sehr hoch aufgelöstes Pixelbild errechnet. Im zweiten Schritt wird dieses Bild Pixel für Pixel an den Drucker übertragen. Findet die Verrechnung der Farbprofile vor der Interpretation statt, werden nur die eigentlichen Objekte, also Bilder, Grafiken und Text, vom Colormanagement erfasst. Bereiche ohne Objekte (die „Papierflächen") bleiben immer weiß. Findet die Verrechnung nach der Interpretation statt, wird jedes Pixel des hochaufgelösten Bildes geändert – nur bei diesem Verfahren ist eine Papierweiß-Simulation über das komplette Druckbild möglich.

PostScript-RIPs für Farbkopierer und Farblaserdrucker können fast durchgängig nur die erste Methode anwenden und sind daher für alle Aufgabenstellungen ungeeignet, bei denen eine Papierton-Simulation erforderlich ist. PostScript-RIPs für Proofsysteme verwenden durchgängig den zweiten Ansatz, bei dem eine Papiertonsimulation für das komplette Druckbild möglich ist.

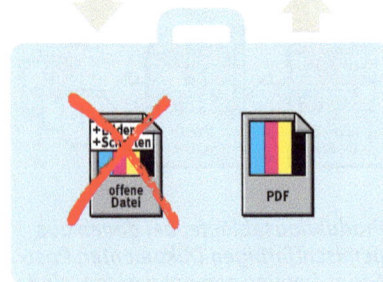

## PDF: Fortschritte und Fallgruben im Colormanagement

Mit der Definition des Portable Document Format (PDF) hat Adobe in den frühen 90er Jahren begonnen, die PostScript-basierte Arbeitsweise bei der Produktion von Drucksachen zu verändern. Dies betrifft besonders zwei Bereiche:

### 1. PDF als Übergabeformat für Druckdaten

Eine druckfertige PDF-Datei beinhaltet bereits sämtliche Bilder, Grafiken und Schriften – dies vereinfacht die Datenübergabe. Sind die PDF-Daten in der Druckerei angekommen, so können sie über spezielle Programme mit wenig Aufwand geprüft werden. Bekommt die Druckerei hingegen offene Dateien mit beiliegenden Bildern und Schriften, so muss sie daraus in einem zusätzlichen Arbeitsgang druckfertige PDF-Dateien erzeugen, um diese dann prüfen und weiterverarbeiten zu können. Diesen Arbeitsschritt stellt die Druckerei ihren Kunden oft als Zusatzkosten in Rechnung.

### 2. PDF als Ersatz für EPS

Als Dateiformat für Bilder und Grafiken bietet das PDF sämtliche Funktionalitäten des EPS-Formates und geht noch drüber hinaus. Bei EPS-Dateien ist das Einbetten von Schriften oft nur mit speziellen Zusatzprogrammen möglich, bei PDF ist es eine Standardfunktion. Für EPS-Dateien gibt es keine kostenlosen Programme zum hochaufgelösten Betrachten und Drucken, PDF-Dateien können hingegen mit dem Acrobat-Reader dargestellt und gedruckt werden.

### Farbräume in PDF-Dateien

Bezüglich Farbe ist PDF ein sehr komplexes Format. Innerhalb einer PDF-Datei können Bilder, Grafiken und Textabschnitte in den verschiedensten Farbräumen vorliegen, die man in Photoshop oder Grafikprogrammen anlegen kann, und zwar mit oder ohne eingebettetes Profil. Zusätzlich gibt es noch einige Spezialfarbräume innerhalb des PDF-Formats.

| Farbräume ohne Profil | Farbräume mit Profil | Spezialfarbräume |
|---|---|---|
| DeviceGray | ICCbasedGray | Black (reines Schwarz) |
| DeviceRGB | ICCbasedRGB | Separation |
| DeviceCMYK | ICCbasedCMYK | |
| DeviceN (Schmuckfarben) | CIELab | |

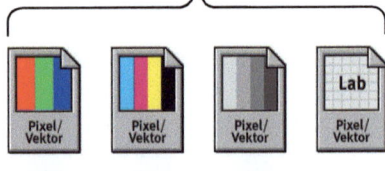

Liegen Objekte in einem ICCbased-Farbraum vor, so gehört dazu immer ein Profil und ein Rendering Intent. Aufgrund der Beschränkungen des ICC-Formats ist es zur Drucklegung der 3. Auflage praktisch unmöglich, eine gemischtfarbige PDF-Datei vollautomatisch und sicher auf verschiedene Druckstandards umzurechnen. Andererseits eignet sich das PDF-Format hervorragend als Container für „Profilmüll", wenn aus gemischtfarbigen Dokumenten Druckdaten generiert werden.

**Reines CMYK-PDF als Format für Druckdaten**
PDF-Daten für Druckereien sollten grundsätzlich druckfertig ausgeliefert werden. Um zu vermeiden, dass in der Druckerei einzelne Bilder, Grafiken oder Textabschnitte farbtransformiert werden, dürfen PDF-Dateien für den Druck keine ICCbased-Farbräume oder DeviceRGB-Farben enthalten. An die Druckerei müssen reine CMYK-PDF-Dateien geschickt werden, die für den ISO-Standard des jeweiligen Druckprozesses aufbereitet sind (Schmuckfarben, die als Sonderfarbe gedruckt werden, dürfen natürlich enthalten sein).

**Ungewollte Farbtransformationen von CMYK-Objekten vermeiden**
Je aktiver die Erzeuger von Druckdaten Colormanagement für Dokumente und PDF-Dateien nutzen, desto schneller kann es passieren, dass einzelne Bilder, Grafiken oder Textabschnitte ungewollt farbtransformiert werden. Dies ist besonders für druckfertige CMYK-Objekte fatal, die genau so gedruckt werden sollen, wie sie aufgebaut sind. Dabei gibt es drei hauptsächliche Problembereiche:

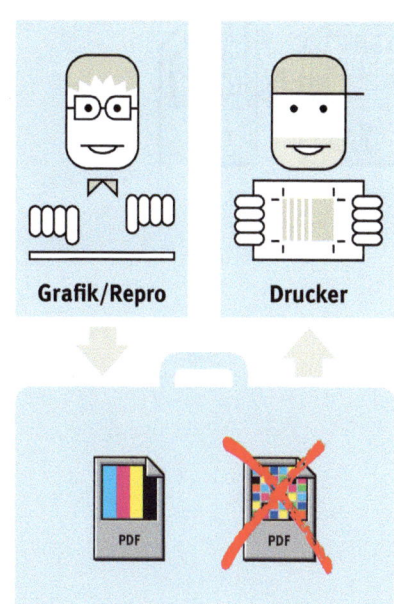

**1. Farbtransformation während der PDF-Erzeugung**
CMYK-Dateien werden während der PDF-Erzeugung farbtransformiert und liegen damit schon in der PDF-Datei fehlerhaft vor. In manchen Programmen reicht dafür eine einzige Menü-Einstellung.

**2. Übernahme individueller Profile einzelner Objekte in die PDF-Datei**
In diesem Fall werden unterschiedliche CMYK-Profile einzelner Bilder, Grafiken oder Textabschnitte mit in die PDF-Datei übernommen. Das Ergebnis ist eine gemischtfarbige PDF-Datei. Die ungewollte Farbtransformation findet erst bei der Weiterverarbeitung der Daten in der Druckerei statt.

**3. Ungewolltes Einbetten von Profilen in einzelne Objekte der PDF-Datei**
Manche Programme zur PDF-Erzeugung betten bei bestimmten Einstellungen grundsätzlich in alle Bilder, Grafiken und Textabschnitte Profile ein. Das Ergebnis ist wiederum eine gemischtfarbige PDF-Datei. Die ungewollte Farbtransformation findet erst in der Druckerei statt.

Der Praxisband gibt an vielen Stellen Tipps zum richtigen Aufbau von Dokumenten sowie zur PDF-Erzeugung und -Kontrolle, damit solche Probleme vermieden bzw. noch vor dem Druck erkannt werden.

## Farbsicher vom Layoutdokument zum CMYK-PDF

Will man bei der PDF-Erzeugung aus dem Layoutprogramm ungewollte Farbtransformationen von Bildern oder Vektorgrafiken vermeiden, sollten folgende Punkte beachtet werden:

### 1. Aufbau von Layoutdokumenten im CMYK-Farbraum des Drucks

Sämtliche Elemente im Layoutprogramm sollten für den ISO-Standard des jeweiligen Druckprozesses aufbereitet sein, vor allem platzierte CMYK-Bilder. Wird z.B. eine Anzeige für den Zeitungsdruck gestaltet, sollte man dafür sorgen, dass sämtliche platzierten CMYK-Bilder auch für den Zeitungsdruck optimiert sind.

### 2. In den Farbeinstellungen eingebettete Profile einzelner CMYK-Objekte deaktivieren

Bei Grafik- und Layoutprogrammen ist unbedingt darauf zu achten, dass in den Farbeinstellungen eingebettete Profile von platzierten CMYK-Bildern und CMYK-Grafiken deaktiviert sind. In Zweifelsfall im Grafik- oder Layoutprogramm lieber Colormanagement komplett deaktivieren. In der Adobe Creative Suite 2 sind in sämtlichen Standard-Farbeinstellungen eingebettete Profile in CMYK-Objekten deaktiviert. In der Vorgängerversion war dies bei vielen Standard-Farbeinstellungen nicht der Fall.

*Aktuelle Layout- und Grafikprogramme werden mit Farbeinstellungen ausgeliefert, bei denen für platzierte CMYK-Bilder und -Grafiken eingebettete Profile deaktiviert sind (Beispiel: Adobe Creative Suite 2).*

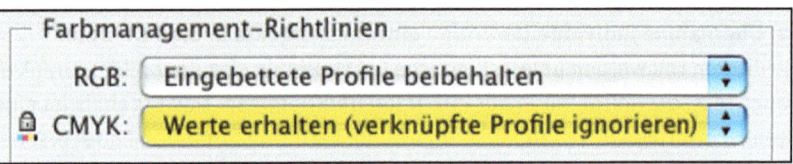

### 3. PDF-Einstellungen, die reine CMYK-PDF-Daten erzeugen

Der dritte kritische Punkt sind die Einstellungen bei der PDF-Erzeugung. Auch hier sollte eine Voreinstellung gewählt werden, die nur reine CMYK-PDF-Dateien ohne eingebettete Profile in einzelnen Objekten erzeugt. Auf vielen Wegen zur PDF-Erzeugung gibt es allerdings ein Zusammenspiel mit den Farbeinstellungen des Layoutprogramms. Ist dort eine Einstellung aktiv, bei der eingebettete Profile in platzierten CMYK-Bildern oder CMYK-Vektorgrafiken berücksichtigt werden, dann kann es passieren, dass diese Objekte bei der Erzeugung der CMYK-PDF-Datei farbtransformiert werden. Weitere Details zum Thema PDF-Erzeugung und Farbe finden Sie auch auf S. 180 dieses Kapitels.

### Farbeinstellungen und PDF-Erzeugung müssen aufeinander abgestimmt sein

Beim Aufbau eines Dokuments und bei der PDF-Erzeugung müssen alle drei Punkte erfüllt sein, um sicherzustellen, dass am Ende auch reine CMYK-PDF/X-Dateien produziert werden, deren einzelne CMYK-Objekte während der PDF-Erzeugung nicht farbtransformiert wurden und die auf den ISO-Standard des Druckprozesses abgestimmt sind. Der Praxisband zeigt dies Schritt für Schritt am Beispiel der Adobe Creative Suite 2.

## PDF/X als Übergabeformat für Druckdaten

Neben den soeben beschriebenen Regeln zur Erzeugung und Übergabe von Druckdaten gibt es noch zwei wichtige Punkte, die in der Vergangenheit nur von wenigen Anwendern durchgeführt wurden: die Prüfung der PDF-Datei auf Einhaltung bestimmter Kriterien sowie die Kennzeichnung, dass eine Datei geprüft wurde und für welchen Druckstandard sie aufbereitet ist. Aus diesem Grund haben sich auf internationaler Ebene Unternehmen und Verbände der grafischen Industrie zusammengeschlossen, um im internationalen Standard ISO 15930 Mindestkriterien für PDF-Dateien festzulegen, die als druckfertige Daten an Druckereien übergeben werden. Für alle Hersteller von Softwares, die PDF-Daten erzeugen bzw. exportieren können, gibt es damit klare Vorgaben, wie die PDF-Dateien für den Druck aufgebaut sein müssen.

*PDF/X-1a-Datei mit Output-Intent*

Die ISO 15930 wird auch als PDF/X bezeichnet, wobei das X für eXchange, den Austausch von Druckdaten, steht. Wenn eine Software in der Lage ist, PDF/X-Daten zu erzeugen, dann geschieht genau das, was am Anfang dieses Abschnittes dargelegt wurde: Die Daten werden bei der PDF-Erzeugung auf die Einhaltung bestimmter Kriterien überprüft. Ist die Erzeugung gemäß diesen Kriterien möglich, so bekommt die PDF-Datei eine Kennzeichnung, dass es sich um eine geprüfte Datei gemäß den PDF/X-Kriterien handelt. Weiterhin wird gekennzeichnet, für welchen Druckstandard sie aufbereitet wurde. Die Kennzeichnung des Druckstandards erfolgt in der PDF/X-Datei mittels des Output-Intents entweder in Form einer Textzeile oder einem ICC-Profil, welches der PDF-Datei beigelegt ist.

*Eine PDF/X-1a-Datei ist immer eine reine CMYK-Datei, die mit dem **Output-Intent** über eine Kennzeichnung verfügt, für welchen Druckstandard sie erstellt ist.*

*Der Output-Intent ist entweder ein ICC-Profil oder eine einfache Textzeile und wird in den Grafiken der Einfachheit wegen wie ein eingebettetes Profil dargestellt, obwohl er – technisch gesehen – etwas anderes ist.*

### Die Funktion des Output-Intents

Das Beifügen des Output-Intents ist etwas völlig anderes als das Einbetten von Profilen in einzelne Bilder oder Grafikobjekte der PDF-Datei. Während eingebettete Profile in einzelnen Bildern oder Grafiken der PDF-Datei bei Proof oder Belichtung ungewollte Farbtransformationen hervorrufen können, macht ein Profil als Output-Intent bei der Ausgabe der PDF-Datei garantiert keinen Ärger. Der Empfänger einer PDF-Datei kann anhand des Output-Intents erkennen, für welchen Druckfarbraum die Datei aufbereitet wurde. Nur wenn eindeutig feststeht, dass die Datei für einen anderen Druckfarbraum als den benötigten aufbereitet wurde, kann der Output-Intent von der Druckerei extrahiert werden, um manuell eine Farbtransformation der kompletten PDF-Datei durchzuführen. Dies ist z.B. hilfreich, wenn Tiefdruckdaten für den Rollenoffset konvertiert werden sollen.

*PDF/X-3-Dateien mit Output-Intent*

Innerhalb von PDF/X gibt es zwei verschiedene Philosophien. PDF/X-1a ist für die Weitergabe von druckfertigen CMYK-Daten gedacht. Bei der Erzeugung von PDF/X-1a findet eine Prüfung statt, ob sich in der Druckdatei keine RGB-Objekte oder CMYK-Bilder mit eingebetteten Profilen befinden. Damit ist PDF/X-1a exakt das Format, welches zu den Arbeitsabläufen passt, die dieses Buch beschreibt. Die zweite Variante von PDF/X nennt sich PDF/X-3 und erlaubt darüber hinaus die Weitergabe von PDF-Dateien, bei denen einzelne Objekte mit angehängten Profilen in beliebigen Farbräumen vorliegen können.

*Bei PDF/X-3 ist eine Beschränkung auf reine CMYK-Daten nicht vorgeschrieben. Auch gemischtfarbige PDF-Dateien sind erlaubt, solange ein Output-Intent kennzeichnet, für welchen Druckstandard die Datei spezifiziert ist.*

*In den Grafiken werden die Output-Intents gemischtfarbiger PDF/X-3-Dateien als angehängtes Profil dargestellt.*

## PDF/X-1a statt PDF/X-3

Geschichtlich gesehen ist PDF/X-3 eine deutsch-schweizerische Antwort auf die amerikanische Initiative PDF/X-1a. Die Amerikaner planten einen ISO-Standard für druckfertige PDF-Dateien, bei dem explizit nur CMYK- und Schmuckfarben erlaubt waren. Das ursprüngliches Ziel von PDF/X-3 war es, eine Alternative zu X-1a zu schaffen, die es erlaubt, PDF-Dateien im RIP der Druckerei auf verschiedene Farbräume umzurechnen.

Es stellte sich allerdings schnell heraus, dass dies ein äußerst komplexes Unterfangen ist. Die letztendlich in der ISO verabschiedete Version hat einen entscheidenden Unterschied zum ursprünglichen Vorhaben: Der Erzeuger muss sich vor(!) dem Verschicken der PDF/X-3-Datei auf einen Druckstandard festlegen. Eine Druckerei mit einem PDF/X-3-konformen Colormanagement-Ablauf kann dann diese Datei über die Profile in den einzelnen Bildern, Grafiken oder Textabschnitten in den Druckstandard umrechnen, den der Erzeuger vorgegeben hat.

Die Umsetzung von PDF/X-3 hat also mit der ursprünglichen Idee kaum noch etwas zu tun. Wenn der Erzeuger einer PDF/X-3-Datei sich vor der Übergabe an die Druckerei explizit auf einen CMYK-Farbraum festlegen muss, könnte er auch gleich reine CMYK-Daten übergeben. Wer als Colormanagement-Spezialist unter kontrollierten Bedingungen gemischtfarbige PDF/X-3-Dateien erzeugen kann, der ist auch in der Lage, diese vor dem Versenden an die Druckerei komplett nach CMYK zu wandeln und als PDF/X-1a-Datei zu verschicken. Mit InDesign CS z.B. ist der Aufwand zum gezielten Erzeugen einer PDF/X-3-Datei oder einer entsprechenden PDF/X-1a-Datei gleich gering. Auf der Seite des Erzeugers von Druckdaten bringt PDF/X-3 also keinen Produktivitätsvorteil, der den höheren Aufwand in der Qualitätskontrolle der Druckerei rechtfertigen würde.

**Der Unsinn von reinen CMYK-PDF/X-3-Dateien**
PDF/X-3 ist als Standard so angelegt, dass auch reine CMYK-Daten PDF/X-3 konform sind. Für eine möglichst sichere Datenübergabe von CMYK-Daten ist PDF/X-1a allerdings die deutlich bessere Wahl. Der Datenerzeuger kann bei der PDF/X-1a-Erzeugung nicht einfach RGB-Bilder oder Profile in einzelnen CMYK-Objekten übersehen. Die Druckerei kann bei PDF/X-1a erkennen, dass die Vorstufe wirklich reine CMYK-Daten erzeugt und als solche gekennzeichnet hat. PDF/X-1a sorgt also beim Erzeuger der Druckdaten und bei der Druckerei für klare Kommunikation, ohne dass man sich auf spezielle Programme für die Prüfung und Kennzeichnung von PDF-Dateien verständigen muss.

Will man mit PDF/X-3 die gleiche Produktionssicherheit für reine CMYK-Daten erreichen wie mit PDF/X-1a, so muss der Erzeuger der Druckdaten zwangsläufig Spezialprogramme zur Prüfung und Kennzeichnung der PDF/X-3-Datei einsetzen und die Druckerei muss in der Lage sein, die Kennzeichnung auch wieder auszulesen. Da es verschiedene Programme zur Kontrolle und Kennzeichnung von PDF-Dateien gibt, müssen sich Datenerzeuger und Druckerei vorher absprechen, damit ihre Arbeitsweisen kompatibel sind. Dies ist wesentlich komplizierter, als sich gleich auf PDF/X-1a zu verständigen.

*PDF/X-1a hat als Austauschformat gegenüber PDF/X-3 eine Reihe von Vorteilen: Die Druckerei kommuniziert klar, dass sie nur reine CMYK-Daten als druckfertig akzeptiert. Der Erzeuger der PDF-Datei kann die X-1a-Voreinstellungen seines Programms verwenden und die Druckerei kann ohne spezielle Prüfwerkzeuge sofort erkennen, dass es sich um reine CMYK-Daten handelt.*

# Die ungelösten Probleme von PDF/X-3

### PDF/X-3 als Datenschleuder für Profilmüll
Mit dem Erscheinen der ISO-Standards PDF/X-1a und PDF/X-3 gibt es für die Programmierer von Grafik-, Layout- oder PDF-Erzeugungssoftware klare Vorgaben, wie PDF-Dateien für den Druck auszusehen haben: Der Knopf für PDF/X-1a soll reine CMYK-PDF-Dateien erzeugen, bei PDF/X-3 können alle Optionen hinein, die das Einbetten von Profilen und Rendering Intents in einzelne Bilder, Grafiken und Textabschnitte steuern.

Da es allerdings weder vom ICC noch von der ISO Richtlinien gibt, wie dies im Detail auszusehen hat, wird munter drauflos programmiert. Für den Anwender ist an vielen Stellen nicht transparent, was bezüglich Colormanagement passiert, wenn er den Knopf für die PDF/X-3-Erzeugung drückt. Mit sämtlichen Programmen, die zur Drucklegung der 3. Auflage PDF/X-3 erzeugen können, ist es ohne weiteres möglich, PDF/X-3-konforme Druckdaten zu erzeugen, die Profilmüll enthalten. Rein schwarzer Text kann dann z.B. mit einem ICC-Profil versehen sein, das bei PDF/X-3-konformer Umsetzung plötzlich einen vierfarbigen Aufbau des Textes bewirkt.

Genauso fatal ist das nachträgliche Einbetten von Profilen in CMYK-Bilder und CMYK-Grafiken während der PDF/X-3-Erzeugung. Dies ist ebenfalls mit handelsüblichen Programmen wie InDesign, Acrobat Distiller oder dem PDF/X-3-Export von Mac OS X möglich. Bei einer PDF/X-3-konformen Verarbeitung in der Druckerei würde dies eine Farbtransformation der Bilder und Grafiken verursachen, obwohl die Bilder und Grafiken im Ursprungsdokument gar keine Profile enthielten.

### Die PDF/X-3-Zwickmühle der Druckerei
Wenn Druckereien PDF-Dateien bekommen, in denen einzelne CMYK-Bilder, -Grafiken oder Textabschnitte Profile enthalten, so entfernen sie diese in der Regel. Handelt es sich bei solchen Daten um PDF/X-3-Dateien, so verstößt das Entfernen der Profile eindeutig gegen die Vorgaben zu Verarbeitung von PDF/X-3-Dateien. PDF/X-3 schafft so in der Kommunikation mit dem Kunden mehr Unsicherheit als Klarheit.

Eine saubere Lösung dieses Dilemmas liegt darin, nur PDF/X-1a als druckfertig zu akzeptieren und in den Bedingungen zur Datenanlieferung darauf hinzuweisen, dass Profile in einzelnen CMYK-Bildern, -Grafiken und Textabschnitten grundsätzlich entfernt werden, auch bei PDF/X-3-Dateien.

*Auf der Seite des Datenerzeugers bietet das PDF/X-3-Format die Option, unbeabsichtigt den „Profilmüll" aus dem Layoutprogramm in die druckfertige PDF-Datei zu übertragen.*

*Gemischtfarbige PDF/X-3-Dateien bringen den Drucker in eine Zwickmühle. Das Entfernen von Profilen in CMYK-Bildern oder CMYK-Grafiken verstößt gegen die PDF/X-3-Richtlinien. Das Anwenden der Profile führt aber in vielen Fällen zu ungewollten Farbtransformationen bis hin zu vierfarbigem Aufbau von ehemals schwarzem Text.*

## Ignorieren der FOGRA- und bvdm-Richtlinien für PDF/X-3

Mit der endgültigen Verabschiedung des PDF/X-3-ISO-Standards im Jahre 2002 gab es in Deutschland seitens verschiedener Verbände und Institutionen eine Kampagne für die Nutzung von PDF/X-3 als Standardformat zur Datenübergabe von der Druckvorstufe zur Druckerei. Besonders sind hier die FOGRA und der Bundesverband Druck und Medien (bvdm) hervorzuheben, die gemeinsam das Handbuch „ProzessStandard Offsetdruck" konzipiert und herausgebracht haben. Viele Fachmagazine und Fachjournalisten haben das Thema dankend aufgenommen und entsprechende Fachartikel veröffentlicht.

Praktisch keiner dieser Artikel hat die Gemeinsamkeiten und Unterschiede von PDF/X-1a und PDF/X-3 für den Leser herausgearbeitet, da große renommierte Organisationen eine Empfehlung herausgaben und die Fachjournalisten dankbar für eine Meldung waren, die sie verbreiten konnten. Die breite Presseresonanz war so erfolgreich, dass zur Drucklegung der 3. Auflage der durchschnittliche Erzeuger von PDF-Druckdaten beim Thema PDF/X immer an die Variante PDF/X-3 denkt. Auf die Nachfrage, ob die Unterschiede zwischen PDF/X-1a und X-3 bekannt sind, wird dies fast durchgängig verneint. Man hält sich eben an die Regeln und Richtlinien der führenden deutschen Branchenorganisationen – wenn es in einer Software zur PDF-Erzeugung die Voreinstellungen auf PDF/X-3 und PDF/X-1a gibt, dann nimmt man in Deutschland die PDF/X-3-Einstellung.

### Die Versäumnisse der FOGRA und des bvdm

Liest man die relevanten Publikationen wie z.B. den „MedienStandard Druck 2004" oder den „ProzessStandard Offsetdruck 2004", dann wird dort das Thema PDF/X-3 sehr oberflächlich abgehandelt. Generell wird nur die Übergabe von PDF/X-3 empfohlen. Ob es sich um reine CMYK-Daten handeln soll und wie der Erzeuger seine Druckdaten daraufhin kontrolliert und kennzeichnet, wird in den beiden genannten Richtlinien nicht weiter behandelt.

Weiterhin steht in beiden Broschüren kein Hinweis darauf, dass eine Druckerei bei gelieferten PDF/X-3-Dateien die Profile in einzelnen Objekten unbedingt anzuwenden hat. Gemäß des PDF/X-3-Standards gilt dies selbstverständlich auch für eingebettete Profile in einzelnen CMYK-Bildern und -Grafiken. Eine Druckerei, die gemäß den Richtlinien der FOGRA und des bvdm PDF/X-3 verarbeitet, dürfte also keines der Profile in einzelnen CMYK-Bildern oder -Grafiken ignorieren oder gar entfernen, obwohl genau diese Vorgehensweise üblich und sinnvoll ist.

Bezüglich PDF/X-3 schaffen die Vorgaben der FOGRA und des bvdm damit eine gefährliche Grauzone. Denkbar ist z.B. der Fall, dass der Kunde PDF/X-3-Dateien mit eingebetteten Profilen in einzelnen Bildern und Grafiken erzeugt und ein Proofsystem einsetzt, welches diese auch PDF/X-3-konform anwendet. Entfernt die Druckerei jetzt in den PDF/X-3-Daten die Profile und erreicht daher im Druck keine gute Übereinstimmung mit dem Proof, so ist dies gemäß FOGRA und bvdm eindeutig ein Verschulden der Druckerei.

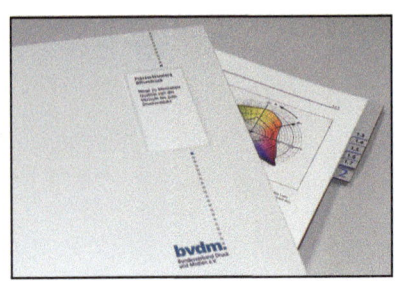

*Renommierte Branchenorganisationen wie FOGRA und bvdm beschreiben in ihren Empfehlungen und Richtlinien PDF/X-3 als Format der Wahl für den Datenaustausch.*

*Mögliche Probleme bei der Datenübergabe und Weiterverarbeitung gemischtfarbiger PDF/X-3-Dateien werden dabei ignoriert.*

Der beste Weg, solche Probleme von vornherein zu vermeiden, wäre, dass FOGRA und bvdm in ihren Richtlinien für die Anlieferung reiner CMYK-Daten den Standard PDF/X-1a vorschreiben und PDF/X-3 nur für klar definierte Spezialfälle empfehlen, bei denen sich gegenüber PDF/X-1a ein ersichtlicher Produktionsvorteil ergibt. Die Definition solcher Spezialfälle dürfte aber bei den vorhandenen Lücken der ICC-Spezifikationen, auf denen PDF/X-3 beruht, ein sehr schwieriges Unterfangen werden. Dies gilt besonders im Vergleich zu Arbeitsabläufen, bei denen PDF/X-1a als Basisformat für Colorserver mit DeviceLink-Profilen dient. Schließlich werden damit in der Praxis viele Probleme gelöst, für die PDF/X-3 anfangs konzipiert wurde, aber in seiner zur Drucklegung verfügbaren Form nicht tauglich ist.

**Empfehlung zum Verstoß gegen die PDF/X-3-Vorgaben der FOGRA und des bvdm**
Als Autor schätze ich die Arbeit der FOGRA und des bvdm sehr und bin in beiden Organisationen ein aktives Mitglied. Trotzdem finden Druckereien auf den nachfolgenden Seiten die Empfehlung, explizit gegen die PDF/X-3-Regeln der FOGRA und des bvdm zu verstoßen und dies auch gegenüber ihren Kunden klar zu kommunizieren. Regeln und Richtlinien zur Zusammenarbeit zwischen Druckdatenerzeugern und Druckereien müssen dazu dienen, Klarheit und Übersichtlichkeit zu schaffen. Wenn Sie als Leser meiner Analyse zustimmen, dass die Richtlinien von FOGRA und bvdm bezüglich PDF/X-3 nicht hilfreich sind, finden Sie in den folgenden Abschnitten weitere Informationen.

**Die Lieferung von PDF/X-1a ist konform zu FOGRA- und bvdm-Vorgaben**

Auf den ersten Blick ist der größte Unterschied in den Empfehlungen dieses Buches bezüglich der Druckdatenübergabe die Konzentration auf PDF/X-1a anstatt PDF/X-3. Wenn Sie als Kunde einer Druckerei PDF/X-1a-Druckdaten erzeugen, so gehen Sie damit konform mit den FOGRA- und bvdm-Richtlinien, denn eine PDF/X-1a-Datei ist immer auch eine gültige PDF/X-3-Datei. Wenn eine Druckerei PDF/X-3-Dateien haben möchte und sie PDF/X-1a liefern, ist alles völlig korrekt.

**Das Entfernen von CMYK-Profilen aus PDF/X-3-Dateien ist nicht konform zu den FOGRA- und bvdm-Vorgaben**

Fast sämtliche Druckereien entfernen bei angelieferten gemischtfarbigen PDF-Dateien die Profile aus einzelnen CMYK-Bildern oder CMYK-Vektorgrafiken. Dies ist notwendig, wenn die gelieferten CMYK-Farbwerte eins zu eins auf die Druckplatte kommen sollen. Wenn eine Druckerei dies auch bei angelieferten gemischtfarbigen PDF/X-3-Daten tut, sollte sie dies nach außen explizit kommunizieren, um die bereits beschriebene Konfliktsituation zu verhindern.

*Die vorgestellte Strategie empfiehlt Druckereien ausschließlich PDF/X-1a als druckfertig zu akzeptieren.*

## Strategie zum Einsatz von PDF/X-1a in der Druckproduktion

Die Druckerei sollte ihren Kunden klar kommunizieren, welche Anforderungen sie an Daten und Proofs stellt und was sie tut, wenn diese nicht den Anforderungen entsprechen. Weiterhin helfen Tipps zur PDF-Erzeugung und -Kontrolle, fehlerhafte PDF-Dateien bereits bei der Druckdatenerzeugung zu vermeiden bzw. abzufangen. Der fünfte Punkt verstößt übrigens explizit gegen die Vorgaben der FOGRA und des bvdm zur Verarbeitung von PDF/X-3-Daten. Nur wenn Sie als Druckerei dies in Ihren Richtlinien zur Datenanlieferung klar und deutlich kommunizieren, vermeiden Sie die bereits beschriebene PDF/X-3-Zwickmühle.

**Sieben Punkte, die die Druckerei kommunizieren sollte:**

1. Nur PDF/X-1a-Dateien werden als druckfertig akzeptiert. Die Tipps und Hilfestellungen der Druckerei zur Erzeugung von PDF/X-1a-Dateien sollten beachtet werden.

2. Alle gelieferten PDF/X-1a-Dateien und Proofs müssen im ISO-Farbraum des Papiertyps vorliegen, der in der Auftragsbestätigung festgelegt ist.

3. Bei den Dateien und Proofs muss erkenntlich sein, für welchen ISO-Farbraum sie produziert wurden.

4. Proofs müssen den Medienkeil CMYK enthalten und innerhalb der erlaubten Toleranzwerte produziert sein.

*Die in dieser Strategie empfohlene Umgangsweise mit gemischtfarbigen PDF/X-3-Dateien verstößt explizit gegen die Vorgaben der FOGRA und des bvdm.*

**Vorgehen, wenn die Druckdaten nicht diesen Vorgaben entsprechen:**

5. Profile in einzelnen CMYK-Objekten der Druckdaten werden entfernt. Dies gilt auch für angelieferte PDF/X-3-Dateien.

6. Enthalten gelieferte Druckdaten RGB-Objekte oder CMYK-Objekte mit Profilen, so erstellt die Druckerei auf Kosten des Kunden einen Gegenproof. Dies gilt auch für angelieferte PDF/X-3-Dateien.

7. Werden Druckdaten ohne Proof geliefert, so erstellt die Druckerei einen Proof, den der Kunde freigibt. Anderenfalls muss der Kunde schriftlich bestätigen, dass er das Druckergebnis in Bezug auf Farbe in jedem Falle so akzeptiert, wie es produziert wird.

**Drucker**

Bitte lieferern Sie mir PDF/X-1a-Dateien sowie Proofs mit dem Medienkeil CMYK, beides in dem laut Auftragsbestätigung vereinbarten ISO-Farbraum.

**Auftraggeber**

**Grafik/Repro**

**Auftraggeber:** Bitte klären Sie vorab mit der Druckerei den Farbraum, in dem die Druckdaten vorliegen müssen, und erzeugen Sie PDF/X-1a-Daten sowie einen farbverbindlichen Proof mit Medienkeil CMYK.

**Grafik/Repro**

**Drucker**

**Sieben Punkte, die Erzeuger von Druckdaten beachten sollten:**

1. Klären Sie frühzeitig und schriftlich mit der Druckerei, für welchen ISO-Papiertyp die Druckdaten und Proofs produziert werden sollen.

2. Bauen Sie das komplette Dokument durchgängig im CMYK-Farbraum des beabsichtigten Druckprozesses auf.

3. Kontrollieren Sie kritische Bilder im Bildbearbeitungsprogramm, bevor Sie sie in die Reinzeichnung einsetzen.

4. Sie sollten in den Colormanagement-Funktionen Ihres Grafik- oder Layoutprogramms die Option „Ignorieren eingebetteter Profile für platzierte CMYK-Daten" eingestellt haben.

5. Erzeugen Sie nur PDF/X-1a-Daten für den Druck.

6. Kontrollieren Sie die Separation in den PDF/X-1a-Druckdaten.

7. Fertigen Sie einen ISO-Proof der PDF/X-1a-Druckdaten an und geben Sie darauf zur Kontrolle auch den Medienkeil CMYK aus. Übergeben Sie die Druckdaten mit dem Proof an die Druckerei.

**Eine Regel für die gesamte Branche:**
Beschränken Sie sich auf die ISO-Standards für CMYK-Daten im Offsetdruck bzw. auf vergleichbare Standards für Tiefdruck und Zeitungsdruck.

## Profilprobleme bei der PDF/X-1a-Erzeugung vermeiden

PDF/X-1a schafft sowohl für den Erzeuger als auch die Druckerei Klarheit, dass druckfertige CMYK-Daten übergeben werden. Jedoch garantiert die Nutzung einer X-1a-Voreinstellung für die PDF-Erzeugung nicht automatisch, dass auch alle CMYK-Bilder und -Grafiken exakt so in der PDF/X-1a-Datei landen, wie sich der Anwender das vorstellt. Mögliche Fehlerquellen sind die Farbeinstellungen des Layoutprogramms oder falsche Optionen bei der PDF-Generierung.

### Problematische CMYK-Farbeinstellungen des Layoutprogramms vermeiden

Auf Seite 172 wurde schon kurz angeführt, dass die Farbeinstellungen in Grafik- und Layoutprogrammen mit den Vorgaben zur PDF-Erzeugung abgestimmt werden müssen. Hierbei ist unbedingt darauf zu achten, dass eingebettete Profile für platzierte CMYK-Bilder und -Grafiken deaktiviert sind.

*In den Farbeinstellungen von Grafik- und Layoutprogrammen müssen eingebettete Profile von platzierten CMYK-Objekten deaktiviert sein.*

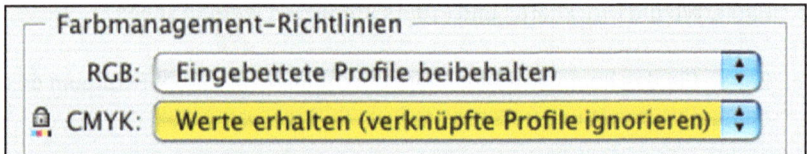

### Explizite CMYK-Farbtransformation bei der PDF/X-1a-Erzeugung

Die zweite mögliche Fehlerquelle ist eine explizite Farbkonvertierung im Menü zur PDF-Erzeugung. Dies kann schneller passieren, als man denkt: Ist z.B. der Farbraum eines Layoutdokuments auf „EuroscaleCoated" eingestellt und man wählt beim direkten PDF-Export den Farbraum „ISOcoated" aus, weil die Druckerei diesen anfordert, so werden – je nach Layoutprogramm – meist alle platzierten CMYK-Bilder und -Grafiken sowie die im Layoutprogramm angelegten CMYK-Farbflächen farbtransformiert. Dabei spielt es keine Rolle, ob platzierte CMYK-Bilder und -Grafiken über eingebettete Profile verfügen oder nicht.

Um solch eine Farbtransformation zu verhindern, sollte bei der Erzeugung von PDF-Daten als Farbraum immer die Option „Dokumenten-Farbraum", „wie Quelle" oder eine vergleichbare Einstellung gewählt werden. Leider unterscheiden sich diese Bezeichnungen in den Programmen unterschiedlicher Hersteller. Der aktuelle CMYK-Farbraum des Dokuments sollte daher immer mit dem Farbraum identisch sein, den die Druckerei für PDF/X-Dateien anfordert.

*Bei der PDF/X-1a-Erzeugung sollte als Zielfarbraum immer der Dokumenten-Farbraum eingestellt sein, um eine explizite Farbtransformation sämtlicher CMYK-Objekte zu vermeiden.*

# Kontrollschritte bei der PDF/X-1a-Erzeugung

Sie haben mehrere Möglichkeiten, um Farbproblemen vor oder nach der PDF-Erzeugung auf die Spur zu kommen:

**Der Preflight im Layoutprogramm**
Die meisten Layoutprogramme bieten eine Preflight-Funktion, um das Dokument vor der Erstellung einer PDF-Datei zu überprüfen. Idealerweise zeigt der Preflight für platzierte Bilder und Grafiken an, in welchem Farbraum diese angelegt sind, ob sie über eingebettete Profile verfügen und ob diese Profile auch aktiv sind. Nur wenn Letzteres gegeben ist, lässt sich durch einen Preflight vor der PDF-Erstellung vorhersagen, ob platzierte CMYK-Bilder oder -Grafiken durch das Layoutprogramm farbtransformiert werden. Leider bieten die meisten Layoutprogramme zur Drucklegung der 3. Auflage im internen Preflight diese Möglichkeit noch nicht an.

**Die Separationsvorschau im Layoutprogramm**
Verfügt das Layoutprogramm über eine Separationsvorschau, so kann diese sehr hilfreich sein, um ungewollten CMYK-Farbtransformationen auf die Spur zu kommen. Deaktiviert man den Schwarzkanal und sieht in den CMY-Kanälen vermeintlich schwarze Objekte, die dort nicht hingehören, so hat mit großer Sicherheit eine ungewollte CMYK-Transformation stattgefunden.

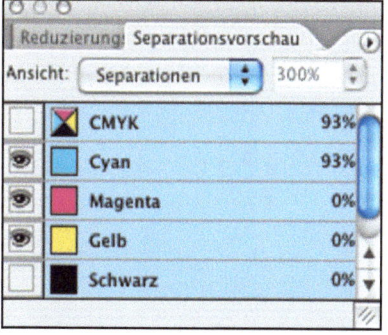

**Der Preflight in einem PDF-Tool**
Es gibt verschiedene Tools, die während oder nach der PDF-Erzeugung einen Preflight durchführen. Erfolgt die Prüfung während der PDF-Erzeugung, so lassen sich oft noch einige Probleme erkennen und manchmal auch automatisiert beheben, wobei z.B. Profile in platzierten CMYK-Bildern und -Grafiken automatisch entfernt werden. Läuft der Preflight nach der PDF-Erzeugung, so ist es schwierig zu erkennen, ob nicht einzelne Bestandteile der Layoutdatei schon farbtransformiert in die PDF/X-1a-Datei geschrieben wurden.

**Die Separationsvorschau und die Pipette in einem PDF-Tool**
Bietet das eingesetzte PDF-Tool eine Separationsvorschau, so kann auch hier durch Deaktivieren des Schwarzkanals schnell erkannt werden, ob Objekte in den CMY-Kanälen auftauchen, die dort nicht hingehören. Für die Kontrolle von Haus- und Logofarben ist es hilfreich, wenn diese im PDF-Tool mit einer Pipette gemessen werden können.

*Die Separationsvorschau moderner Layoutprogramme bzw. von Acrobat Professional zeigt an, ob schwarzer Text oder technische Töne farbtransformiert wurden.*

*Im gezeigten Beispiel ist ehemals schwarzer Text sichtbar, obwohl der Schwarzkanal für die Anzeige deaktiviert wurde. Die Cyan-Fläche hat plötzlich 93% statt 100% Tonwert.*

**Der Proof der PDF/X-1a-Datei**
Ein guter Proof einer PDF/X-1a-Datei zeigt exakt die Farben des späteren Drucks. Sind die Farben auf dem Proof in Ordnung und zeigt die Separationsvorschau keine vierfarbig aufgebauten schwarzen Objekte, so können die Daten problemlos der Druckerei übergeben werden. Zeigen einzelne Bilder oder Grafiken ungewünschte Farben, muss der Fehler im einzelnen Bild, in den Farbeinstellungen des Layoutprogramms oder in den Farbeinstellungen bei der PDF-Erstellung gesucht und behoben werden, bis eine neu erzeugte PDF/X-1a-Datei auf dem Proof das gewünschte Ergebnis zeigt. Ein PDF-Tool mit gutem Softproof auf einem kalibrierten Monitor hilft hier, fehlerhafte Objekte schon vor der Erstellung des Proofs zu identifizieren.

Grafik/Repro    Drucker

## PDF/X-1a und Colorserver mit DeviceLink-Unterstützung

Ein Colorserver ist ein Programm, welches automatisiert PDF-Dateien von einem Quellfarbraum in einen Zielfarbraum transformiert. Lange Zeit waren Colorserver, die DeviceLink-Profile unterstützten, exotische Programme, die nur von einer Handvoll Spezialisten aus der Druckvorstufe eingesetzt wurden. Zum Erscheinen der 3. Auflage ändert sich diese Situation aus mehrerlei Gründen schlagartig.

### Preisrutsch bei DeviceLink-Colorservern

Programme, die PDF-Dateien mit Hilfe von DeviceLink-Profilen farbtransformieren können, sind im Preis dramatisch gesunken. Einen Colorserver kann sich jetzt jede Agentur leisten, die regelmäßig Daten für verschiedene Druckstandards aufbereiten muss. Darüber hinaus ist die Technologie auch von Reprodienstleistern und Druckereien sehr sinnvoll einsetzbar.

### Weithin akzeptierte Standards für Druckdaten, Proof und Auflagendruck

Die ISO-Standards für Druckdaten, Proofs und Druck sind in Deutschland bereits weit verbreitet und haben sich für die Branche als sehr hilfreich erwiesen. Mit entsprechenden Voreinstellungen in gängigen Programmen wie der Adobe Creative Suite oder den Proofprodukten von GMG, EFI und anderen Anbietern stehen sie jetzt auch weltweit vielen Anwendern zur Verfügung.

Sind zusätzlich noch hochwertige DeviceLink-Profile vorhanden, die Konvertierungen zwischen verschiedenen ISO-Standards vornehmen können, bedarf es für den Anwender nur noch eines Knopfdrucks, um Druckdaten von einem auf den anderen Druckstandard zu konvertieren.

### Weite Verbreitung von PDF/X-1a

PDF/X-1a hat sich zur Drucklegung der 3. Auflage weltweit als Übergabeformat für Druckdaten etabliert. Für DeviceLink-Colorserver ist es das ideale Datenformat. Es stellt sicher, dass eine PDF-Datei durchgängig im CMYK-Farbraum aufgebaut ist – eine Vorbedingung für Farbtransformationen mit DeviceLink-Profilen. Mit dem Output-Intent ist der Farbraum einer PDF/X-1a-Datei eindeutig gekennzeichnet. So lässt sich sicherstellen, dass die gewählte Farbkonvertierung im DeviceLink-Colorserver konform mit den zu konvertierenden PDF-Daten ist. Nach der Farbtransformation erhält die PDF/X-1a-Datei einen neuen Output-Intent und ist damit für den neuen Farbraum gekennzeichnet.

### Die Qualität der Farbumsetzung ist vom DeviceLink-Profil abhängig

Ob Bilder, technische Töne oder Verläufe in einem DeviceLink-Colorserver visuell ansprechend umgesetzt werden, hängt allein vom eingesetzten DeviceLink-Profil ab. Dieses legt für jeden CMYK-Wert der Quelle exakt einen CMYK-Wert des Ziels fest. Anbieter von maßgeschneiderten und sorgfältig kontrollierten DeviceLink-Profilen für Standardkonvertierungen ersparen dem Anwender ausführliche Tests bei der Qualitätskontrolle.

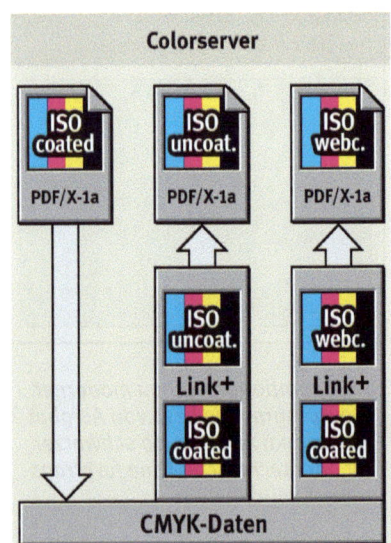

*Beispiel für einen Colorserver: Eine PDF/X-1a-Datei für ISOcoated durchläuft zwei verschiedene Device-Link-Profile. Sie wird in die Farbräume ISOuncoated und ISOwebcoated gewandelt und entsprechend mit dem jeweiligen neuen Output-Intent gekennzeichnet.*

## ISOcoated als Basisfarbraum für Colorserver

Im fünften Kapitel wurde kurz angerissen, dass es beim Einsatz von Colorservern sinnvoll ist, ISOcoated als Masterfarbraum für Bilder und Vektorgrafiken zu verwenden – aus folgenden Gründen:

### Offsetdruck ist das breiteste Einsatzfeld
Der Offsetdruck auf gestrichenem Papier ist das Druckverfahren, in dem die meisten Drucksachen produziert werden. Werden die Masterdaten für einen DeviceLink-Colorserver im Farbraum ISOcoated angelegt, so können die Daten ohne jegliche Konvertierung für den Offsetdruck auf gestrichenem Papier verwendet werden.

Grafik/Repro     Drucker

### Weite Verbreitung in den Voreinstellungen der Anwendungsprogramme
Sowohl in Grafik- und Layoutprogrammen als auch in Prooflösungen ist ISOcoated mittlerweile als Voreinstellung vorhanden. Dies macht es einfach, einen kompletten Colormanagement-Ablauf von der Bildverarbeitung über Layout, Reinzeichnung und Druckdatenerzeugung bis zum Proof im Farbraum ISOcoated aufzubauen. Die Freigabe der Masterdaten für den DeviceLink-Colorserver erfolgt somit auf einem Proof für ISOcoated.

### ISOcoated umfasst alle anderen üblichen Standard-Farbräume
Eine Analyse der momentan zur Verfügung stehen Standard-Farbräume für den Offset-, Tief-, Endlos- und Zeitungsdruck zeigt, dass ISOcoated all diese Farbräume enthält. Dies erleichtert die Herstellung von DeviceLink-Profilen, die Druckdaten von ISOcoated auf andere Standard-Farbräume umsetzen. Mit sorgfältig erstellten DeviceLink-Profilen ist es aber auch möglich, von ISOcoated in größere Farbräume, z.B. für den Druck mit hochpigmentierten Farben, zu konvertieren.

*Die Grafik zeigt einen Colormanagement-Ablauf auf ISOcoated-Basis über verschiedene Arbeitsschritte: Vom Layoutprogramm bis zur fertigen PDF/X-1a-Datei wird durchgängig in ISOcoated gearbeitet. Nach dem Proof wird die PDF/X-1a-Datei an den Colorserver übergeben, der sie nach ISOwebcoated wandelt. Von der gewandelten Datei erfolgt anschließend ein Proof für ISOwebcoated.*

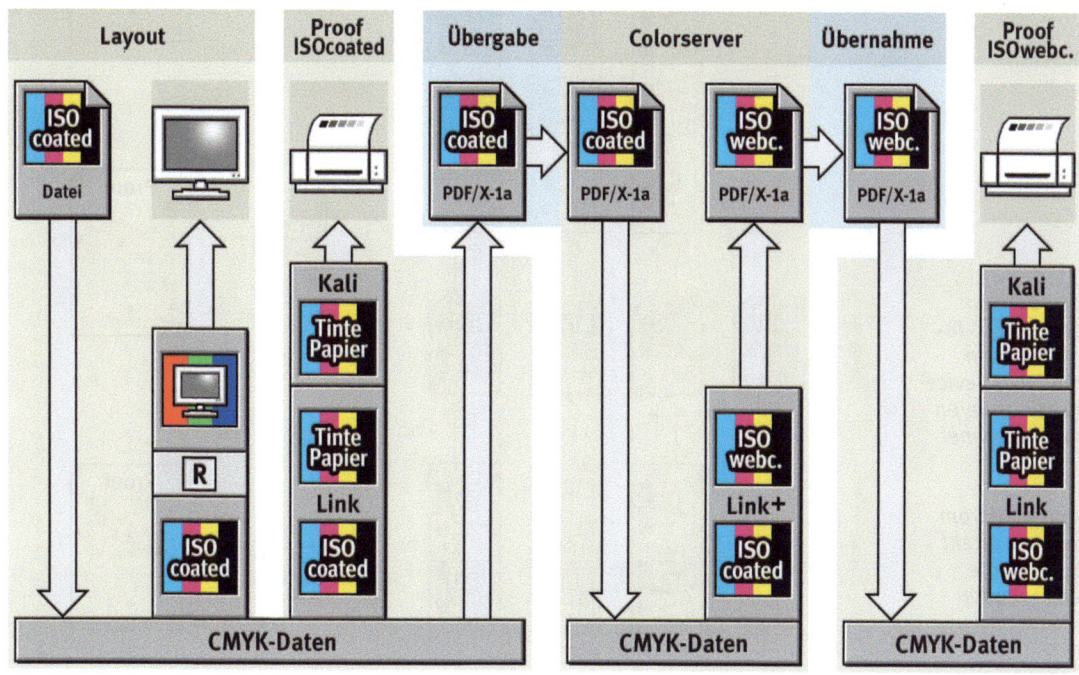

**Grafik**

*Standardumsetzungen*

*Agenturen benötigen einige wenige DeviceLink-Profile, um ISOcoated-Daten auf andere ISO-Standards zu konvertieren.*

*Aus dem Layoutprogramm werden ISOcoated-PDF/X-1a-Dateien erzeugt, die dann im Colorserver mit den Device-Link-Profilen auf die anderen ISO-Standards umgerechnet werden.*

*Das Ergebnis sind wiederum PDF/X-1a-Dateien, die direkt geprooft und dann an die Druckerei geliefert werden können.*

## DeviceLink-Colorserver in der Agentur

Soll ein Colorserver mit DeviceLink-Profilen in einer Agentur eingesetzt werden, so steht die einfache Bedienung ohne Colormanagement-Spezialwissen im Vordergrund. Diese wird dadurch erreicht, dass man sowohl für den Proof als auch für den Colorserver vorkonfigurierte Lösungen einsetzt. Die Grafiken auf dieser Seite zeigen die Produktion für die wichtigsten Druckstandards, die im Agenturumfeld vorkommen.

Zuerst werden ISOcoated-PDF/X-1a-Druckdaten erzeugt und auf einem ISO-coated-Proof freigegeben. Der Grafiker kopiert dann die ISOcoated-PDF/X-1a-Datei in den Eingangsordner für den gewünschten Zielfarbraum auf dem Colorserver. Die Datei wird nun automatisch farbtransformiert und mit dem passenden Output-Intent gekennzeichnet. Nach einem Proof der gewandelten PDF/X-1a-Datei für den neuen Druckstandard werden Proof und Datei an die Druckerei geschickt.

Die Qualität der Wandlung im Colorserver hängt, wie bereits erwähnt, fast ausschließlich von der Qualität der eingesetzten DeviceLink-Profile ab. Verschiedene Anbieter von DeviceLink-Colorservern bieten für Standardumsetzungen fertige Profile an. Vor der Anschaffung eines Colorservers sollten verschiedene Lösungen unbedingt durch Tests mit eigenen Daten miteinander verglichen werden. Der Praxisband bietet dazu Tipps und auch Testdateien auf dem beiliegenden Datenträger.

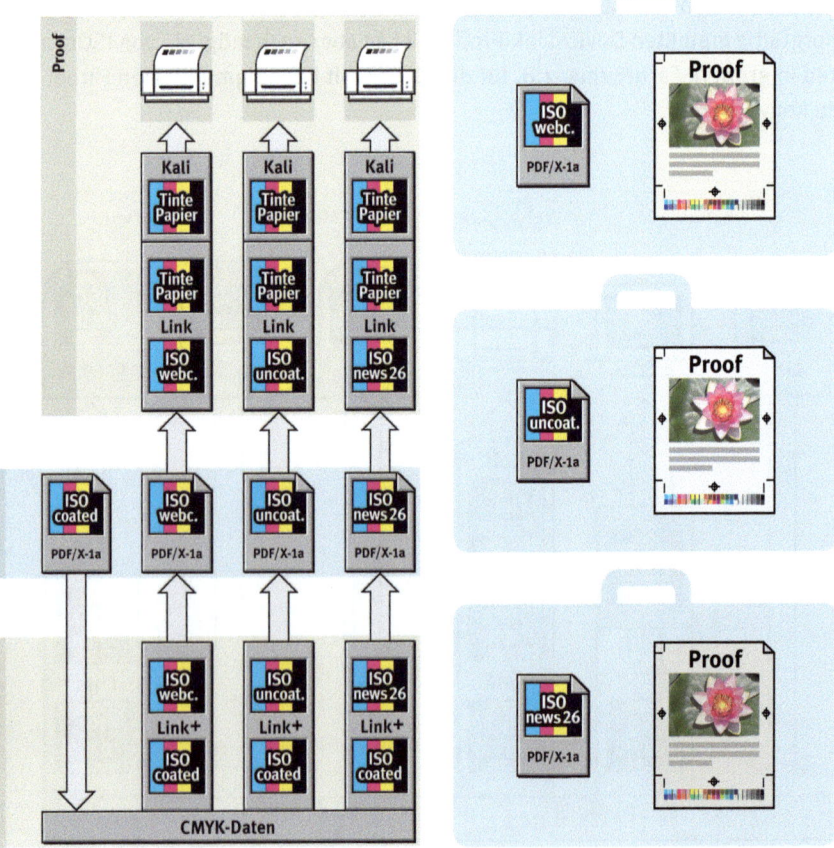

# DeviceLink-Colorserver in der Reprofirma

Technologisch gesehen gleichen die Abläufe bei einem Reprodienstleister denen in der Agentur. Es können also die gleichen Colorserver zum Einsatz kommen. Im Unterschied zur Agentur wird die Reprofirma jedoch noch weitere Standardumsetzungen benötigen und auch selber DeviceLink-Profile erstellen und optimieren. Wie im fünften Kapitel beschrieben, ist hierfür eine Software erforderlich, die die Separationserhaltung mit Begrenzung der Tonwertsumme ermöglicht. Oft ist es notwendig, ein automatisch berechnetes DeviceLink-Profil noch manuell zu optimieren. Im Praxisband werden verschiedene Programme vorgestellt, die die notwendigen Funktionen für diese Arbeitsschritte bieten.

Repro

## Aufgabenstellungen für den Einsatz von DeviceLink-Profilen

Eine in vielen Reprofirmen vorkommende Aufgabenstellung ist die Konvertierung von CMYK-Altdaten in einen der ISO-Standards. Viele Dienstleister haben aus historischen Gründen neben den ISO-Standards für den Proof auch noch Hausstandards. Optimierte DeviceLink-Profile sind die beste Möglichkeit, um CMYK-Altdaten so umzurechnen, dass sie auf einem Proof nach ISO-Standard die gleichen Farben zeigen wie auf einem Proof nach Hausstandard. Sollen nur Bilddaten gewandelt werden, so enthält der Datenträger zum Praxisband ein Photoshop-Plugin sowie ein Applescript, mit dem das durchgeführt werden kann. Für die Konvertierung von PDF-Daten steht ein kompletter Colorserver zur Verfügung, der zeitlich begrenzt als Vollversion getestet werden kann.

*Weitere Standardumsetzungen*

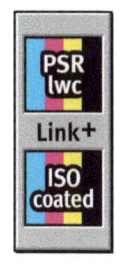 

*Gegenüber Agenturen benötigen Reprofirmen als Grundausstattung eine größere Anzahl von DeviceLink-Profilen für Standardumsetzungen, wie z.B. die Konvertierung von Daten zwischen PSR-Tiefdruckstandards und verschiedenen Offsetstandards.*

*In Reprofirmen gibt es oft große Bestände an CMYK-Altdaten.
Die beiden Abläufe zeigen den Einsatz eines DeviceLink-Profils, um Pixelbilder oder PDF-Daten, die früher analog auf Cromalin geprooft wurden, für ISOcoated zu wandeln.*

*In der Zusammenarbeit mit Druckpartnern lassen sich DeviceLink-Profile erstellen, um von ISO-Standards auf Hausstandards zu konvertieren.*

*Selbst erstellte DeviceLink-Profile*

*Mit geeigneten Softwares und Repro-Know-how können sich Reprofirmen selber DeviceLink-Profile für Spezialaufgaben erstellen, wie sie links beschrieben sind.*

**Drucker**

*Begrenzung der Tonwertsumme*

*DeviceLink-Profile zur Begrenzung der maximalen Tonwertsumme müssen für jeden einzelnen Druckstandard berechnet werden.*

*Sparen von Druckfarbe*

*Auch DeviceLink-Profile zum Sparen von Druckfarbe müssen für jeden einzelnen Druckstandard berechnet werden. Dabei kommen entweder ISO-Standards oder Hausstandards der Druckerei in Frage.*

*DeviceLink-Profile zur Begrenzung der maximalen Tonwertsumme oder zum Sparen von Druckfarbe zeichnen sich dadurch aus, dass die PDF-Datei vor und nach Farboptimierung im gleichen Farbraum vorliegt. Die Ergebnisse von Proofs vor und nach der Farboptimierung sind ebenfalls identisch.*

# DeviceLink-Colorserver in der Druckerei

### Viele PDF-Workflow-Systeme unterstützen DeviceLink-Profile
Die meisten Druckereien verfügen über sogenannte PDF-Workflow-Systeme, mit denen hereinkommende PDF-Dateien geprüft, bei Bedarf repariert und für die Druckform ausgeschossen werden. Die Mehrzahl der aktuellen PDF-Workflow-Systeme unterstützt DeviceLink-Profile, so dass nicht unbedingt ein Colorserver angeschafft werden muss.

### Vorgefertigte DeviceLink-Profile nutzen
Aufgabenfelder, die maßgeschneiderte DeviceLink-Profile erfordern, sind z.B. die Begrenzung der maximalen Tonwertsumme oder das Sparen von Druckfarbe. Druckt eine Druckerei nach ISO 12647-2, so kann sie hierfür auf vorgefertigte DeviceLink-Profile verschiedener Hersteller zurückgreifen. Zusammen mit ausgewählten Profilen zur Farbkonvertierung ergeben sich für verschiedene Druckereitypen bestimmte Basisausstattungen an DeviceLink-Profilen, die auf der gegenüberliegenden Seite beschrieben werden.

### Selbst erstellte DeviceLink-Profile einsetzen
Wie bereits erwähnt gibt es Aufgabenstellungen, die sich besser mit selbst erstellten DeviceLink-Profilen anstatt mit Standardprofilen lösen lassen. Zum Erzeugen solcher Profile ist spezielle Software und ein Reprospezialist notwendig. Der Einsatz selbst erstellter DeviceLink-Profile erfolgt im gleichen Colorserver, in dem auch Standardprofile eingesetzt werden.

### Von CMYK-Altdaten zum ISO-Standard
Die Abläufe in der Druckerei ähneln teilweise denen in der Repro. Bei der Einführung von Proof und Druck nach ISO gibt es oft noch CMYK-Altdaten und den dazugehörigen Hausstandard für Proofs. Sind die Unterschiede zum ISO-Standard gering, können diese bei einem Nachdruck durch eine veränderte Farbführung an der Maschine ausgeglichen werden. Sollten sich jedoch größere Unterschiede ergeben, so ist auch hier die Konvertierung der Altdaten mittels individuell erstellter DeviceLink-Profile eine gute Hilfe.

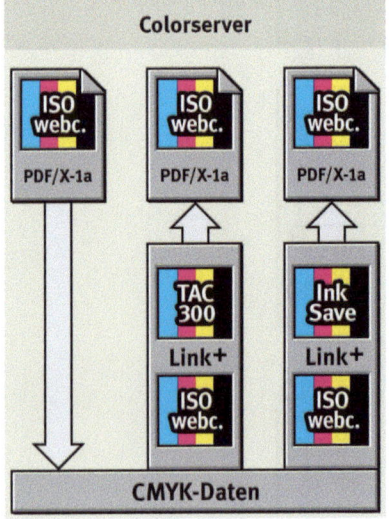

**Vom ISO-Standard zum Hausstandard**
Es gibt Papiere, Druckfarben und Rasterverfahren, für die keine passenden ISO-Standards existieren. Die Druckerei kann sich in diesem Fall einen Hausstandard erarbeiten und ein DeviceLink-Profil für die Datenkonvertierung vom nächstliegenden ISO-Standard zu diesem Hausstandard erstellen. Dies vereinfacht die Kommunikation mit den Kunden, die – unabhängig vom speziellen Hausstandard der Druckerei – Daten nach ISO-Standard liefern können.

Drucker

**Basisausstattungen für verschiedene Druckereitypen**
Jede Druckerei hat bezüglich ihrer verwendeten Papiersorten und der dazugehörigen ISO-Standards ein unterschiedliches Profil. Für den Bogenoffset, den Heatset-Rollenoffset und den Coldset-Rollenoffset lassen sich jedoch Aufgabenstellungen definieren, die mit Standard-DeviceLink-Profilen gelöst werden können. So wie es in jeder Druckerei üblich ist, eine Software für den Preflight und die Reparatur von PDF-Dateien zu haben, empfiehlt sich auch ein Colorserver mit Standard-DeviceLink-Profilen. Spezielle Farboptimierungen können dann über individuell erstellte DeviceLink-Profile einfach nachgerüstet werden.

*Bogenoffsetdruck*

*Im Bogenoffset werden meist gestrichene und ungestrichene Qualitäten bedruckt. Um auf beiden Papiersorten Druckprobleme zu vermeiden, empfiehlt sich der Einsatz entsprechender Device-Profile, die die maximale Tonwertsumme TAC (Total Amount of Color) begrenzen.
Außerdem kommt es häufig vor, dass Kunden für den Druck auf ungestrichenem Papier CMYK-Daten für gestrichenes Papier liefern. Ein DeviceLink-Profil für die Konvertierung solcher Daten führt zu knackigeren Farben im Druck und begrenzt gleichzeitig die maximale Tonwertsumme auf 280%.*

*Heatset-Rollenoffsetdruck*

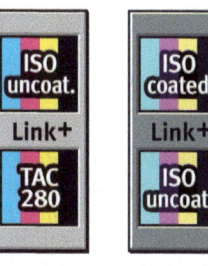

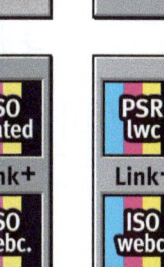

*Im Heatset-Rollenoffsetdruck werden viele gestrichene Papiere mit unterschiedlichen Grammaturen bedruckt, die durch die Profile ISOcoated und ISOwebcoated repräsentiert werden. DeviceLink-Profile zur Begrenzung der maximalen Tonwertsumme vermeiden Druckprobleme.
Werden Druckdaten für ISOcoated oder Tiefdruckstandards geliefert, helfen DeviceLink-Profile bei der Farbkonvertierung nach ISOwebcoated. Ein weiteres DeviceLink-Profil spart Druckfarbe auf LWC-Papier.*

*Coldset-Rollenoffsetdruck*

*Im Coldset-Rollenoffsetdruck wird hauptsächlich Zeitungspapier bedruckt. Ein DeviceLink-Profil zur Begrenzung der maximalen Tonwertsumme vermeidet von vornherein Druckprobleme. Werden Druckdaten für gestrichenes Papier geliefert, besorgt ein DeviceLink-Profil die Farbkonvertierung. Das Sparen von Druckfarbe wird durch ein weiteres DeviceLink-Profil realisiert.*

## Die Teile der Produktionskette im Zusammenspiel

Die Grafiken dieser Doppelseite zeigen beispielhaft die Möglichkeiten, farbsichere Daten und Proofs von der Fotografie über Grafik und Reproduktion bis in die Druckerei zu organisieren. Für jeden Schritt werden die dabei eingesetzten Profile und Rendering Intents dargestellt. Beim Proofen bei der Farbtransformation in Colorservern kommen ausschließlich DeviceLink-Profile zum Einsatz. Das abschließende Strategie-Kapitel gibt eine Übersicht, welche Schritte bei der Einrichtung der Produktionsabläufe wichtig sind.

**Fotograf**

*Der Fotograf übernimmt aus seiner Kamera AdobeRGB-Bilder und schaltet bei der Bildbearbeitung einen Softproof für ISOcoated zu. Seine Bilddaten liefert er in AdobeRGB und ISOcoated aus, wobei ein professioneller Proof der ISOcoated-Bilder die Farbigkeit seiner Bilder nachprüfbar belegt.*

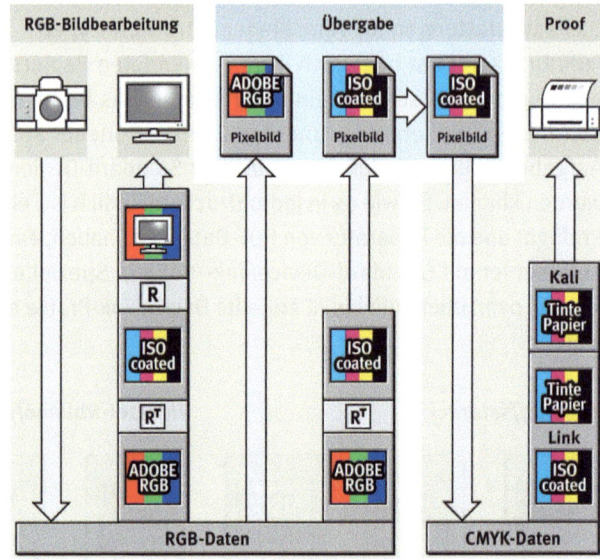

**Grafik**

*Der Grafiker übernimmt vom Fotografen ISOcoated-Bilder, kombiniert diese mit Vektorgrafiken im ISOcoated-Farbraum und erzeugt eine ISOcoated PDF/X-1a-Datei.
Von dieser wird der verbindliche Proof für die Druckerei erzeugt.
Alternativ dient die ISOcoated-PDF/X-1a-Datei auch als Masterdatei für einen Colorserver.*

**Repro**

*Dieser Weg zeigt die Erstellung von Druckdaten für verschiedene Druckstandards ohne Einsatz eines Colorservers. Die Reprofirma übernimmt vom Fotografen die AdobeRGB-Bilder und separiert sie für den gewünschten Druckstandard. Vektorgrafiken werden im Farbraum des Drucks angelegt. Anschließend wird eine PDF/X-1a-Datei erzeugt, von der der verbindliche Proof für die Druckerei produziert wird.*

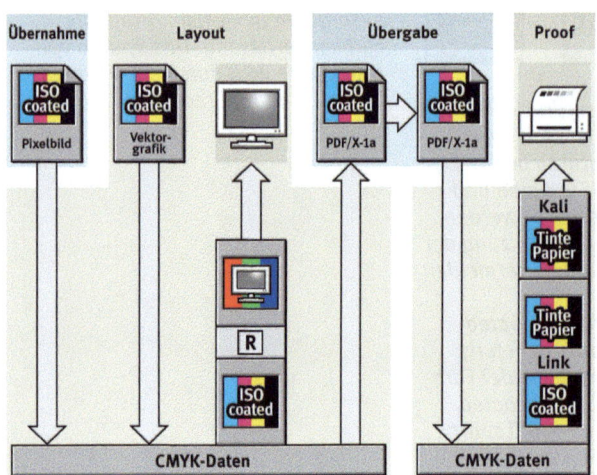

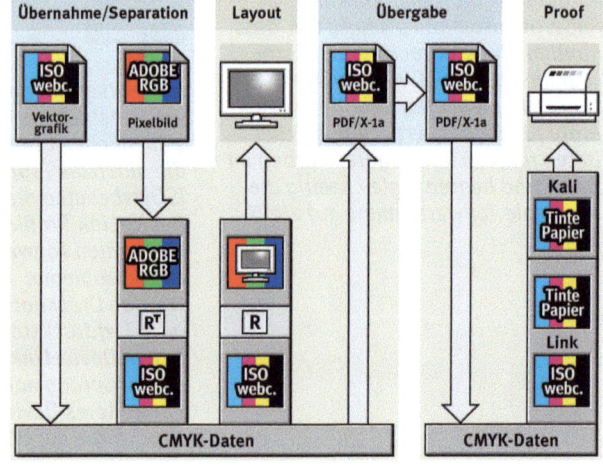

*Vorgaben des Auftraggebers und Übergaben zwischen den Produktionsschritten*

**Auftraggeber**

Liefern Sie bitte Bilder in AdobeRGB und in ISOcoated mit Proof.

Liefern Sie bitte PDF/X-1a-Daten für ISOcoated mit einem Proof.

Bitte Drucken Sie nach ISO 12647-2.

**Fotograf**

**Grafik/Repro**

**Drucker**

---

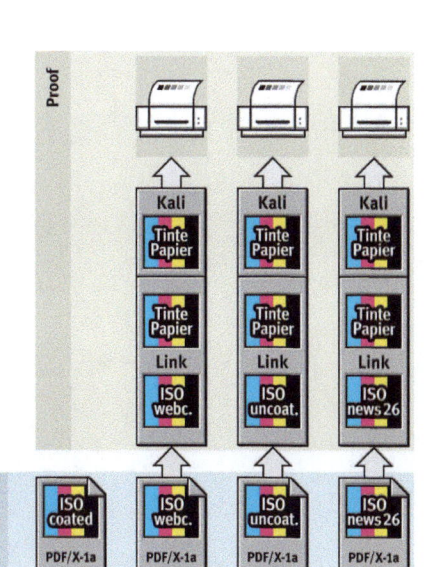

**Grafik/Repro**   **Drucker**

*Colorserver in Druckereien dienen zur Optimierung angelieferter Druckdaten, z.B. zur Begrenzung der maximalen Tonwertsumme oder dem Sparen von Druckfarbe. Außerdem kann der Colorserver auch zur Konvertierung auf andere ISO-Standards eingesetzt werden. Werden von druckfertigen PDF/X-1a-Dateien Druckplatten belichtet, so findet dabei kein Colormanagement statt.*

*Ein Haupteinsatzzweck von Colorservern in Agenturen oder Reprofirmen ist die Wandlung von ISOcoated-PDF/X-1a-Dateien in andere ISO-Standards.*

*Anschließend werden von den gewandelten PDF/X-1a-Dateien neue Proofs für den jeweiligen ISO-Standard erzeugt.*

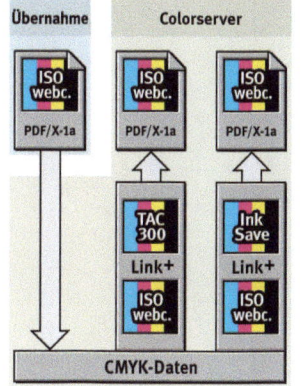

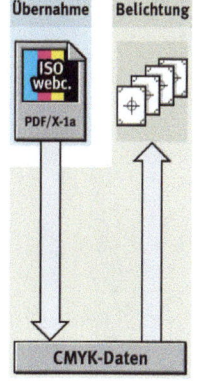

# Eckpunkte einer Colormanagement-Strategie

Die nachfolgenden Abschnitte fassen noch einmal die Empfehlungen der letzten beiden Kapitel zum Colormanagement-Ablauf für die verschiedenen Anwendergruppen zusammen.

Diese komplette Colormanagement-Strategie stellt gleichzeitig auch die Gliederung des Praxisbandes dar. Nach den übergreifenden Themen Digitalproof und Monitorprofilierung folgen jeweils Empfehlungen für die einzelnen Anwendergruppen – vom Fotografen über die Grafik/Repro bis zum Druck. Für die Auftraggeber von Foto-, Grafik-, Vorstufen- und Druckdienstleistungen gibt es in den einzelnen Abschnitten bzw. Kapiteln des Praxisbandes Zusammenfassungen.

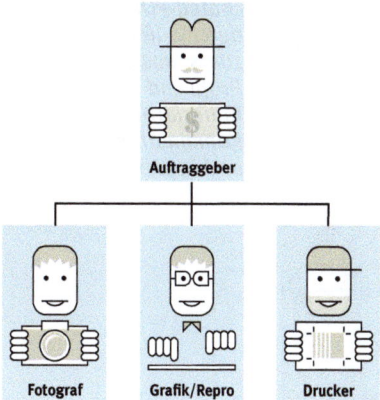

# 1. Der digitale Proof

Digitale Proofs nach ISO-Standards sind das zentrale Arbeitsmittel zur Beurteilung und Freigabe digitaler Daten. Für Auftraggeber ist es entscheidend, bei ihren Produktionspartnern explizit Proofs mit Medienkeil CMYK anzufordern. Wer als Auftraggeber auf sehr hohem Niveau mit verschiedenen Reprodienstleistern zusammenarbeitet, für den ist es von Vorteil, bei Bedarf auch selbst den Medienkeil CMYK vermessen zu können.

*Proofsysteme sollten über eine hochwertige Kalibrierung für eine Kombination aus Tinte und Proofmedium verfügen.*

Fotografen können sich bei der Übergabe von digitalen Daten mittels eines Proofs für den Farbraum ISOcoated absichern. Wenn sie dabei selbst den Medienkeil CMYK vermessen können, kommunizieren sie mit Reprofirmen auf gleicher Augenhöhe.

*Basierend auf der Kalibrierung sollte der Hersteller optimierte DeviceLink-Profile für die Simulation verschiedener ISO-Standards in seiner Lösung vorkonfigurieren.*

Wenn Grafikdesigner oder Reprofirmen Druckdaten erstellen, dann gehört bei der Auslieferung ein Proof mit Medienkeil CMYK grundsätzlich dazu. Druckereien sollten von ihren Zulieferern explizit Proofs mit Medienkeil für spezifizierte ISO-Druckstandards abfragen. Nur auf dieser Basis können sie mit ihren Zulieferern Kriterien für die Qualitätskontrolle von Proofs vereinbaren, die für beide Seiten effektiv umzusetzen sind.

Ugra/FOGRA-Medienkeil CMYK-TIFF V2.0a

### Kalibrierung geht vor Profilierung

Eine Proofsoftware mit hochwertiger Kalibrierung gewährleistet es, jederzeit eine hinterlegte Herstellerreferenz für eine Kombination aus Tinte und Proofmedium zu erreichen. Liefert der Anbieter passende Profile für die kalibrierten Tinten-/Medien-Kombinationen und ISO-Standards, so kann sich der Anwender den Kauf einer Profilierungssoftware bzw. die Beauftragung eines Colormanagement-Dienstleisters sparen. Da in der Regel jede Profilkombination von Proofmedium/Tinte und ISO-Standard einer Optimierung bedarf, ist es sinnvoll, wenn der Hersteller diese durchführt und als DeviceLink-Profil hinterlegt.

*Beim Proof einer ISO-coated-PDF/X-1a-Datei durchlaufen die Daten zuerst das DeviceLink-Profil und dann die Kalibrierung für die Kombination aus Tinte und Papier.*

Eine komplette Prooflösung umfasst damit den Proofdrucker, eine Proofsoftware mit leistungsfähiger Kalibrierung, hinterlegte DeviceLink-Profile für verschiedene ISO-Standards, einen integrierten Medienkeil CMYK sowie ein Spektralfotometer für die Kalibrierung und Auswertung des Medienkeils.

**Empfohlene eingeschränkte Toleranzen für den Medienkeil:**

Papierweiß: < 2,0
Mittlere Abweichung: < 2,0
Maximale Abweichung: < 6,0
Max. Abw. Primärfarben: < 3,0

*Nach einer Kalibrierung sollten bei der Verwendung von Standard-DeviceLink-Profilen auch die eingeschränkten Toleranzgrenzen sicher erreicht werden.*

## 2. Der Softproof und RGB-Arbeitsfarbraum

Der Softproof sorgt im Wesentlichen dafür, vorher am Monitor zu beurteilen, wie der spätere Proof aussehen wird. Der Weißpunkt des Monitors sollte dafür auf 5000–6000 Kelvin eingestellt werden. Bei älteren Röhrenmonitoren mit einer maximalen Helligkeit von 85 Candela oder weniger und in hellen Umgebungen sind 5500–6000 Kelvin die richtige Wahl. Bei TFT-Monitoren, die auf eine Maximalhelligkeit von 120–150 Candela eingestellt werden können, sind hingegen 5000–5500 Kelvin die bessere Wahl. Dies gilt besonders für Produktionsumgebungen mit abgedunkeltem Umgebungslicht. Maßgeblich für die Wahl der Weißpunktes ist letztlich immer der Vergleich mit einem Proof in einem dimmbaren Normlichtkasten neben dem Monitor.

Ein profilierter Monitor mit korrekt eingerichteter Anwendungssoftware muss eine gute Übereinstimmung mit einem Proof im Normlichtkasten aufweisen.

Bei der Wahl des optimalen Gammas für den Monitor kommt es sowohl auf die Aufgabenstellungen als auch auf den Monitortyp an. Sollen an dem Monitor sowohl Daten für ICC-basiertes Colormanagement bearbeitet werden, gleichzeitig aber auch eine gute Bildschirmdarstellung für Office- und Internetanwendungen notwendig sein, so ist ein Gamma von 2,2 die richtige Wahl. Das gilt auch, wenn relativ preiswerte Monitore eingesetzt werden, die bereits werkseitig auf ein Gamma von 2,2 fest eingestellt sind. Hingegen ist ein Monitor mit Hardware-Kalibrierung und einem Gamma von 1,8 empfehlenswert, wenn sich Fotografie, Postproduktion und Reprodienstleister auf den ECI-RGB-Arbeitsfarbraum mit einem Gamma von 1,8 verständigt haben. In diesem Falle muss bei Internetbrowsern und Office-Programmen eine etwas zu helle Darstellung in Kauf genommen werden.

### Rendering Intent für den Softproof

Werden am Monitor Druckfarbräume simuliert, deren Papierweiß nicht exakt a*0 b*0 entspricht, spielt der gewählte Rendering Intent für den Softproof eine wichtige Rolle. Wird als einziger Druckstandard ISOcoated simuliert, so ergibt der relativ farbmetrische Intent meist das visuell bessere Ergebnis. Sollen jedoch verschiedene Druckstandards am Monitor simuliert werden, so sollte der Softproof durchgängig mit dem absolut farbmetrischen Intent durchgeführt werden. In der Regel ist dann allerdings ein Feintuning der Monitoreinstellung und eventuell auch der eingesetzten Profile notwendig.

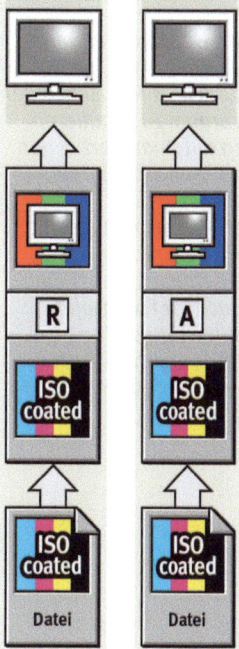

**Gamma 2,2**
Für Produktionsumgebungen, bei denen es auf farbrichtige Wiedergabe von Digitalfotos, Druckvorlagen, Internet- und Office-Daten ankommt, sollte der Monitor auf ein Gamma von 2,2 eingestellt werden. Digitalfotos sollten im Farbraum AdobeRGB, Internet- und Office-Daten im Farbraum sRGB bearbeitet werden.

**Gamma 1,8**
Für Produktionsumgebungen, in denen ausschließlich High-End-Fotografie, Postproduktion und Reproarbeiten durchgeführt werden, sind der Arbeitsfarbraum ECI-RGB und ein Monitor-Gamma von 1,8 die bessere Wahl.

Für die Farbwiedergabe am Monitor ist neben der Wahl der Profile auch der gewählte Rendering Intent von Bedeutung.

## 3. Fotograf: Von der RGB-Datei zum ISOcoated-Proof

Nachdem der Digitalproof eingerichtet und der Monitor profiliert ist, ist es für den Fotografen wichtig, möglichst effektiv von den RGB-Daten seiner Kamera bis zum Proof im ISOcoated-Farbraum zu kommen. Hierfür ist es sinnvoll, RGB-Daten so zu optimieren, dass sie durchgängig mit dem relativ farbmetrischen Rendering Intent und Tiefenkompensierung nach ISOcoated gewandelt werden können. Dazu ist es notwendig, die RGB-Daten mittels eines ISOcoated-Softproofs zu begutachten. Bei Motiven mit sehr gesättigten Farben muss manuell eingegriffen werden.

Sind die RGB-Daten nach diesem Schema optimiert, können sie vollautomatisch in den ISOcoated-Farbraum gewandelt und anschließend geproft werden. Sie sind nun optimal aufbereitet, damit andere Anwender für spätere Umsetzungen Profile aus beliebigen Profilierungssoftwares einsetzen können. Die durchgängige relativ farbmetrische Umsetzung mit Tiefenkompensierung sichert über verschiedene Profilierungssoftwares hinweg eine möglichst ähnliche Anmutung.

Ausgeliefert an den Kunden werden sowohl RGB-Dateien mit dem eingebetteten Profil des RGB-Arbeitsfarbraums als auch ISOcoated-Daten mit dazugehörigem Proof. Dieser belegt eindeutig und nachvollziehbar die Farbgestaltung aus der Sicht des Fotografen gegenüber dem Auftraggeber. Er dient weiterhin zur Absicherung gegenüber den nachfolgenden Dienstleistern in der Produktionskette, damit diese nicht ihre eigenen Colormanagement-Probleme auf den Fotografen schieben können.

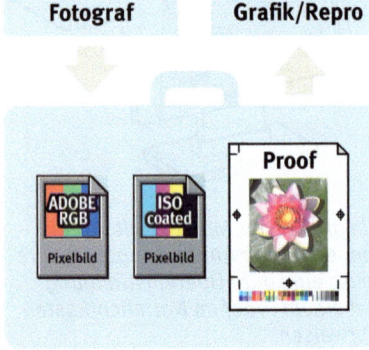

*Das eingesetzte Bildverarbeitungsprogramm (z.B. Photoshop) sollte in der Lage sein, bei RGB-Retuschen den ISOcoated-Farbraum zu simulieren und RGB-Daten automatisiert in den ISOcoated-Farbraum zu wandeln.*

*Das eingesetzte Proofsystem sollte professionellen Ansprüchen der Druckvorstufe genügen. Daher empfiehlt es sich auch für Fotografen, ein System mit leistungsfähiger Kalibrierung und vorgefertigtem DeviceLink-Profil für den ISOcoated-Farbraum einzusetzen.*

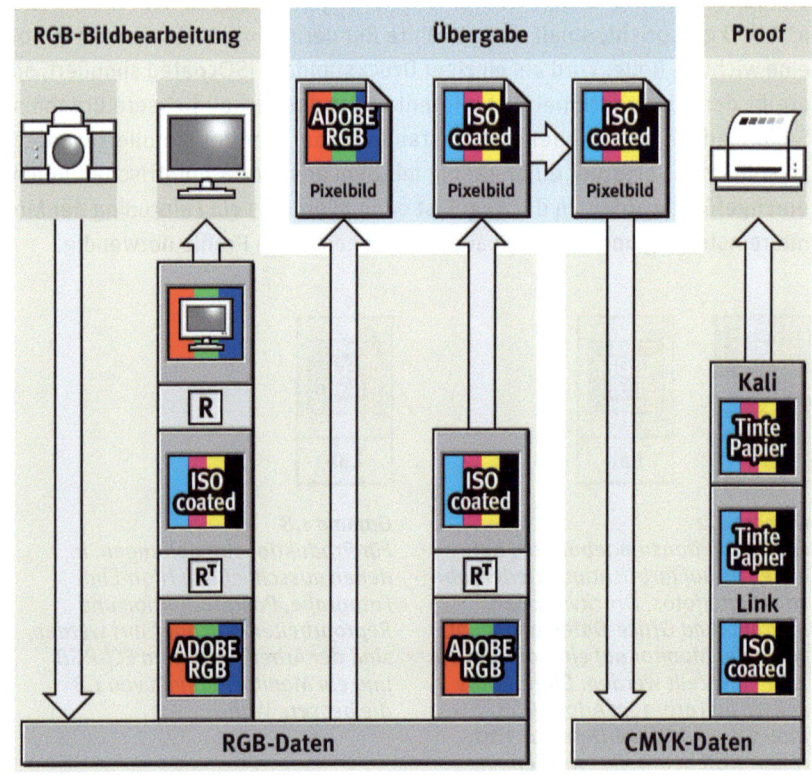

## 4. Grafik: Einfach PDF/X-1a-Dateien erstellen und proofen

Sind in einem Grafikbüro der Proofer eingerichtet und der Monitor profiliert, so geht es nun darum, möglichst effektiv zu druckfertigen PDF/X-1a-Dateien inklusive Proof zu kommen. Mit den Lieferanten von Bildern wird für CMYK-Daten der Farbraum ISOcoated verabredet oder es werden RGB-Bilder mit eingebettetem Profil angefordert, die man selbst für ISOcoated separiert. Das fertige Dokument wird komplett in CMYK mit Softproof für ISOcoated aufgebaut. Dabei sollte sichergestellt sein, dass die Farbeinstellungen im Layoutprogramm und bei der PDF/X-1a-Erzeugung keine ungewollten Farbtransformationen an platzierten CMYK-Bildern und -Grafiken verursachen.

### Anforderungen an das Layoutprogramm

Das Layoutprogramm muss daher in den Farbeinstellungen explizit die Möglichkeit der Deaktivierung von Colormanagement für platzierte CMYK-Bilder und -Grafiken bieten. Für die Kontrolle auf ungewollte Farbtransformationen an CMYK-Elementen sollte das Layoutprogramm weiterhin eine Separationsvorschau bieten. Für ein durchgängiges Colormanagement vom Layout bis zur PDF/X-1a-Datei sollte das Layoutprogamm in der Lage sein, das Profil der CMYK-Farbeinstellungen als PDF/X-Output-Intent einzubetten.

### Auslieferung

Es werden immer PDF/X-1a-Dateien sowie ein Proof dieser Dateien ausgeliefert. Übernimmt der Auftraggeber die Funktion eines Produktioners, so sollte er in der Lage sein, gelieferte PDF-Dateien auf Einhaltung der PDF/X-1a-Vorgaben und weiterer Kriterien zu überprüfen.

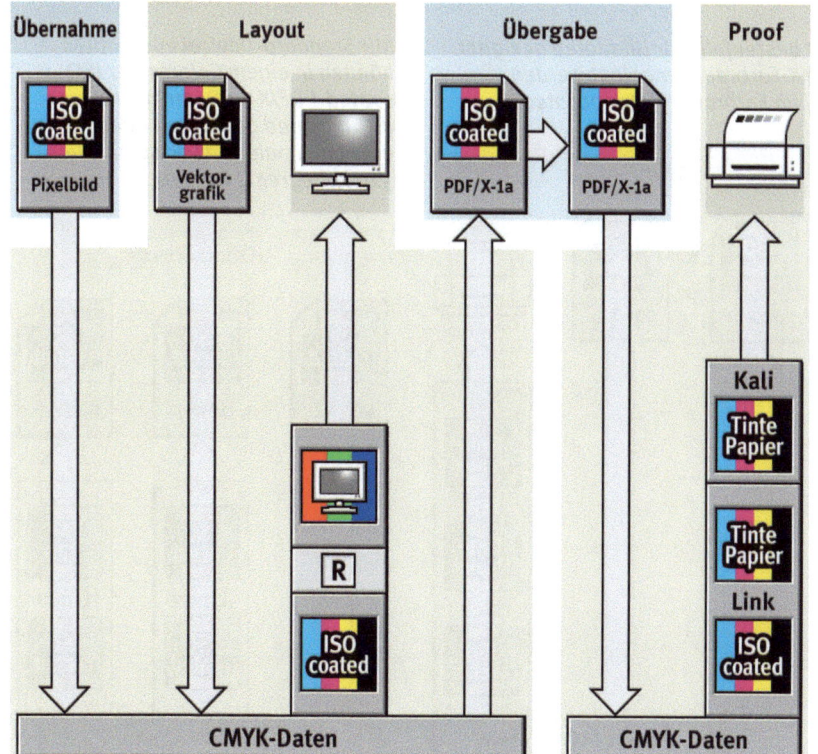

*Um möglichst einfach zu einer druckfertigen PDF/X-1a-Datei zu kommen, wird im Layoutprogramm durchgängig im Farbraum des späteren Proofs (z.B. ISOcoated) gearbeitet. Der verbindliche Proof wird direkt von den PDF/X-1a-Daten erstellt.*

Grafik/Repro    Drucker

## 5. Von der Grafik zur Reproduktion: Colorserver

Die vormals klar getrennten Aufgabenstellungen von Grafik und Reproduktion gehen mittlerweile fließend ineinander über. Für die Vermittlung von Colormanagement-Wissen ist es daher sinnvoll, die Komplexität der zu bewältigenden Aufgaben Schritt für Schritt zu steigern. Nachdem im vorherigen Kapitel komplette Dokumente im Farbraum ISOcoated aufgebaut, als PDF/X-1a weggeschrieben und anschließend geproft wurden, geht es nun darum, Dokumente in anderen Farbräumen aufzubauen und den gleichen Weg über PDF/X-1a-Daten bis zum Proof in diesen Farbräumen zu gehen. Will man noch weitere Colormanagement-Fähigkeiten seines Layoutprogramms nutzen, so kann man die Separation von RGB-Bildern hierhin verlagern. Graustufenbilder, Vektorgrafiken und CMYK-Bilder müssen jedoch nach wie vor druckfertig importiert werden. Am Ende stehen wieder eine PDF/X-1a-Datei und ein entsprechender Proof.

### Schlüsseltechnologie Colorserver mit DeviceLink-Profilen

Will man komplette Dokumente mit importierten Graustufenbildern und Vektorgrafiken vom ISOcoated-Farbraum in andere ISO-Standards transformieren, so benötigt man einen PDF-Colorserver und Standard-DeviceLink-Profile. Auftraggeber, die aus einem Datenbestand für unterschiedliche Druckstandards produzieren lassen, sollten sich einen Produktionspartner suchen, der einen Colorserver einsetzt. Druckereien wiederum können mit einen PDF-Colorserver und Standard-DeviceLink-Profilen zusätzlich zu Farbraumwandlungen ihre Druckdaten optimieren – z.B. durch die Begrenzung der maximalen Tonwertsumme oder einen besonders farbsparenden Bildaufbau.

*Colormanagement im Layoutprogramm ist bestenfalls für Bilddaten geeignet. Vektorgrafiken müssen druckfertig im CMYK-Farbraum angelegt werden. Die Grafik zeigt einen Ablauf bis zum Proof im Farbraum ISOwebcoated.*

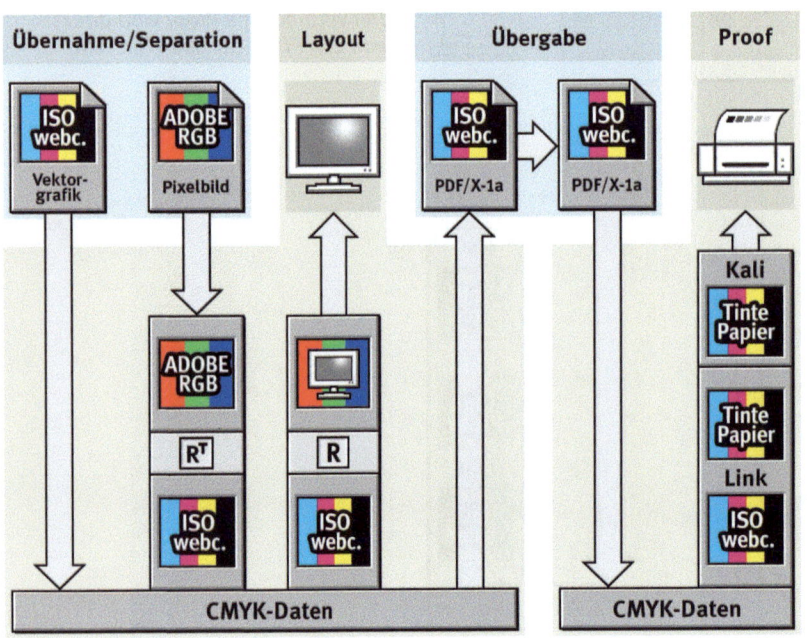

*Mit Standard-DeviceLink-Profilen können in einem Colorserver ISOcoated-PDF/X-1a-Daten nach ISOuncoated gewandelt oder auf eine maximale Tonwertsumme von 320 % begrenzt werden.*

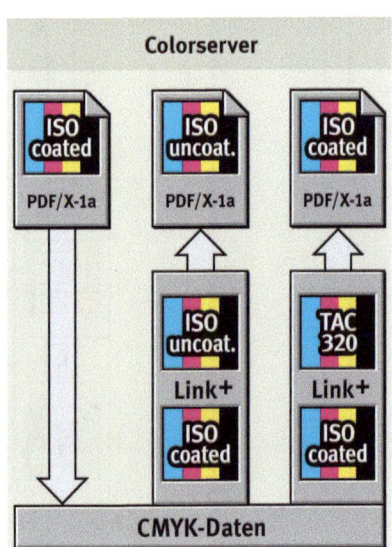

# 6. Erstellung individueller DeviceLink-Profile

Mit individuell erstellten DeviceLink-Profilen lassen sich eine Reihe von Spezialaufgaben im Colormanagement effizient lösen. Im Gegensatz zur Anwendung von Standardprofilen in Prooflösungen und Colorservern können solche Arbeiten nur von Repro- und Colormanagement-Spezialisten durchgeführt werden. Wichtige Aufgaben sind z.B. die Überführung von Altdatenbeständen, die auf Cromalin-Analogproofs abgestimmt wurden, in ISO-Standards oder die Konfiguration von Colorservern, um ISO-Daten in spezielle Hausstandards zu überführen. Ein weiteres Einsatzgebiet individueller DeviceLink-Profile liegt in der Zusammenführung der klassischen Farbkorrektur in Photoshop mit den erweiterten Möglichkeiten, den Schwarzaufbau von Druckdaten zu optimieren. Auftraggeber, die nicht nur nach ISO-Standards, sondern auch bewusst nach Hausstandards drucken lassen, sollten sich Repropartner suchen, die die Erstellung individueller DeviceLink-Profile beherrschen.

Repro

Um DeviceLink-Profile zu beurteilen, bedarf es spezieller Testdateien, die neben Fotos auch kritische Bereiche wie Verläufe oder reine Farben enthalten.

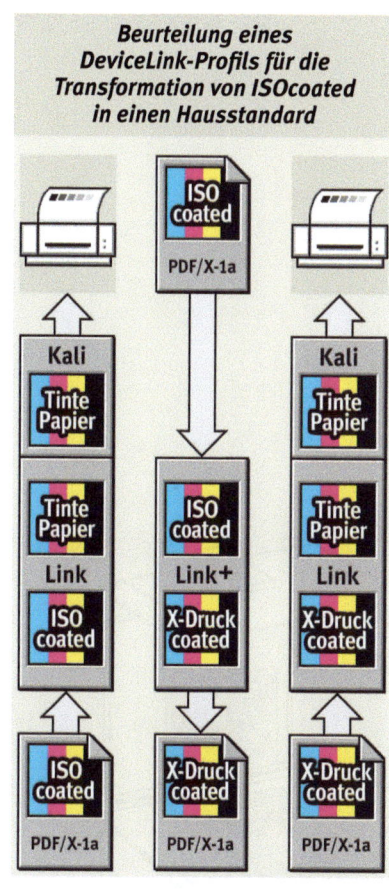

**Beurteilung eines DeviceLink-Profils für die Transformation von ISOcoated in einen Hausstandard**

1. Aufbau und Proof einer Testform im Farbraum ISOcoated

2. Wandlung der Testform über ein DeviceLink-Profil in den Hausstandard

3. Proof der gewandelten Testform und Vergleich des Ergebnisses mit dem ersten Proof

**Drucker**

## 7. Druck nach ISO 12647-2

Haben Grafiker und Reprofirmen ihre Hausaufgaben gemacht, so bekommt die Druckerei PDF/X-1a-Daten mit farbverbindlichen Proofs. Umgekehrt kann sie auch klar kommunizieren, wie druckfertige PDF-Dateien und die dazugehörigen Proofs beschaffen sein müssen. PDF/X-1a-Druckdaten und Proofs nach ISO-Standard sind somit die Basis einer farbsicheren Schnittstelle zwischen Vorstufe und Druckerei. Nur wenn diese Basis geschaffen ist, macht eine Standardisierung bei der Druckformerstellung und dem Druck nach ISO 12647-2 erst Sinn.

Die Standardisierung selbst sorgt dann für kurze Einrichtzeiten. Kernpunkte sind dabei die Optimierung und Kontrolle der Tonwertkurven in der Druckformerstellung und im Druck sowie der Einsatz einer ISO-konformen Druckfarbe. Beherrscht eine Druckerei den standardisierten Druck nach ISO-Proofs, so kann sie in der Kür ihren Prozess so optimieren, dass auf Basis von Standarddaten auch höhere Dichten und Rasterweiten gedruckt werden können, um sich vom Wettbewerb abzuheben.

Auftraggeber, die ihre Druckdaten und Proofs nach ISO-Standards produzieren lassen, sollten auch Druckereien auswählen, die nachweislich gemäß ISO-Standards drucken.

*Die Drucke der Altona Test Suite dienen als visuelle Referenz für einen nach ISO 12647-2 ausgerichteten Produktionsablauf.*

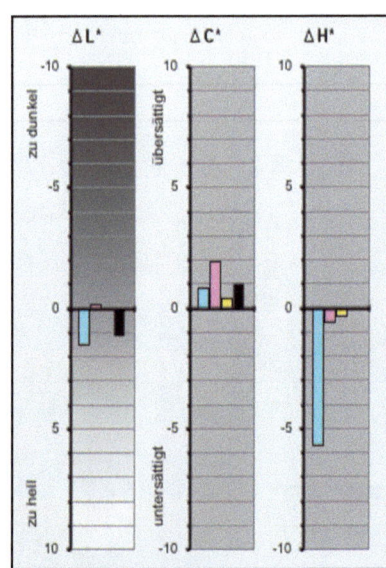
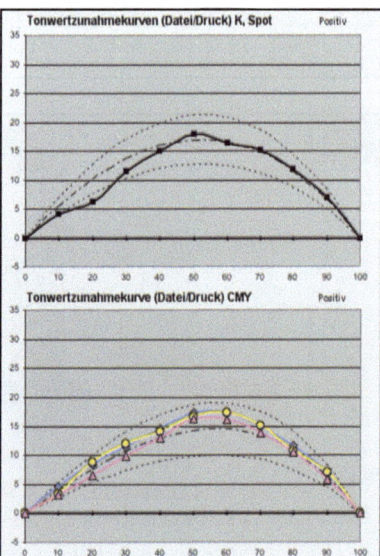

*Für eine optimale Umsetzung der ISO 12647-2 wird eine Software benötigt, die eine schnelle und effiziente Auswertung von Testdrucken ermöglicht.*

**Stichwortverzeichnis**

# Zahlen

5000 Kelvin ............................ 126
5500 Kelvin ............................ 126

# A

Absprachen ............................ 74
additive Farbmischung ............. 22
AdobeRGB ............................. 119
– D65 ................................... 127
Agentur ................................. 74
Altona Testsuite Anwendungspaket ............. 80, 83, 84, 90
– Measure ............................. 83
– Referenzdrucke ................... 84
– Technical ........................... 83
– Visual ............................... 83
Analogproof .......................... 108
Apple .................................... 111
Arbeitsteilung ........................ 72
Auflagendruck ................... 61, 72

# B

Belichtung ................. 61, 69, 72
Bezugslichtart ........................ 52
Breites Schwarz ..................... 93
Buntheit ............................... 39
Buntton ................................ 39

# C

Candela ............................... 126
Charakterisieren ..................... 54
Charakterisierung ................... 64
Charakterisierungsdaten ..... 54, 79
– ISO 12640 .......................... 79
Chroma ............................ 38, 39
CMYK Softproof .................... 141
Colormanagement-Abläufe ..... 74
Colormanagement-Technologie .. 56
ColorSync 2.0 ........................ 111

# D

D50 ................................. 52, 126
D55 ..................................... 126
Datenübergabe ................. 72, 108
Delta E .................................. 55
Densitometer ......................... 86
Deutsches Institut für Normung ............................... 78
DeviceLink-Profil ................... 146
– Begrenzung der maximalen Tonwertsumme ............ 155, 158
– Colorserver ....................... 154
– Druckfarbe sparen ............. 158
– erweiterte Funktionalität ..... 153
– Grau-Erhaltung .................. 153
– individuell erstellen ........... 159
– ISO-Standards optimal proofen ............................. 146
– Masterfarbraum ISOcoated .. 157
– Optimierte Farbkompression ............................. 154
– optische Aufheller .............. 146
– Qualitätsmanagement ........ 152
– Reseparation von Druckdaten ........................ 158
– Separationserhaltung ......... 153
– Vergleich ICC-Umsetzung ..... 156
Dia ..................................... 108
Digitalproof .................... 72, 135
– Rendering Intent ............... 135
DIN ...................................... 78
Druckdaten .......................... 109
Drucker ............................... 108
Druckerei ............................. 73
Druckfarbe ........................... 64
Druckfarben ......................... 34
Druckkontrollstreifen .............. 87
Druckplatte ........................... 69
Druckprozess ........................ 64
Druckverfahren ..................... 64

# E

ECI ...................................... 80
– ISO-Profile ..................... 80, 81
ECI-RGB ................. 119, 122, 123
ECI-RGB-Farbeinstellungen ..... 124
Eckfarben ............................. 28
Einrichtzeiten ...................... 198
Einzugsmessgerät .................. 53

# F

Farbart ......... 20, 21, 26, 37, 39, 42
Farbauftrag .......................... 64
Farbeindruck ........................ 37
Farbenlehre .......................... 17
Farbmessgerät ...................... 52
Farbmischung .................. 22, 42
Farbmischung im Offsetdruck ... 23
Farbordnung ........................ 42
Farbprofil ...................... 79, 110
– ISO 15076 ......................... 79
Farbreiz ........................... 37, 52
Farbschichtdicke .................... 85
Farbsicherheit ....................... 60
Farbsumme .......................... 91
Farbtemperatur .................... 126
Farbumsetzung ..................... 66
Farbwahrnehmung ..... 18, 20, 38
Flächendeckung ................. 86, 92
FOGRA ................................ 80
– Charakterisierungsdaten ...... 80
FOGRA27 .......................... 81, 84
FOGRA28 .......................... 81, 84
FOGRA29 .......................... 81, 84
FOGRA30 .......................... 81, 84
FOGRA39 ........................... 101
Fotograf ......................... 73, 108
Fotosatz .............................. 10
Freigabe ............... 108, 117, 145
– Analogproof ..................... 108
– Bildschirmansicht .............. 109
– Dia ................................. 108
– Druck ............................. 108
– farbiger Ausdruck .............. 109
– RGB-Daten ....................... 117

# G

| | |
|---|---|
| G7 | 102 |
| Gamma | 128 |
| – *Internet-Browser* | *128* |
| – *linear* | *129* |
| – *Monitor* | *128* |
| – *Office-Programme* | *128* |
| – *repro-orientierte Arbeits-  umgebung* | *129* |
| – *RGB-Arbeitsfarbraum* | *128* |
| GCR | 96, 98 |
| Gesamtfarbauftrag | 91, 92 |
| Gesamtfarbmenge | 91 |
| Glaskörper | 19 |
| GRACoL | 102 |
| GRACoL2006_coated1 | 102 |
| Grafik/Repro | 73, 108 |
| Grafiker | 74 |
| Grau | 149 |
| – *vierfarbig aufgebaut* | *149* |
| Grauachse | 25, 26, 28, 31, 40, 41 |
| Graubalance | 88 |
| – *Druck* | *88* |
| – *Proof* | *88* |
| – *Reproduktion* | *88* |
| Grey Component Replacement | 96 |
| Grundfarbarten | 40 |
| Grundfarben | 42, 43 |

# H

| | |
|---|---|
| Handmessgerät | 53 |
| Heidelberger Druckmaschinen | 112 |
| Helligkeit | 20, 21, 26, 37, 39, 42 |
| Helligkeitsebene | 28 |
| Helligkeitsempfinden | 36 |
| Helligkeitsstufe | 50 |
| Helligkeitsstufen | 41 |
| Hornhaut | 19 |
| Hue | 38, 39 |

# I

| | |
|---|---|
| ICC | 110 |
| ICC-Profil | 110, 131 |
| – *Aufbau* | *131* |
| – *Grenzen des Color-  managements* | *148* |
| ICC-Sollbruchstelle | 112, 116, 148, 149, 150, 152 |
| – *kein Maßschneidern kompletter Farbtransformationen* | *148* |
| – *schwarze und graue Objekte* | *148* |
| – *technische Töne* | *148* |
| ICC-Spezifikationen | 110 |
| – *keine Qualitätskriterien* | *152* |
| ICC-Standard | 110 |
| – *Erfolge* | *113* |
| – *fehlende Testdateien* | *114* |
| – *kein Proof von RGB-Daten* | *115* |
| – *Mythos gemischtfarbiger Dokumente* | *116* |
| – *Problemursache* | *110* |
| – *Produktionsabläufe* | *114* |
| – *Werdegang* | *111* |
| Idealliance | 102 |
| International Color Consortium | 110 |
| Iris | 19 |
| ISO-Papiertypen | 79, 84 |
| ISO-Standard | 78 |
| ISO 12640 | 79 |
| ISO 12642 | 78 |
| ISO 12647 | 79 |
| – *Arbeitsmittel* | *80* |
| – *Tonwertzunahmen* | *87* |
| ISO 12647-2 | 87 |
| – *Lab-Vorgaben* | *89* |
| ISO 12647-3 | 100 |
| ISO 15076 | 79 |
| ISO 15930 | 78, 79 |
| ISOcoated | 81, 84 |
| ISOcoated_v2_ECI.icc | 101 |
| ISOuncoated | 84 |
| ISOuncoated yelloish | 84 |
| ISOwebcoated | 84 |

# K

| | |
|---|---|
| Kalibrieren | 54 |
| Kalibrierung | 146 |
| Kalibrierungssoftware | 54 |
| Kameraprofil | 62 |
| Kommunikation | 72 |
| Kontrollieren | 54, 55 |
| Kunstlicht | 18 |
| kurzes Schwarz | 92 |

# L

| | |
|---|---|
| Lab-Farbraum | 44, 54 |
| Lab-Volltonfärbung | 89 |
| Langes Schwarz | 92 |
| Layout | 61, 72 |
| LCH-Farbmesswert | 52 |
| LCH-Farbraum | 38, 40, 41, 42, 43 |
| LCH-Farbwert | 38 |
| LCH-Farbwinkel | 43 |
| Lederhaut | 19 |
| Leuchtdichte | 126 |
| Licht | 18 |
| Lichtart | 18 |
| Lightness | 38, 39 |
| Linotype-Hell | 111 |
| Linse | 19 |

# M

| | |
|---|---|
| Medienkeil | 147 |
| – *eingeschränkte Toleranzen* | *147* |
| Medienkeil CMYK | 80, 82 |
| – *Farbtoleranzen* | *82* |
| – *Graubalance* | *88* |
| – *Layoutvarianten* | *82* |
| – *Maximale Abweichung* | *82* |
| – *Mittlere Abweichung* | *82* |
| – *Papierweiß* | *82* |
| – *Primärfarben* | *82* |

medienneutrale
Produktion .................... 138, 140
- *Archivierung mit vollem Farbumfang* ........................ 140
- *Probleme* ........................... 138
- *RGB-Bildoptimierung* .......... 140
MedienStandard Druck ............. 90
Mischungsverhältnis ................ 42
Monitor .................................. 126
- *Farbtemperatur* .................. 126
- *Gamma* ............................. 128
- *Leuchtdichte* ...................... 126
Monitor-Profilierung ................. 63
Monitorfarben .......................... 34

## N

Nachlinearisieren ...................... 54
Netzhaut .................................. 19
Normen .................................... 78
Normlichtkasten ..................... 126
NTSC ...................................... 111

## O

Offsetdruck ......................... 85, 86
- *Farbwiedergabe* ................... 85
- *Schwankungen* .................... 85
Optische Aufheller 56, 57, 104, 142
- *Farbkopierer* ...................... 105
- *Farblaserdrucke* ................. 105
- *ISO 12647* ......................... 104
- *Profil für den Auflagendruck* ................... 142
- *Proofbewertung* ................. 104
- *Proofmedien mit vielen optischen Aufhellern* ........... 143
- *Proofmedien ohne optische Aufheller* ................ 142
- *Rendering Intents* ............... 142
- *Ungestrichene Papiere* ....... 105
- *Profilablauf* ......................... 75

# P

PAL ....................................... 111
Papierton ................................ 96
Papiertyp ........................... 60, 61
PDF/X ..................................... 79
Perzeptive Wandlung ............. 138
Photogamut ................... 122, 123
PostScript ................................. 9
Prinect Profile Editor ................ 98
Prisma .................................... 18
Produktionsablauf .................. 144
- *Rendering Intents* ............... 144
- *Übergaben* ........................ 144
Produktionsabteilung ............... 74
Profil ....................................... 71
- *eingebettet* ......................... 71
Profildialoge .......................... 124
Profilierung ............................. 64
Proof ..................................... 146
- *DeviceLink-Profil* ............... 146
- *eingeschränkte Toleranzen* .. 147
- *Kalibrierung* ...................... 146
- *Profilierung* ....................... 146
Proof-Lösung ......................... 147
- *Auswahl* ............................ 147
Proofstandard .......................... 60
ProzessStandard Offsetdruck ... 90
ProzessStandard Rotogravure 100
PSR ...................................... 100
Pupille .................................... 19

## Q

Qualitätskontrolle .................... 55
Qualitätsmanagement ............ 152
- *geprüfte DeviceLink-Profile* .. 152
- *wenig Farbtransformationen* 152
Qualitätssicherung ................... 74

# R

RAL-Design-System ................. 41
Raster ..................................... 23
Reinzeichnung ......................... 61
Rendering Intent ........ 131, 134, 143
- *absolut farbmetrisch* ........... 134
- *Clipping* ............................ 134
- *farbmetrischer* ................... 132
- *fotografischer* .................... 133
- *optische Aufheller* .............. 142
- *Papierton* .......................... 135
- *perzeptiv* ........................... 133
- *Produktionsablauf* .............. 144
- *relativ farbmetrisch* ........... 134
- *Separation* ........................ 134
- *Softproof* .......................... 134
- *Tiefenkompensation* ........... 136
- *Wahrnehmung* ................... 134
Reproduktion .......................... 91
Rezeptor ................................. 37
RGB-Arbeitsfarbraum ...62, 70, 117, 118
- *AdobeRGB* ........................ 119
- *Bildbearbeitung* ................. 118
- *Datenaustausch* ................. 118
- *ECI-RGB* ........................... 119
- *Gamma* ............................. 128
- *Photogamut* ...................... 122
- *sRGB* ................................ 119
- *verschiedene Anwender* ...... 125
- *Zusammenfassung* .............. 130
RGB-Bildbearbeitung ......... 72, 141
- *CMYK Softproof* ................ 141
RGB-Bildoptimierung ............. 140
RGB-Daten .............................. 70
RGB-Farbeinstellungen .......... 124
Röhrenmonitore .................... 126

# S

Sättigung .. 20, 21, 26, 30, 37, 39, 42
Sättigungsstufe ....................... 41
Scanner .................................. 62
Scanner-Profilierung ................ 62

Schwarz .................... 93, 149
– Breites ............................ 93
– kurzes ............................. 92
– Langes ............................ 92
– Maximales ...................... 95
– schmales ........................ 93
– Verhältnis zu Cyan, Magenta und Gelb ......................... 94
– vierfarbig aufgebaut ........... 149
Schwarzaufbau ............ 91, 92, 94
– ECI-ISO-Profile .................. 99
Sehnerv ............................... 19
Separation .................. 91, 134
– Rendering Intent ................ 134
– Tiefenkompensation ........... 137
Separationserhaltung ...... 153, 155
Skelettschwarz ..................... 95
Softproof ........................... 134
– Rendering Intent ................ 134
Sonderfarben .................... 150
– CMYK-Varianten ................ 150
SOuncoated ....................... 81
SOuncoatedyelloish ............. 81
SOwebcoated ..................... 81
Spektralfotometer .......... 52, 54
Spektrum ............................ 18
sRGB .......... 70, 119, 120, 122, 123
– Consumer-Fotografie .......... 120
– D65 ................................ 127
– IEC 61699 ........................ 120
– Office-Anwendungen .......... 120
– Schwäche im Cyan-/Grünbereich .......... 121
– W3C-Konsortium ................ 120
– Windows-Betriebssystem .... 120
– Zertifizierungsprozess ......... 120
Stäbchen ............................ 19
Standardprofile .................. 100
– Endlosdruck ..................... 100
– Proofsysteme .................... 65
– Tiefdruck ........................ 100
– Zeitungsdruck .................. 100
subtraktive Farbmischung ... 22, 25
SWOP ............................... 102

SWOP2006_coated3 .............. 102
SWOP2006_coated5 .............. 102

## T

technische Töne ................... 150
– Schillernde Verläufe ........... 151
– Unbuntaufbau .................. 151
– Verschmutzen reiner Farben .. 151
Testchart ...................... 54, 78
TFT-Monitore .................... 126
Tiefenkompensation ............ 136
– dynamische Kompression / Expansion ........................ 137
– einheitliche Ergebnisse ....... 136
– Monitordarstellung ............ 137
– Separation ...................... 137
– Vergleich verschiedener Profile ............................. 139
– versus perzeptiver Intent ..... 136
Tonwertsumme .................. 155
– Begrenzung ..................... 155
Tonwertzunahme ................. 86
– ISO 12647-2 ...................... 87
– Klassen ............................ 87
– Papiertypen ...................... 86
– Toleranzbereich ................. 86

## U

UCA .................................. 95
UCR ......................... 95, 96, 98
UGRA/FOGRA-Medienkeil CMYK ......................... 80
Under Color Addition ............ 95
Under Color Removal ............ 95
Unterfarbenentfernung ......... 95
Unterfarbenzugabe .......... 94, 95
Urfarbe .............................. 19

## V

Visualisieren ................... 54, 55
Vollton .............................. 89
– Farbort ........................... 89
Volltondichte .............. 85, 86, 89
– ISO 12647 ........................ 85

## W

Wellenlänge ........................ 18

## Z

Zapfen ...................... 19, 20, 36

MIX
Papier aus verantwortungsvollen Quellen
Paper from responsible sources
FSC® C105338

If you have any concerns about our products,
you can contact us on
**ProductSafety@springernature.com**

In case Publisher is established outside the EU,
the EU authorized representative is:
**Springer Nature Customer Service Center GmbH
Europaplatz 3, 69115 Heidelberg, Germany**

Printed by Libri Plureos GmbH
in Hamburg, Germany